# 国有企业高管薪酬管控：
# 弱激励与强激励

GUOYOUQIYE GAOGUAN XINCHOU GUANKONG:
RUOJILI YU QIANGJILI

常风林◎著

经济管理出版社
ECONOMY & MANAGEMENT PUBLISHING HOUSE

**图书在版编目（CIP）数据**

国有企业高管薪酬管控：弱激励与强激励/常风林著 . —北京：经济管理出版社，2021.7

ISBN 978 - 7 - 5096 - 8122 - 0

Ⅰ. ①国… Ⅱ. ①常… Ⅲ. ①国有企业—管理人员—工资管理—研究—中国 Ⅳ. ①F279. 241

中国版本图书馆 CIP 数据核字（2021）第 136656 号

组稿编辑：高　娅
责任编辑：高　娅
责任印制：黄章平
责任校对：陈　颖

出版发行：经济管理出版社
　　　　　（北京市海淀区北蜂窝 8 号中雅大厦 A 座 11 层　100038）
网　　址：www. E - mp. com. cn
电　　话：(010) 51915602
印　　刷：唐山玺诚印务有限公司
经　　销：新华书店
开　　本：720mm×1000mm/16
印　　张：20. 75
字　　数：314 千字
版　　次：2021 年 8 月第 1 版　　2021 年 8 月第 1 次印刷
书　　号：ISBN 978 - 7 - 5096 - 8122 - 0
定　　价：108. 00 元

# 前　言

　　什么是政策？政策的本质，在于通过有关制度或机制改变人们从特定行为中获得的回报或改变现有的激励机制，从而影响人们的行为。什么是好的政策？通常的回答是能够达到帕累托最优的政策是好的政策。近几十年来，企业高管薪酬水平及其快速增长引发了大量的公众关注和学术研究，国有企业高管薪酬管控政策因其特殊性更成为热点和难点问题。国外高管薪酬管控主要运用财政税收政策即对高管的高收入收税，国内高管薪酬管控主要运用收入分配政策即对高管的高收入设置调控上限。因此，国有企业高管薪酬管控问题涉及政府财政税收政策和收入分配政策以及相关政策对经济发展的影响等经济学重要问题。本书试图对国有企业高管薪酬管控政策进行研究分析，并试图从弱激励、强激励角度对什么是好政策这一问题做出一个探索性回答。

　　学术界对高管薪酬及更广泛意义上的激励理论问题研究由来已久，并形成了以委托—代理理论为基本框架的理论体系。由于国有企业的特殊性以及我国的特殊国情，国内已有研究虽然对国有企业薪酬管控做出了一些探索尝试，但尚未针对近年来我国国有企业高管薪酬管控政策引入较好理论解释力的主流经济理论分析框架，同时相关实证分析总体而言也不够全面和深入。为此，本书在国内外已有研究的基础上，尝试运用目前比较先进和流行的研究方法对我国国有企业高管薪酬管控问题进行研究，以期能够进一步揭示国有企业高管薪酬管控政策背后隐藏的一般经验规律，探究国有企业高管薪酬管控政策有效性的主要原因及政策启示。

概括而言，本书的主要研究结论是：

第一，国有企业高管薪酬管控政策本质上是一种弱激励，可以用政府弱激励的主流理论框架加以更合理地分析解释。由于劳动力市场竞争会导致对企业高管激励过度、国有企业具备多重任务特征、国有企业高管具备较强内在激励特征、国有企业高管享有较充分的非物质激励以及政府公平偏好等原因，政府提供弱激励在满足一些约束条件时可能是一种最优选择。改革开放以来，我国对企业高管的薪酬激励长期实行的是弱激励，这种弱激励在当时的历史条件下是最优或次优的。

第二，研究对比分析2009年、2015年两次影响深远的国有企业高管"限薪令"，证明不论是短期效应还是长期效应，2015年"限薪令"都是基本有效的。换句话说，2015年"限薪令"从实证分析角度而言是一个好政策。

第三，未来国有企业高管的薪酬管控政策方向应突出"职业化、增量化、市场化、强激励"，并通过"以时间换空间""以增量换存量"，使对国有企业高管尤其是业绩优秀的高管的薪酬激励从弱激励逐步趋向强激励。换句话说，随着社会主义市场经济的推进，对业绩优秀的企业高管的强激励是一种好政策。

本书共11章，除第1章外，第2章是文献综述，第3章考察中华人民共和国成立以来我国国有企业高管薪酬的定价机制及其演变规律，第4章至第8章以我国沪深上市公司为研究样本，聚焦两次影响深远的国有企业高管薪酬管控政策，运用实证方法研究分析国有上市公司高管薪酬管控的政策效果，其中第4章对目前国有上市公司中高管薪酬中的不合理程度进行实证测量，第5章对高管前三名薪酬总额、公司治理与托宾Q进行实证分析，第6章对首席执行官薪酬占比（CPS）与激励强度进行实证分析，第7章对"限薪令2009"和"限薪令2015"的政策短期效果进行实证分析，第8章就"限薪令2015"对企业业绩的影响即政策长期效果进行实证分析，第9章对高管薪酬水平与企业创新的关系进行实证分析，第10章对国有企业高管薪酬管控的研究进行总结，总结本书主要研究结论、政策启示、研究贡献及不足，第11章为政策与展望，对未来国有企业高管薪酬管控的政策走向提出若干建议。

第 2 章从目前关于企业高管薪酬的主要理论假说、理论模型、实证研究三方面进行了文献综述。市场强激励假说、政府弱激励假说、委托—代理理论、极值假说、规模薪酬配置假说、"沃比根湖效应"假说、私人收益率与社会效益率趋同假说等理论假说为企业高管薪酬管控问题提供了主流的理论解释框架。寡头垄断的低能力高管激励不足模型、完全竞争的高能力高管激励过度模型、市场强激励模型、政府弱激励模型、薪酬管控 BET 模型、委托—代理模型提供了常见的理论分析模型框架。关于企业高管薪酬快速增长、高管薪酬不合理程度、薪酬管控政策的实证分析提供了关于薪酬管控问题研究分析的主要实证方法及已有实证结果。

第 3 章梳理总结中华人民共和国成立以来我国国有企业高管薪酬的定价机制的发展过程及其演变规律。中华人民共和国成立 70 多年来,国有企业高管薪酬定价机制发展过程,呈现从纯粹政府定价转向逐步市场化定价,直至目前准市场定价与薪酬管控并行的变化规律,在这个过程中,国有企业高管的薪酬水平相应表现为从低工资转向高薪酬直至所谓"限薪"后的较低薪酬,薪酬激励强度则表现为先弱后强至"限薪"后再度变弱的演变规律。总的来看,国有企业高管薪酬定价机制长期以来的演变规律,可以用政府弱激励的理论框架来更好地分析解释。

第 4 章对近年来国有上市公司高管薪酬中的不合理程度进行实证测度。分别以 2009 年、2014 年、2018 年国有上市公司高管为研究对象,运用 Oaxaca - Blinder 分解方法,对"限薪令2009"和"限薪令2015"政策实施前、实施后国有上市公司高管薪酬中的不合理程度及其变化进行了量化评估。总的来看,我国国有企业高管薪酬中确实存在一定程度的不合理成分,而且 2014 年国有企业高管薪酬中的不合理成分高于 2009 年,同时 2009 年、2014 年的不合理成分显著高于 2018 年。

第 5 章对上市公司高管前三名薪酬总额、公司治理与托宾 Q 进行了实证分析。研究结果表明,目前我国沪深上市公司高管前三名薪酬总额与公司治理水平、托宾 Q 之间均存在显著正向关系,表明公司前三名高管薪酬主要来源于其管理能力，而这些管理能力对上市公司未来的业绩产生正向影响。从一般意义上而言，更高的薪酬总额意味着更强的激励。因此，本章的实证分析结果说明强激励是有利于提高企业未来业绩的。

第 6 章对首席执行官薪酬占比（CPS）与激励强度进行实证分析。对于首席执行官薪酬占比与公司治理、公司业绩之间的关系，研究结果不支持管理能力假设。因此，沪深上市公司首席执行官薪酬与其管理能力之间的匹配程度尚不高。

第 7 章对国有企业高管薪酬管控政策的短期效果进行实证分析，重点研究薪酬管控政策实施后是否显著抑制了高管薪酬的过快增长。首先，运用双重差分方法对第一次影响深远的国有企业高管薪酬管控政策即"限薪令 2009"进行实证分析；其次，运用双重差分方法对第二次影响深远的国有企业高管薪酬管控政策即"限薪令 2015"进行了对比分析，并尝试对两次高管薪酬管控的政策差异的可能原因进行解释。

第 8 章在基于"限薪令 2009"短期效果无效而"限薪令 2015"短期效果显著的基础上，运用双重差分方法进一步对"限薪令 2015"对企业业绩的影响进行实证分析，重点考察"限薪令 2015"的长期效果是否显著即薪酬管控政策是否真正有效，并尝试分析了"限薪令 2015"短期效果、长期效果均有效背后的主要原因。

第 9 章对高管薪酬水平与企业创新的关系进行实证分析。研究结果表明，国有上市公司高管薪酬水平、职工薪酬水平以及高管与职工内部薪酬差距与上市公司的创新投入显著正相关，上市公司高管薪酬水平、高管与职工内部薪酬差距与上市公司的创新产出数量显著正相关。因此，国有上市公司高管薪酬水平、职工薪酬水平以及高管与职工内部薪酬差距的提高能够提高上市公司的创新活动。

第 10 章对本书主要研究结论进行了总结分析。

第 11 章对未来国有企业高管薪酬管控政策走向提出了若干政策建议。

通过上述研究，本书具有一定创新意义的研究结论主要是：

第一，国有企业高管薪酬管控政策本质上是一种弱激励，可以用政府弱激励的主流理论框架加以更合理地分析解释。

第二，对国有企业高管薪酬不合理程度的实证分析结果表明，国有企业高管薪酬中确实存在一定程度的不合理成分。2009 年，国有企业高管薪酬中的不合理部分约为 61.3% ~ 67.6%；"限薪令 2015"实施前的 2014 年，国有企业高管薪酬中的不合理部分约为 62% ~ 71.1%；与 2009 年相比，2014 年国有企业高管中的不合理成分有所上升；与 2014 年相比，"限薪令 2015"实施后的 2018 年，国有企业高管薪酬中的不合理部分约为 34.3% ~ 42.6%，即与 2014 年相比，2018 年国有企业高管薪酬中的不合理成分显著下降约 27.7% ~ 28.5%。

第三，基于双重差分实证结果，无论是企业整体层面还是高管个人层面，"限薪令 2009"在统计上都是无效的。同时，年度差分效应和稳健性检验同样表明"限薪令 2009"政策未能达到抑制国有企业高管薪酬过快增长的短期效果。与"限薪令 2009"相比，"限薪令 2015"有效抑制了国有企业高管薪酬的过快增长，高管薪酬下降幅度约为 5% ~ 7%，"限薪令 2015"对高管薪酬过快增长的抑制作用显著，基本实现了政策干预的短期效果。同时，"限薪令 2015"不论是对国有上市公司的盈利能力指标还是对国有上市公司的发展能力指标，不论是对中央企业还是对地方国有企业，都在不同程度产生正向作用并且统计上显著，表明政策的长期效果也基本实现。具体来看，"限薪令 2015"平均而言可以使国有上市公司的主要盈利指标提高 1.30% ~ 11.97%，可以使国有上市公司的主要发展指标提高 10.27% ~ 150.76%。另外，高管薪酬不合理程度在政策实施前后的显著变化从另一个角度验证了"限薪令 2015"政策的有效性。

第四，从一般意义上看，政府实施诸如薪酬管控政策等干预措施要获得较好的有效性至少要满足三方面条件：一是薪酬管控政策干预的劳动力市场信息相对充分；二是管控政策的干预强度适度或干预强度相对较小；三是政府部门针对管控政策可能带来的市场扭曲可以提供减缓扭曲的配套机制。

本书的贡献主要体现在两个方面：

一是研究方法的贡献。本书在国有企业高管薪酬管控政策研究中运用了双重差分、Oaxaca - Blinder 分解等较为先进的计量经济方法，并对两次影响深远的国有企业高管薪酬管控政策即"限薪令 2009"和"限薪令 2015"进行了对比分析，目前国内尚缺乏关于同时采用双重差分、Oaxaca - Blinder 分解并同时聚焦于"限薪令 2009"和"限薪令 2015"的深入实证研究，这可能是本书在现有国有企业高管薪酬管控政策研究进程中的方法论贡献。

二是研究视角的贡献。一方面，本书尝试将主流经济理论中政府弱激励理论引入对国有企业高管薪酬管控政策的理论分析框架，为国有企业高管薪酬管控的理论研究和政府政策研究提供了新视角；另一方面，本书对比考察了"限薪令2009"和"限薪令 2015"这两次影响深远的国有企业高管薪酬管控政策，不仅从传统的薪酬管控政策的短期效果进行分析，而且还从两个全新的视角即国有企业高管薪酬不合理程度、薪酬管控政策的长期效果进行了实证分析，并尝试解释了国有企业高管薪酬管控政策要实现有效性应具备的主要条件，对政府部门相关政策实践具有一定指导意义。

本书中的任何错误均由笔者本人负责。

常风林

2021 年 5 月于北京

# 目　录

# 1 企业高管：劳动力市场
最具生产力群体

举世皆知，稀少胜于众多。

——拉宾德拉纳特·泰戈尔《流萤集》

## 1.1 研究背景与问题提出

### 1.1.1 研究背景

企业高级管理人员是劳动力市场中最具生产力的群体（the Most Productive Workers，the More Productive Agents，Top Performers），其重要性不言而喻。与其他国家相比，中国的基本国情及所处发展阶段决定了国有企业（State – owned Enterprises）及其高级管理人员①（Senior Executives，Top Executives，以下简称国有企业高管）的作用更加重要。因此，研究政府对国有企业高管的激励问题（Incentive Problems）非常必要。

---

① "国有企业负责人"属于我国政府部门政策文件中的规范性名称，而"国有企业高管"是市场经济实践中的习惯性称呼。除特殊说明外，本书对"国有企业负责人"和"国有企业高管"两者不做区分。

我国国有企业在国家经济基础中起支柱作用，在关系国民经济命脉和国家安全的主要行业和关键领域占据支配地位。2019 年，全国国有企业（不含金融企业）资产总额 233.9 万亿元，国有资本权益总额 64.9 万亿元。国有金融企业资产总额 293.3 万亿元，形成国有资产 20.1 万亿元①。2019 年，中国国内生产总值 GDP 现价总量为 990865.1 亿元②，2019 年末，中国国有企业（不含金融企业）资产总额约为同期国内生产总值的 2.4 倍。2019 年，全国国有企业利润总额 35961.0 亿元、应交税费 46096.3 亿元、营业总收入 625520.5 亿元、成本费用利润率 6.0%、资产负债率 63.9%③，国有企业利润及交纳税金是国家财政收入的重要来源。2019 年，全国国有控股企业数量为 266434 个④，其中有企业高管数量约为 130 万人（平均每家国有企业高管按 5 人推算）。

事实上，与许多人的直观感觉不尽一致，迄今为止，国有企业在世界多数国家经济生活中仍占有重要地位。以 OECD（经济合作组织）成员国为例，40 个 OECD 成员国中国有企业数量、员工人数、市场价值仍是各国国民经济的重要组成部分，主要分布在第一产业（Primary Sectors）、制造业、金融业、电信、电力和燃气、交通运输、其他公用事业、房地产等行业。当然，我国国有企业数量、员工人数、市场价值都位居第一位（见表 1－1）。

表 1－1　OCED 成员国国有企业数量、员工人数与市场价值（2015 年）

| 国家/地区 | 国有企业数量（个） | 国有企业员工人数（人） | 国有企业市场价值（百万美元） |
|---|---|---|---|
| 阿根廷 | 59 | 130776 | 27610 |
| 澳大利亚 | 8 | 42607 | 13602 |

① 资料来源：《国务院关于 2019 年度国有资产管理情况的综合报告》。
② 资料来源：《中国统计年鉴（2020）》"表 3－1　国内生产总值"，第 56 页。
③ 资料来源：财政部官网，http://zcgls.mof.gov.cn/qiyeyunxingdongtai/202001/t20200120_3462158.htm。
④ 资料来源：《中国统计年鉴（2020）》"表 1－7　按地区和控股情况分企业法人单位数（2019 年）"，第 21 页。全国企业单位数为 21091270 个，其中，国有控股 266434 个，占比 1.26%；集体控股 172503 个，占比 0.82%；私人控股 19811755 个，占比 93.9%。

续表

| 国家/地区 | 国有企业数量（个） | 国有企业员工人数（人） | 国有企业市场价值（百万美元） |
|---|---|---|---|
| 奥地利 | 10 | 72491 | 4855 |
| 巴西 | 134 | 597505 | 145035 |
| 加拿大 | 44 | 83462 | 30316 |
| 智利 | 25 | 50361 | 20811 |
| 中国 | 159198 | 40137000 | 12197949 |
| 哥伦比亚 | 39 | 33033 | 23007 |
| 哥斯达黎加 | 32 | 43013 | 12629 |
| 捷克 | 133 | 133826 | 28800 |
| 丹麦 | 21 | 18728 | 13458 |
| 爱沙尼亚 | 66 | 26026 | 4200 |
| 芬兰 | 47 | 72391 | 40321 |
| 法国 | 51 | 826967 | 76908 |
| 德国 | 71 | 370440 | 72000 |
| 希腊 | 42 | 42927 | 83403 |
| 匈牙利 | 370 | 148193 | 9088 |
| 冰岛 | 35 | 3636 | 3552 |
| 印度 | 270 | 3284845 | 338518 |
| 爱尔兰 | 25 | 39079 | 10229 |
| 以色列 | 28 | 57114 | — |
| 意大利 | 20 | 499765 | 207507 |
| 日本 | 8 | 256265 | 82365 |
| 韩国 | 56 | 147833 | 217811 |
| 拉脱维亚 | 71 | 49962 | 8284 |
| 立陶宛 | 128 | 40711 | 5729 |
| 墨西哥 | 78 | 73686 | 21232 |
| 荷兰 | 29 | 110400 | 82926 |
| 新西兰 | 37 | 36214 | 29053 |
| 挪威 | 55 | 230601 | 107859 |

| 国家/地区 | 国有企业<br>数量（个） | 国有企业员工<br>人数（人） | 国有企业市场<br>价值（百万美元） |
|---|---|---|---|
| 波兰 | 126 | 128016 | 15719 |
| 沙特阿拉伯 | 24 | 25906 | 139406 |
| 斯洛伐克 | 113 | 60471 | — |
| 斯洛文尼亚 | 37 | 47052 | 12525 |
| 西班牙 | 51 | 94635 | 36744 |
| 瑞典 | 49 | 124133 | 37115 |
| 瑞士 | 4 | 106883 | 44696 |
| 土耳其 | 39 | 438990 | 62464 |
| 英国 | 16 | 153604 | 114639 |
| 美国 | 16 | 535981 | −21629 |

资料来源：Data collected for OECD（2017），The Size and Sectoral Distribution of State – Owned Enterprises，OECD Publishing，Paris，https：//doi. org/10. 1787/9789264280663 – en.

与国有企业的支配作用相适应，近年来，国有企业高管薪酬激励问题越来越受到公众的关注和热议，同时受到国家层面政府监管部门高度重视直至上升为国家最高决策层的顶层设计。2009 年，经国务院批准，人力资源社会保障部会同中央组织部、监察部、财政部、审计署、国资委六部门联合印发《关于进一步规范中央企业负责人薪酬管理的指导意见》（该政策 2009 年开始实施，以下简称"限薪令 2009"[①]），对国有企业高管薪酬分配进行规范管理。2014 年，中共中央、国务院印发《关于深化中央管理企业负责人薪酬制度改革的意见》（该政策2015 年开始实施，以下简称"限薪令 2015"），国家最高决策层从顶层设计角度对深化国有企业高管薪酬制度做出重大决策部署。

国外高管薪酬管控主要运用财政税收政策即对高管的高收入进行管控，研究重点通常是企业高管的最优收入税问题；国内高管薪酬管控主要运用收入分配政

---

① 需要说明的是，尽管这项政策主要目的并非是"限薪"，但在实践中被广泛以所谓"限薪令"称呼使用，为便于比较研究，本书仍沿用此称呼。

策即对高管的高收入设置调控上限，研究重点通常是国有企业高管薪酬"限高"问题。因此，国有企业高管薪酬管控问题涉及政府财政税收政策与收入分配政策以及相关政策对经济发展的影响等经济学重要问题。

总的来看，一方面，国有企业高管薪酬管控已受到国家最高决策层的高度重视，引起了国内外普通民众、媒体、政策制定者等的高度关注和学者的广泛研究；另一方面，国有企业高管薪酬管控也越来越成为国有企业改革发展的重要组成部分，越来越成为热点和难点问题。因此，本书在现有研究文献的基础上，主要定位是对国有企业高管薪酬管控政策进行研究。

### 1.1.2　历史上对商人的激励简史

历史是一面镜子。在研究分析中华人民共和国成立以来特别是改革开放以来国有企业高管薪酬管控政策之前，有必要简要概述中国历史上对商人（相当于后来的企业家或企业高管）的激励及其社会地位。

#### 1.1.2.1　《史记》对商人的评价：汉代以前以"素封"为基调

我国汉代正式形成士、农、工、商四个社会等级（士、农、工、商因此也称"四民"），其中，商人所从事的行业属于"末业"。

司马迁在《史记》的《货殖列传》中，列举了自虞夏以来知名的商人大贾（一定程度上可看作早期的企业家），主要有陶朱公、子贡、白圭、猗顿、郭纵、乌氏倮、（巴郡寡妇）清，以及秦杨、田叔、桓发、雍乐成、雍伯、张氏、郅氏、张里等。

"言富者皆称陶朱公"的越国范蠡，经营有道，财富"遂至巨万"，富可敌国。

孔子七十弟子中最为富有的子贡，由于其财富巨大，经常带着厚礼拜访、馈赠诸侯，以至于结交的诸侯国君与子贡只行宾主之礼、不行君臣之礼。

西周人白圭颇有经商头脑，将其经商致富之道总结为"吾治生产，犹伊尹、吕尚之谋，孙吴用兵，商鞅行法是也"，由于白圭经商非常成功、富可敌国，以至于当时人们将白圭称为"治生祖"（类似于称呼其为"经商之父"）。

猗顿经营盐业发家，富甲天下。

邯郸地区的郭纵以冶炼铁器成就大业，富裕到与当时的王侯一样。

乌氏倮是秦始皇时代的大畜牧商，秦始皇给乌氏倮"封君"一样的待遇，可以和朝臣一起朝觐皇帝。

（巴郡寡妇）清因继承先祖朱砂矿而家境富裕，秦始皇认为清是个贞妇而以客礼对待她，并为其修筑女怀清台。

司马迁认为，由于富可敌国，乌氏倮、（巴郡寡妇）清等商人甚至可与皇帝诸侯等分庭抗礼、名扬天下①。

总的来看，司马迁作为史学家对商人的评价是较高的，他将《货殖列传》中列举的巨富商贾称作"素封"：这些巨富商贾，虽然没有官职俸禄或爵位封地收入，但其生活欢乐富有，完全可与有官爵者相比，因此可称作"素封"②。司马迁进一步认为，"千金之家比一都之君，巨万者乃与王者同乐"，就是说家有千金的人家可比得上都会的封君，有巨万家财的富人能同国君一样享乐。由于司马迁对商人评价较高，以至于班彪批评司马迁的《货殖列传》"轻仁义而羞贫穷"，班固则进一步讥讽司马迁"崇势利而羞贱贫"。

需要特别指出的是，司马迁对财富的观点非常独特，他认为"富者，人之情性，所不学而俱欲者也"，换句话说，求富是人们的本性，用不着学习就都会去追求。因此，司马迁认为，"贤者深谋于廊庙，论议朝廷，守信死节隐居岩穴之士设为名高者安归乎？归于富厚也""农工商贾畜长，固求富益货也"③，农、工、商、贾等绞尽脑汁索取增殖，终究就是为了谋求增添个人的财富。

不过，司马迁按照当时"庶、民、农、工、商、贾"的优劣等级排序，仍

① 《货殖列传》，载（汉）司马迁撰：《史记》（全四册），中华书局2011年第1版，第2819－2844页。

② 《货殖列传》，"今有无秩禄之奉，爵邑之入，而乐与之比者，命曰'素封'"，载（汉）司马迁撰：《史记》（全四册），中华书局2011年第1版，第2834页。

③ 《货殖列传》，载（汉）司马迁撰：《史记》（全四册），中华书局2011年第1版，第2834页。

将致富之道区分为三等，"本富为上，末富次之，奸富最下"①，就是说，如果靠从事农业生产而致富为上，靠从事商贾而致富次之，靠玩弄智巧甚至违法而致富是最低下的。而且，不但致富之道有高低贵贱之分，司马迁还意识到，从贫穷到富有，"农不如工，工不如商"②。尽管司马迁重视财富，但在当时的历史背景下还是免不了对商贾轻看。

非常有意思的是，在当时的时代背景下，司马迁还天才地提出了他认为的好的致富经商行业应达到的投资收益水平。司马迁说，对于当时放高利贷的资金，即促成当时牲畜交易的牿客商（经纪人），通常情况下，贪心的商人会取交易额的 1/3 作为佣金（投资收益），廉正的商人通常取 1/5 作为佣金。至于其他行业，如果利润不足 2/10，那就不是好的致富行业③。时至今日，2/10 的投资收益率仍具有一定参考意义。

总的来看，汉代之前，从司马迁等史学家的角度来判断，以"素封"为基调，当时社会对商人（企业家）的激励应该是较强的。这正如陈锦江（2016）等提出的观点，"中华文明起源于几千年前的农业社会，长期以来对商业活动存在一些社会和文化偏见，但并未否认商业活动的必要性"④。

### 1.1.2.2　汉代至中华人民共和国成立前的商人：社会地位逐步提高

汉代之后直至宋代之前，封建帝制下官僚士大夫阶层极度轻视几乎未受过传统儒家文化培养的商人，这一时期，商人的社会声望、社会地位很低，官僚和读书人长期把科举读书（做官、学术）和经商之间的区别看得很重。

进入宋代后，随着国内市场和区域贸易的繁荣以及理学兴起，中国社会和伦

---

① 《货殖列传》，"是故本富为上，末富次之，奸富最下"，载（汉）司马迁撰：《史记》（全四册），中华书局 2011 年第 1 版，第 2835 页。

② 《货殖列传》，"夫用贫求富农不如工，工不如商，刺绣文不如倚市门，此言末业，贫者之资也"，载（汉）司马迁撰：《史记》（全四册），中华书局 2011 年第 1 版，第 2836 页。

③ 《货殖列传》，"子贷金钱千贯，节驵会，贪贾三之，廉贾五之，此亦比千乘之家，其大率也。佗杂业不中什二，则非吾财也"，载（汉）司马迁撰：《史记》（全四册），中华书局 2011 年第 1 版，第 2836 页。

④ ［美］兰德斯，莫克，鲍莫尔编著：《历史上的企业家精神：从古代美索不达米亚到现代》第十六章"帝制晚期以来的中国企业家精神"，姜井勇译，中信出版社 2016 年第 1 版。

理准则层面出现理性化趋势，商人阶层的社会地位得到提高，"士"与"商"之间呈现融合趋势，官员与商业精英之间的社会等级差距不断缩小（陈锦江，2016），尽管"官本位"观念仍高高在上。

这一时期最明显的例子是徽商、晋商的兴起。徽商、晋商主要起家于通过长途贸易对盐、茶等商品（老百姓的生活必需品）的垄断控制，以及进一步充当当时官僚政府资金托管人的角色获得巨额收益。鼎盛时期，徽商、晋商不仅富甲一方，而且对官府影响举足轻重。

商人社会地位得到提高的重要表现，是官商两者之间关系越来越密切，而官商越来越密切的社会体现，是越来越多的富商家族内部官、商职业分化的趋势（傅衣凌，1956）。许多商人家族的子嗣，如果有读书天赋就参加科举考试求取功名官位，做官后则有助于进一步增进整个家族的商业利益，因为家族的经营活动会获得官府更多的保护，同时，富商家庭也为在朝为官的子嗣提供了坚实的经济支持，从而获得在官场从政的有利条件（陈锦江，2016）。

到明朝晚期，商人的社会地位进一步提高，士大夫已不再对其祖先经商经历闪烁其词，而是引以为傲，在其自传或作品中大胆记录其祖先经商的历程或记述其家族商业财富对其仕途的不可或缺的支持作用（Brook，1998）。

进入清朝，士、商两个社会阶层之间越来越呈现"共生互利"关系。清朝初年，盐税和盐商纳贡是当时朝廷的主要财政收入来源，康熙、乾隆年间，两位皇帝多次巡视江南，均选择进驻扬州私人盐商家中，康熙、乾隆两位皇帝与扬州商人建立了良好的私人关系，形成了一套几乎持续至清朝末期的共生支持体系（陈锦江，2016）。

但是，正如黄仁宇（1997）所指出的，"中国是大陆型国家，重农抑商已久，是传统政策，重生产而不重分配"[①]，长期的重农抑商使对商人的激励也是不充分的。

---

① 黄仁宇著：《资本主义与二十一世纪》第一章"问题的重心"，生活·读书·新知三联书店1997年第1版，第28页。

　　总的来看，到封建帝制晚期的清朝末期，中国商人阶层的社会地位逐步提升，商人与官员之间的共生互利关系日益增强，这对商人在当时发挥企业家的作用产生了重大影响（陈锦江，2016）。重要原因在于，当商人的社会地位极为卑微时，商人缺乏足够激励去进行重大的商业创新，即使有意愿从事商业创新也很难获得成功。而随着商人社会地位的不断提升，商人获得了足够高的社会地位甚至有机会成为政治精英后，商人就有足够的激励去进行重大商业创新并可能获得巨大成功。

　　因此可以认为，与中国商人阶层社会地位逐步提升相伴，中国历史上漫长的封建帝制年代，对商人的社会激励强度是逐步提高的或者说是从弱激励转向强激励的。

### 1.1.2.3　历史上企业家的作用：“功人”及“万世之功”

　　汉高祖刘邦对萧何作用的评价，一定程度可以借用来对历史上商人作用的形象进行描述。《史记·萧相国世家》提到，刘邦平定天下后给群臣论功行赏，认为群臣中虽然许多人身经百战、攻城略地，但是萧何功劳最大。刘邦的理由是，萧何与其他功臣的差别就像打猎中的猎人和猎狗一样，打猎中能够追赶扑杀野兽兔子的是猎狗，而能够发现猎物踪迹向猎狗指示野兽所在之处的是猎人。萧何的功劳就如“功人”，而其他群臣的功劳就如“功狗”[①]。而且，论功行赏后给群臣排列位次时，刘邦仍以萧何的作用堪比“万世之功”而曹参等功臣

---

　　[①]《萧相国世家》，"汉五年，既杀项羽，定天下，论功行封。群臣争功，岁馀功不决。高祖以萧何功最盛，封为酂侯，所食邑多。功臣皆曰：'臣等身被坚执锐，多者百馀战，少者数十合，攻城略地，大小各有差。今萧何未尝有汗马之劳，徒持文墨议论，不战，顾反居臣等上，何也？'高帝曰：'诸君知猎乎？'曰：'知之。'高帝曰：'知猎狗乎？'曰：'知之。'高帝曰：'夫猎，追杀兽兔者狗也，而发踪指示兽处者人也。今诸君徒能得走兽耳，功狗也。至如萧何，发踪指示，功人也。且诸君独以身随我，多者两三人。今萧何举宗数十人皆随我，功不可忘也。'群臣皆莫敢言。"载（汉）司马迁撰：《史记》（全四册），中华书局2011年第1版，第1797页。

的作用仅为"一旦之功"，因此给所有群臣中排列位次时仍以萧何为第一①。

历史上著名商人（企业家）的真实作用，不妨借用"功人""万世之功"的形象评价，尽管实践中社会对商人的公开评价要低许多。

综上所述，从弱激励与强激励的角度来看，中国历史上对商人（企业家或企业高管）的激励本质上是弱激励，尽管从远及近、由古至今，弱激励总体而言逐步向强激励演进。

### 1.1.3　问题提出

#### 1.1.3.1　高管薪酬：劳动力市场最具生产力者的"激励困境"

近几十年来，世界范围内主要市场经济国家及新兴发展中国家企业高管薪酬水平都有了显著快速的增长。

人们固有的观点是，为吸引、留住和激励金融、医药、科学研究、高新技术等领域企业高管这些劳动力市场中最具生产力的高端人才（或最优绩效者）取得最佳业绩，给予高管巨额工资及奖金极为必要。但是，与人们对于企业高管的美好期望相反，近年来，世界范围内经常发生的事实是，与高管巨额薪酬甚至所谓"天价薪酬"相伴随的往往并不是令人满意的经营业绩，而是越来越多的高管业绩平平、严重道德风险甚至明目张胆的欺诈行为。高薪酬没有按照良好愿望产生相匹配的高业绩甚至引发严重道德风险行为，这种高管薪酬"激励困境"现象越来越突出，引发了研究者及政府监管者越来越多的关注，成为近年来高管激励理论研究和管理实践中的热点和难点问题。

---

① 《萧相国世家》，"列侯毕已受封，及奏位次，皆曰：'平阳侯曹参身被七十创，攻城略地，功最多，宜第一。'上已桡功臣，多封萧何，至位次未有以复难之，然心欲何第一。关内侯鄂君进曰：'群臣议皆误。夫曹参虽有野战略地之功，此特一时之事。夫上与楚相距五岁，常失军亡众，逃身遁者数矣。然萧何常从关中遣军补其处，非上所诏令召，而数万众会上之乏绝者数矣。夫汉与楚相守荥阳数年，军无见粮，萧何转漕关中，给食不乏。陛下虽数亡山东，萧何常全关中以待陛下，此万世之功也。今虽亡曹参等百数，何缺于汉？汉得之不必待以全。奈何欲以一旦之功而加万世之功哉！萧何第一，曹参次之。'高祖曰：'善。'于是乃令萧何第一，赐带剑履上殿，入朝不趋。"载（汉）司马迁撰：《史记》（全四册），中华书局 2011 年第 1 版，第 1797－1798 页。

### 1.1.3.2 2008 年金融危机以来主要发达国家的高管薪酬管制

2008 年，美国次贷危机引致的国际金融危机对世界经济产生了巨大冲击，在分析研判和应对金融危机中人们逐渐认识到，企业高管的超高薪酬及其高速增长是国际金融危机爆发的重要诱因之一。国际金融危机促使人们意识到，如果企业的高利润只能借助承担高风险获得，同时企业的高损失却不由作为主要决策者的企业高管承担，那么超高薪酬激励势必造成高管在决策中偏爱高风险，而高风险的持续累积可能最终导致金融危机。对国际金融危机的反思和讨论导致美国、德国、法国等西方主要发达国家的政府部门先后开始采取薪酬管制（Compensation Regulation，Pay Regulation）政策。

2009 年，美国政府先后出台了一系列对接受政府救助企业高管的政府薪酬管控政策，规定得到美国政府资金救助的美国金融企业高管最高年薪不得超过 50 万美元（该规定适用于金融危机期间接受美国政府救助的花旗银行、美国银行及美国国际集团等企业）。2010 年出台的《多德·弗兰克法案》（*Dodd – Frank Wall Street Reform and Consumer Protection Act of* 2010）也规定，美联储需对企业高管薪酬进行必要监督以确保企业高管薪酬制度不会导致高管过度追求高风险[1]。

2009 年，德国联邦议院也通过决议，规定接受德国政府救助计划的银行业高管薪酬要控制在 50 万欧元之内，而且这些高管在接受政府救助的相应任职期间不应有分红、奖金等其他收入[2]。

---

[1] 《多德 – 弗兰克华尔街改革与消费者保护法案》，董裕平、全先银、汤柳、姚云等译，中国金融出版社 2010 年第 1 版，第九章第 956 条 "加强薪酬结构报告"：一是加强对薪金安排的披露与报告。①概述。本章施行之日起 9 个月内，适当联邦监管者应联合制定规章或行为准则来要求已承保金融机构向适当联邦监管者披露其制定的激励机制薪酬的安排结构，从而决定薪酬结构是否：（A）提供给已承保金融机构高管、雇员、董事或主要股东过量的薪酬、费用或津贴；或者（B）会给已承保金融机构带来重大金融损失。②规则解释。本条规定不应解释为要求报告特定人的实际薪酬。本条规定不应解释为要求没有激励机制报酬安排的已承保金融机构进行依据本款要求的披露。二是对特定薪金安排的禁止。自本章施行之日起 9 个月内，适当联邦监管者应联合制定规章或行为准则禁止其认为以下会鼓励使已承保金融机构承担不适当风险的激励机制报酬安排，或其他拥有此功能安排：①提供给已承保金融机构高管、雇员、董事或主要股东过量的薪金、费用或津贴；或者②会给已承保金融机构带来重大金融损失。

[2] 董培轩：《金融危机以来金融机构高管薪酬规制的变化及展望》，《经济体制改革》2014 年第 5 期，第 196 – 200 页。

2012 年，法国政府颁布政令，规定法国主要国有企业高管的年度薪酬不得超过 45 万欧元，即不得超过法国国有企业员工平均最低工资的 20 倍。

此外，全球金融稳定委员会（FSB）于 2009 年先后制定了《稳健薪酬实践原则》（*Principles for Sound Compensation Practices*）和《稳健薪酬实践原则实施标准》（*Implementation Standards for the FSB Principles for Sound Compensation Practices*），对全球主要金融机构的薪酬制度提出指导原则及实施标准。

### 1.1.3.3　2009 年以来中国的两次国有企业高管薪酬管控政策

2008 年国际金融危机发生后，在主要市场经济国家先后出台对企业高管薪酬管控政策的国际背景下，结合中国国情，2009 年，经国务院批准，人力资源和社会保障部等六部委联合印发了《关于进一步规范中央企业负责人薪酬管理的指导意见》，规范和加强国有企业高管薪酬管理。《关于进一步规范中央企业负责人薪酬管理的指导意见》出台后引起了广泛关注，尽管该办法的实施目的并不主要是对国有企业高管薪酬实施所谓"限薪"，但仍被许多研究者和企业高管称为"限薪令 2009"（或"2009 年限薪令"）。"限薪令 2009"的核心内容主要有两方面：

第一，进一步明确了国有企业高管薪酬激励约束机制。明确规定中央企业高管薪酬由基本年薪、绩效年薪和中长期激励收益三部分构成，以绩效年薪和基本年薪为主。其中，高管正职（国有企业主要负责人）基本年薪以上年度中央企业在岗职工平均工资 5 倍为基数，结合薪酬调节系数确定。该办法明确规定，为合理确定高管基本年薪与职工工资的比例，避免高管薪酬水平不合理增长，薪酬调节系数实行限高，最高不超过 1.5。同时，绩效年薪根据年度经营业绩考核结果在基本年薪的 3 倍以内确定。按照这样的制度设计，如果不考虑中长期激励收益，中央企业高管正职薪酬水平理论上被限定在中央企业在岗职工平均工资的 30 倍以内（这是该办法被许多人认为是"限薪"政策的主要原因）。

第二，初步形成了高管薪酬统一监管、分别审核的管理体制。该办法明确人力资源和社会保障部会同财政部、国资委等部门统一监管中央企业高管薪酬，同时国资委、财政部以及其他业务主管部门作为薪酬审核部门，具体负责监管企业高管的薪酬水平审核及经营业绩考核。

但是，本书的实证研究表明，所谓"限薪令2009"由于诸多原因，并没有达到其预期的政策效果。"限薪令2009"印发后五年多的实施情况表明，国有企业高管薪酬分配仍然存在一些突出问题，主要是：部分国有企业高管薪酬水平依然过高、偏高，与普通职工工资水平差距仍然偏大、过大，国有企业高管与普通职工之间的分配关系不尽公平合理；国有企业高管薪酬定价机制还不完善，尚未充分体现企业功能性质、经营状况以及高管选任方式的差异；国有企业高管薪酬结构不太合理，缺乏中长期激励，以短期激励为主；薪酬监管体制不够健全等。这些突出问题的存在，不仅影响国有企业发展壮大，而且影响社会公平正义。为此，2013年中共十八届三中全会明确提出，要合理确定并严格规范国有企业管理人员薪酬水平。

2014年11月5日，中共中央、国务院印发了《关于深化中央管理企业负责人薪酬制度改革的意见》。与"限薪令2009"相比较，该政策虽然是2014年印发，但明确规定自2015年1月1日起实施，因此，通常被称为"限薪令2015"（或"2015年限薪令"）。

与"限薪令2009"相比，"限薪令2015"的最突出特点是，其政策制定层级最高。"限薪令2015"先后由中央全面深化改革领导小组、中央政治局常委会、中央政治局会议进行研究，并于2014年8月由中央政治局会议审议通过《中央管理企业负责人薪酬制度改革方案》，在此基础上由中共中央、国务院以"中发"文件形式印发《关于深化中央管理企业负责人薪酬制度改革的意见》。从该政策的形成过程及印发形式等方面可以看出，"限薪令2015"属于最高层次的真正具有顶层设计性质的薪酬政策文件。

本书的实证研究也表明，与"限薪令2009"相比，"限薪令2015"基本达到了预期的政策效果，不仅实现了短期效果，而且实现了长期效果。

基于上述研究背景，本书主要试图回答以下五方面问题：

第一，中华人民共和国成立以来特别是改革开放以来，国有企业高管薪酬的定价机制及其基本演变规律是什么？"限薪令2009"和"限薪令2015"这两次影响深远的国有企业高管薪酬管控政策出台的政策目标是什么？特别是，从经济学分析角度，国有企业高管薪酬管控政策可以运用哪种主流经济学理论框架加以解释？

第二，近年来国有企业高管薪酬中是否存在不合理成分？如果存在，国有企业高管薪酬中的不合理程度到底如何？高管薪酬水平是基本合理，还是偏高，还是过高，抑或偏低、过低？

第三，"限薪令2009"和"限薪令2015"这两次近年来影响较大的国有企业高管薪酬管控政策的短期效果和长期效果如何？或者简单说，这两次薪酬管控政策有效吗？

第四，企业高管团队中前三名薪酬高管、首席执行官薪酬占比等与公司治理水平、企业业绩以及企业创新之间存在显著正相关关系吗？换句话说，提高公司高管团队中首席执行官等主要成员的薪酬是否有利于提升企业业绩以及企业创新水平？

第五，如果薪酬管控政策是有效的，那么从更一般意义上讲，诸如国有企业高管薪酬管控这样的收入分配管控政策需要具备哪些主要约束条件才能够更为有效？对未来政府部门宏观调控政策有哪些启示？对国有企业高管的薪酬管控实行弱激励最优还是强激励最优？显然，关于这个问题理论和实践意义更为深远。

# 1.2 研究意义

## 1.2.1 理论意义

高管薪酬管控涉及激励理论（Incentive Theory 或 Incentive Contracts）、委托—代理理论（Principal - agency）、管理者薪酬（Managerial Compensation）、规

制经济（Economic Regulation）、最优收入税（Optimal Income Taxation），以及更广泛意义上的公司治理（Corporate Governance）、收入分配（Income Distribution）等经济问题，还涉及公平正义等社会问题，理论意义重大。

从激励理论角度而言，企业高管薪酬的高水平、高增长，可能就是市场经济条件下竞争市场对具有高度稀缺才能的高管进行有效激励的客观需要或合理价格反映，原因十分简单，竞争环境下股东必须设法引导高管（雇员）尽最大努力为其工作，因为这种情况下公司的成本将是较低的，较低的成本意味着较高的工资可以支付给高管（或工人等普通雇员），因此低效益的企业高管及其普通工人就可能被效益高的企业挖走。

从委托—代理理论角度而言，由于存在道德风险、逆向选择等问题，高管薪酬的高水平、高增长，也可能是存在严重市场失灵情况下对高管的超额激励或者说过度激励。

从管理者薪酬及规制经济角度而言，由于管理层权力、自然垄断、行政垄断等因素的存在，薪酬管控（Pay Regulation）政策也有其现实合理性。

从最优收入税角度而言，对企业高管收入征税的最优边际税率高低会影响劳动力市场高管有效劳动的均衡定价，进而通过高管的有效配置影响企业利润。

从公司治理角度而言，企业是市场经济的主体，是市场竞争的直接参与者。高管是现代企业制度下公司治理的重要参与者。在市场经济条件下，由于所有权、管理权两权分离成为常态，合理的高管薪酬制度设计，就成为作为委托人的股东与作为代理人的高管之间相互制衡协调从而使企业正常经营发展的关键环节，高管薪酬问题也成为公司治理中的核心问题。

高管薪酬问题作为收入分配问题，历来不仅是事关效率的经济问题，而且是事关公平正义的社会问题、政治问题。特别是由于我国的特殊国情和所处的发展阶段，国有企业高管薪酬问题既集中体现了市场对高才能、高效率管理要素的激励效率问题，同时由于高管与普通员工之间的薪酬差距及其扩大或缩小趋势，又聚焦凸显了社会公平正义、分配正义（Distributive Justice）等问题。

本书通过理论综述及运用相关实证分析方法，在试图为我国国有企业高管薪酬管控引入理论分析框架的基础上，将着重对国有企业高管薪酬不合理程度进行测度，对薪酬管控政策的短期效果、长期效果进行实证分析，对企业高管团队中主要成员的薪酬水平及薪酬占比与公司治理、企业业绩、企业创新等之间的关系进行实证分析，并从更一般意义上探讨相关管控政策有效的主要约束条件，这将既为我国社会主义市场经济条件下国有企业高管薪酬管控问题提供有益的实证证据，也将为建立健全符合我国国情的政府宏观调控理论体系提供一定理论支撑。

### 1.2.2 实践意义

从实践角度来看，高管薪酬管控政策是国内外市场经济国家近年来进行宏观调控的重要手段之一，高管薪酬政策管控的有效性也是判断一个国家或地区"政府能力"（State Capacity）[①] 高低即是否为高效政府的重要指标。经济学家考希克·巴苏从曾经担任印度政府首席经济顾问的亲身经验中指出，"制定经济政策是一门综合各领域知识的艺术：必须善用统计学和数据，以把握历史规律；必须具备出色的叙事能力，甚至要达到人类学研究对叙事水准的要求；还必须能运用经济理论和演绎推理"[②]。因此，正如盖尔·约翰逊（D. Gale Johnson）所指出的，"政策不仅重要，而且十分重要。如果政策是鼓励人们通过努力工作、储蓄、投资和有效利用他们的资源来改善自身条件的，那么社会就能够取得伟大的成就"[③]。

改革开放以来，我国政府从深化国有企业改革、充分调动企业高管积极性以及推动形成合理有序的收入分配格局等角度，先后推行国有企业高管年薪制、股权激励等中长期激励机制，2009 年、2014 年结合宏观经济环境变化又先后出台了两个国有企业高管薪酬管控政策，丰富了我国宏观调控的方式和内容，在国内

---

① 蒂莫西·贝斯利、托尔斯滕·佩尔松：《中国面临的挑战：通过制度改革提升政府能力》，《比较》2014 年第 5 期，第 25～57 页。

② 考希克·巴苏（Kaushik Basu）：《政策制定的艺术：一位经济学家的从政感悟》，卓贤译，中信出版社 2016 年版，第 179 页。

③ D. 盖尔·约翰逊著：《经济发展中的农业、农村和农民问题》，林毅夫、赵耀辉编译，商务印书馆 2005 年版。

外引发了广泛关注。但是，不能想当然地认为所有政策都起到了政策制定当初的预期目标，也不能想当然地认为所有政策都起到了支撑市场经济正常运转的效果。如果把政策制定者比作远航的水手，水手必须掌握风和海浪的规律，而风和波浪的规律对政策制定者来说就类似市场"看不见的手"的规律，这方面政策制定者有必要谨记约翰·斯图亚特·穆勒对远航水手的精彩忠告："风和海浪甚是无情。你是建议那些航海者否认惊涛骇浪的存在，还是指导他们乘风破浪以免于灾难？"①

国有企业在世界各国经济发展过程中都发挥着不可替代的作用，特别是在为社会提供公共产品、保障国家安全、高新技术研发和推动国民经济支柱产业发展方面起到了极其重要的作用。每个国家都十分重视国有企业的发展。与其他国家相比，我国国有企业在国民经济和社会发展中具有更加特殊的重要作用。因此，研究近年来我国国有企业高管薪酬管控政策的实施效果，深入分析评估政策得失及其成因，对未来改进完善我国国有企业高管薪酬管理、促进国有企业持续发展壮大，优化完善我国财政税收政策、收入分配宏观调控政策具有极为重要的实践指导意义。

## 1.3　研究对象及其界定

### 1.3.1　研究对象

本书以国有企业高管薪酬管控政策为研究对象，具体而言，主要包括：

第一，长期以来我国国有企业高管薪酬的定价机制及其演变的基本规律，以

---

①　转引自考希克·巴苏（Kaushik Basu）：《政策制定的艺术：一位经济学家的从政感悟》第十章"路在前方"，卓贤译，中信出版社 2016 年版，第 188 页。

及国有企业高管薪酬定价机制揭示、反映的经济学理论依据。

第二，国有企业高管薪酬水平中不合理程度的实证研究。国有企业高管薪酬水平中不合理程度大小，与薪酬管控的必要性高低及激励强度强弱直接相关。本书拟主要利用 Oaxaca – Blinder 分解方法，一方面，对两次薪酬管控政策实施前国有企业高管薪酬中的不合理程度进行实证分析；另一方面，考虑政策时滞效应对政策实施后若干年国有企业高管薪酬中的不合理程度进行对比分析，从而对国有企业高管薪酬管控政策的必要性和管控力度的合理性进行实证分析。

第三，2009 年、2015 年两次国有企业高管薪酬管控政策的有效性。本书认为，改革开放以来，政府对国有企业高管的薪酬激励整体上是趋于市场化的，这一市场化过程可以分为两个大的阶段：一是 1978 ~ 2009 年总体上以推进国有企业高管年薪制、持续提高国有企业高管薪酬水平为基调的"强激励"（High – powered Incentives）政策设计及实施；二是 2008 年国际金融危机以来，更多强调以规范高管薪酬制度并管控薪酬水平为特点，先后实施以"限薪令 2009""限薪令 2015"为基调的"弱激励"（Low – powered Incentives）政策设计及实施。本书拟利用双重差分法（DID）等来实证研究"限薪令 2009""限薪令 2015"这两项国有企业高管薪酬管控政策是否产生了预期政策效果。预期政策效果主要细分为两方面：一是国有企业高管薪酬管控政策的短期效果（或直接效果），即高管薪酬水平及增速是否立即得到有效抑制；二是国有企业管控政策的长期效果（或深层次效果），即国有企业的经营绩效是否提高（或是否受到显著负面影响，即薪酬管控政策的扭曲效应，如国有企业高管的工作积极性是否显著降低、高管辞职率是否显著提高、国有企业盈利能力或发展能力是否降低等）。

第四，企业高管团队中首席执行官以及薪酬前三名高管的薪酬水平与公司治理、企业业绩、企业创新之间的相关性。在高质量发展、创新发展的背景下，扩大公司高管团队内部的薪酬差距是否有利于提升企业业绩及企业创新水平。

第五，薪酬管控政策有效需具备的主要约束条件。用经济学的研究范式来讲，政策实施的目的，在于通过有关政策工具改变人们从特定行为中获得的回报或改变现有的激励机制，从而影响人们的行为。本书在实证分析基础上，试图总结归纳管控政策包括高管薪酬管控政策有效必须具备的主要约束条件，以对未来相关政策的制定和实施提供更具借鉴意义的政策建议。

### 1.3.2 国有企业高管

本书以国有企业高管薪酬管控政策为研究对象，其中国有企业高管的含义等同于国有企业负责人[①]。同时，在现行管理体制下，国有企业组织任命的负责人实际上还具有所谓"干部"或"准干部"身份。

对于国外主要市场经济国家而言，企业包括国有企业的高管（Top Executives；Senior Executives）通常为首席执行官（CEO）、总经理及其他高级管理层人员等职业经理人群体。特别需要指出的是，国外研究文献关于高管薪酬的表述也不尽相同，主要包括但不限于 Executive Pay、Managerial Compensation、Top Pay、Executive Compensation、CEO Pay 等。

为简便起见，除非特别说明，本书中企业高管与上述企业负责人、职业经理人等含义等同，不再区分。

### 1.3.3 薪酬管控

本书关于薪酬管控中的"管控"，基本等同于学术界关于管制、规制、调控、监管（Regulate 或 Regulation）的概念（尽管学术界对于这些概念界定仍不尽相同，反映在对 Regulate 或 Regulation 的翻译上，有的翻译为"管制"，有的翻译为"监管"或"规制"）。同时，管制与宏观调控概念上也有一些差异：宏观调控主要指的是政府有关财政、货币、汇率、利率、收入分配等调整国民经济总量的政策；而管制指的是政府有关政策或制度对企业、行业或单个市场的管控或规制。当然实践中，有的也对管制、规制、监管和宏观调控不做严格区分。本书对管控与管制、规制、监管、调控等之间的区别也不做区分。

---

[①] 主要包括国有企业的董事长（董事局主席等）、党委（党组）书记、总经理（行长、总裁等）、监事长（监事会主席）以及其他国有企业副职负责人。

对国有企业高管薪酬分配进行政策管控的法律依据，主要是《中华人民共和国公司法》（以下简称《公司法》）和《中华人民共和国企业国有资产法》（以下简称《企业国有资产法》），其主要内容是依照相关法律规定对其任命（或由人民政府任命）的企业管理者进行考核、奖惩并按照国家有关规定确定其薪酬标准。《公司法》第三十七条规定股东会行使的十一项职权中第（二）项就是"选举和更换非由职工代表担任的董事、监事，决定有关董事、监事的报酬事项"。《公司法》第四十六条规定董事会行使的职权中第（九）项就是"决定聘任或者解聘公司经理及其报酬事项，并根据经理的提名决定聘任或者解聘公司副经理、财务负责人及其报酬事项"。《企业国有资产法》第四章"国家出资企业管理者的选择与考核"第二十七条规定，"国家建立国家出资企业管理者经营业绩考核制度。履行出资人职责的机构应当对其任命的企业管理者进行年度和任期考核，并依据考核结果决定对企业管理者的奖惩。履行出资人职责的机构应当按照国家有关规定，确定其任命的国家出资企业管理者的薪酬标准"。《企业国有资产法》第四章"国家出资企业管理者的选择与考核"第二十九条规定，"本法第二十二条第一款第（一）项、第（二）项规定的企业管理者，国务院和地方人民政府规定由本级人民政府任免的，依照其规定。履行出资人职责的机构依照本章规定对上述企业管理者进行考核、奖惩并确定其薪酬标准"。

对国有企业高管薪酬分配进行政策管控的理论依据，通常是经济学中关于政府干预的主要理论依据即信息不充分与市场失灵、非理性、社会公平。国有企业具有特殊性，特别是国有企业产权属于国家所有、借助自然垄断或行政垄断等得以生存发展从而面临的市场竞争压力较小，以及因受到政府有效保护而面临的市场接管和破产这两大市场竞争下优胜劣汰机制的威胁也较小，导致国有企业高管薪酬分配中的市场失灵、非理性、社会公平等问题可能更为突出，这种情况下政府的薪酬管控政策就有一定必要性，但信息不充分与市场失灵、非理性、社会公平等这些理论依据对国有企业、非国有企业等具有普适性、太宽泛，对为什么只有国有企业高管实施薪酬管控、为什么长期以来国有企业高管薪酬激励强度虽有波动但总体较低等特征事实难以给出更有说服力的解释。

同时，经济合作组织（OECD）成员国的实践也表明，即使是在目前主要发达市场经济国家，关于国有企业高管薪酬管控政策也并不罕见。国外主要市场经济国家目前对国有企业高管薪酬管控的政策工具主要有五方面：限制（Restrictions）、强制（Mandates）、信息披露（Disclosure）、所有权限制（Ownership Restrictions）、政策指引或标准监管（Guide 或 Principle Regulation）。总的来看，这些政策工具的基本机理是为市场提供充分信息，不同程度缓解信息不充分与市场失灵、非理性等因素，从而使市场机制可以更好地发挥作用。

为便于研究分析，本书使用"管控"这个用法，并将国有企业高管薪酬管控政策界定为：政府以政策或制度等形式对国有企业高管薪酬分配进行的某种规范、限制或规定，其本质上是一种具有特定内涵的国有企业高管薪酬激励机制或政府调控行为。

# 1.4 研究思路与内容

## 1.4.1 研究思路

关于国有企业高管薪酬管控政策研究，本书的逻辑思路如下：

第一，梳理总结国有企业高管薪酬定价机制的演变脉络，厘清国有企业高管薪酬管控政策出台的宏观背景，并从经济学分析角度尝试引入对国有企业高管薪酬管控政策具有较好解释力的主流经济学理论框架。

第二，通过实证分析，量化评估近年来国有企业高管薪酬的不合理程度，为评估分析国有企业高管薪酬管控政策的必要性、合理性提供实证基础和数据支撑。

第三，在实证分析国有企业高管薪酬的不合理程度之后，进一步分析近年来高管薪酬管控政策的有效性，其中有效性区分为短期效果、长期效果的有效性两个层面。

第四，考虑到高管团队内部能力及其薪酬的差异化特点，尝试实证分析高管前三名薪酬总额与公司治理、企业业绩之间的关系，首席执行官薪酬占比及其与企业业绩之间的关系，以及高管薪酬与企业创新之间的关系。

第五，不失一般性，研究提出类似国有企业高管薪酬管控这样的管控政策如果有效必须具备的主要约束条件，以及对未来政府部门宏观调控政策制定实施的有益启示。

### 1.4.2 研究内容

按照上述研究逻辑思路，本书研究内容共分为 11 章。

第 1 章为导论，引出企业高管这一最具生产力群体，第 2 章为研究文献综述，第 3 章研究国有企业高管薪酬的定价机制变化过程及演变规律，第 4 章对国有企业高管薪酬不合理程度进行实证分析，第 5 章对高管前三名薪酬总额、公司治理与托宾 Q 之间关系进行实证分析，第 6 章对首席执行官薪酬占比与企业业绩进行实证分析，第 7 章对两项国有企业高管薪酬管控政策（"限薪令 2009"和"限薪令 2015"）短期效果进行实证分析，第 8 章对"限薪令 2015"的长期效果进行实证分析，第 9 章对高管薪酬水平与企业创新之间的关系进行实证分析，第 10 章总结本书的主要研究结论，第 11 章对未来国有企业高管薪酬管控的政策走向提出若干政策建议。

本书全部章节的基本框架如下：

第 1 章为导论。主要介绍了本书的选题背景、研究问题及研究意义、研究思路及研究内容，并指出本书主要研究方法及研究贡献。

第 2 章为文献综述。主要从高管激励理论假说、高管激励理论模型、高管激励实证研究三个方面进行文献梳理总结。

第 3 章主要总结分析中华人民共和国成立以来特别是改革开放以来国有企业高管薪酬的定价机制变化过程及其演变规律，对不同发展阶段国有企业高管分配制度、薪酬结构、薪酬水平等的形成背景、主要内容、政策成效及存在问题进行描述分析，并概括总结其演变规律。

第 4 章主要利用 Oaxaca – Blinder 分解方法，对 2009 年、2014 年和 2018 年国有企业高管薪酬中的合理、不合理部分进行实证分析。国有企业高管薪酬中不合理部分的多少是判断评估政府部门出台相关薪酬管控政策合理性、有效性的主要实证证据，同时管控政策实施前、实施后国有企业高管薪酬中不合理程度的变化也可以验证薪酬管控政策的有效性。

第 5 章对上市公司高管前三名薪酬总额、公司治理与托宾 Q 进行了实证分析。分析高管前三名薪酬总额与公司治理、托宾 Q 之间是否存在显著正向相关关系，高管前三名薪酬总额主要是来源其管理能力还是其管理权力。

第 6 章对首席执行官薪酬占比（CPS）与激励强度进行实证分析。实证研究分析首席执行官薪酬占比与企业业绩、公司治理之间的相互关系。

第 7 章主要利用双重差分方法，对"限薪令 2009""限薪令 2015"这两次影响较大的薪酬管控政策的短期效果进行实证分析。重点研究薪酬管控政策实施后是否显著抑制了高管薪酬的过快增长。首先运用双重差分方法对第一次影响深远的国有企业高管薪酬管控政策即"限薪令 2009"进行实证分析，其次运用双重差分方法对第二次影响深远的国有企业高管薪酬管控政策即"限薪令 2015"进行了对比分析。

第 8 章在基于"限薪令 2009"短期效果无效而"限薪令 2015"短期效果有效的基础上，运用双重差分方法进一步对"限薪令 2015"对企业业绩的影响即政策的长期效果进行实证分析，主要研究分析国有企业高管薪酬管控政策是损害还是提升了国有企业的业绩水平，从而实证检验"限薪令 2015"的长期效果是否显著。在实证分析基础上，尝试对"限薪令 2015"政策有效性的成因给出相应理论解释。

第 9 章对高管薪酬水平与企业创新进行实证分析。研究分析国有上市公司高管薪酬水平、职工薪酬水平以及高管与职工内部薪酬差距与上市公司的创新投入、创新产出数量之间的关系。

第 10 章为研究结论。总结本书主要结论并提出相应的政策含义，同时指出本书的不足以及未来研究方向。

第11章对未来国有企业高管薪酬管控政策走向提出了若干政策建议。

# 1.5 主要研究方法及贡献

## 1.5.1 研究方法

本书在研究方法上，主要侧重于实证研究，但也注重理论分析。实证研究方法主要运用了双重差分法、Oaxaca – Blinder 分解法等。

### 1.5.1.1 Oaxaca – Blinder 分解法

Oaxaca – Blinder 分解法可运用于任何两组人群之间收入差距的实证分析。岳希明、李实、史泰丽采用 Oaxaca – Blinder 分解方法，对垄断行业高收入中合理与不合理的比重进行了创新性分析，本书主要借鉴他们的研究方法。

以垄断行业（或国有企业）和竞争行业（或非国有企业）为例，Oaxaca – Blinder 分解方法主要包括两个步骤：

首先，是对垄断行业和竞争行业两组人群使用相同的解释变量，分别估计其收入方程式。用公式表示如下：

$$\ln(y^l) = a_l + \beta_l X^l + \varepsilon^l \tag{1-1}$$

$$\ln(y^j) = a_j + \beta_j X^j + \varepsilon^j \tag{1-2}$$

式（1-1）中 $l$ 表示垄断行业，式（1-2）中 $j$ 表示竞争行业。$y$ 为工资；$X$ 为解释变量矩阵。

其次，对垄断行业工资和竞争行业工资之差（$\overline{\ln y^l} - \overline{\ln y^j}$）进行分解。用公式表示如下：

$$\overline{\ln y^l} - \overline{\ln y^j} = (\hat{\alpha}_l - \hat{\alpha}_J) + (\beta_l \overline{X^l} - \beta_j \overline{X^J})$$

$$= (\hat{\alpha}_l - \hat{\alpha}_J) + \beta_l(\overline{X^l} - \overline{X^J}) + (\beta_l - \beta_j)\overline{X^J} \qquad (1-3)$$

式（1-3）中"—"表示平均值；"∧"表示参数的估计值。该等式等号右边的第一项$(\hat{\alpha}_l - \hat{\alpha}_J)$表示回归方程常数项对垄断行业和竞争行业工资差距的贡献；第二项$\beta_l(\overline{X^l} - \overline{X^J})$是垄断行业、竞争行业两个行业职工个人属性（如教育、年龄、职称、工作经验等）差异的贡献；最后一项$(\beta_l - \beta_j)\overline{X^J}$表示对垄断行业、竞争行业两个行业职工个人属性回报率差异的贡献。这三项分别代表工资差异的不同决定要素，具有不同的含义和解释。第二项$\beta_l(\overline{X^l} - \overline{X^J})$代表工资差距中可以由个人属性差异说明的部分，通常称为工资差异中的可被解释部分（Explained Portion of the Differential）或"特征效应"（Characteristic Effect），这部分差异一般被认为是合理的（比如年龄大、受教育年限多的员工比年龄低、受教育年限低的员工工资高，那么年龄、受教育年限方面的差异可合理解释两类员工的工资差距）。除第二项之外的其他两项，表示由个人属性之外的因素所导致的工资差异，通常称为工资差距中的未解释部分（Unexplained Portion of the Differential）或"系数效应"（Coefficient Effect）。由于这部分差异不是由教育、年龄等个人属性所导致的，是由歧视（Discrimination）因素造成的（比如，如果除工作分别属于垄断行业、竞争行业外，两个员工的年龄、受教育年限等因素完全一致，那么这两个员工的工资差距就只能由垄断行业与竞争行业的行业差异即行业工资溢价因素来解释），因此通常被认为是不合理的。

在式（1-3）中，在测量职工个人属性差异$(\overline{X^l} - \overline{X^J})$对工资差距的贡献时，使用了垄断行业的回报率$(\beta_l)$；在衡量回报率差异$(\beta_l - \beta_j)$对工资差距贡献时，使用了竞争行业职工个人属性的平均值$(\overline{X^J})$。这种分解通常叫作标准分解（Standard Decomposition）。

与标准分解相对应的是另一种分解方式，即在计算职工个人属性贡献时，使用竞争行业的回报率$(\beta_j)$，在计算回报率的贡献时，使用垄断行业职工个人属性的平均值$(\overline{X^l})$。用公式表示如下：

$$\overline{\ln y^l} - \overline{\ln y^j} = (\hat{\alpha}_l - \hat{\alpha}_J) + \beta_j(\overline{X^l} - \overline{X^J}) + (\beta_l - \beta_j)\overline{X^l} \qquad (1-4)$$

式（1-4）表示的分解方式称为逆向分解（Reverse Decomposition）。标准分解和逆向分解的结果通常是不完全相同的，其中哪一个分解结果更能准确地估计收入差距的合理与不合理部分，主要取决于两组人群中哪一组的回报率估计值更接近竞争性劳动力市场的回报率（比如，垄断行业、竞争行业两个行业，显然竞争行业职工个人的回报率更接近竞争性劳动力市场的回报率）。但是，为了验证Oaxaca - Blinder 分解结果的稳定性，在解释分解结果时，通常同时给出两种分解方式的分解结果。

### 1.5.1.2 双重差分法（DID）

双重差分（Difference - In - Difference，DID，也称为"倍差法"）法最早源于自然科学，是通过控制实验条件进行实验效果检验分析的研究方法。自然科学通过实验室等途径比较容易进行控制实验，但社会科学几乎不可能进行控制实验。20 世纪 80 年代，Ashenfelter 和 Card[①]借鉴自然科学中的实验效果检验方法，开始运用双重差分方法对政策效果（Treatment Effect）等进行研究分析。随后，James Heckman 开创性地推动了计量经济学方法在自然实验分析中的运用。由于双重差分方法可以比较好地解决实证分析中的内生性、遗漏变量等问题，因此近年来成为比较常用的政策效果评估研究方法。

双重差分的基本方法是：某项政策（比如国有企业高管"限薪令"政策）仅对部分群体（比如国有企业）实施，这些受到政策影响的群体就构成一个实验组，其他同期未受该政策影响的群体构成对照组（也称控制组）。由于实验组、对照组两个群体除一个受政策影响、一个不受政策外其他的影响因素基本相似，因此，双重差分可以得到比较纯粹的政策效应影响系数。双重差分的直观理解是：实验组与对照组在某政策冲击之前就有"旧"差异（政策前的"差异"），仅实验组受到政策冲击，观察受到政策冲击后实验组与对照组两者的"新"差异（政策后的"差异"），比较政策前的"差异"和政策后的"差异"两者的新

---

① Ashenfelter Orley, Card David, "Using the Longitudinal Structure of Earnings to Estimate the Effect of Training Programs", *The Review of Economics and Statistics*, 1985, Vol. 67, No. 4: 648 - 660.

变化，就可以对政策效果进行评估判断。如果政策前"差异"和政策后"差异"的变化显著，那么可以认为产生了政策效果；反之，如果政策前"差异"和政策后"差异"基本无变化，那么可以认为基本没有产生政策效果。

双重差分方法的基本实证分析过程是：

假定$y$是被解释变量，虚拟变量$Trait_i$（$i=1，0$）分别表示受到某政策影响（$i=1$）或没有受到政策影响（$i=0$），时间虚拟变量$Year_t$（$t=1，0$）分别表示政策冲击前（$t=0$）或政策冲击后（$t=1$）。

假定变量之间存在线性关系，双重差分的基本回归模型就为：

$$y_{i,t} = \alpha_0 + \beta_t \times Treat_i \times Year_t + \gamma \times Z_{it} + \lambda_t + f_i + \varepsilon_{it} \qquad (1-5)$$

式（1-5）中，交叉项$Treat_i \times Year_t$是反映$t$时期、样本组是实验组或对照组的政策虚拟变量，$Z_{it}$是其他影响$y$的变量组合，$\lambda_t$代表$t$时期的虚拟变量（如时间的固定效应），$f_i$表示不随时间变化的个体变量（如个体特征的固定效应），$\varepsilon_{it}$表示随机扰动项，$\alpha_0$是常数项，$\beta$就是政策效果或政策效应的回归估计系数，也是双重差分分析最重要的系数。

双重差分方法的运用也受制于一些假设条件：第一，政策效应应该是随机的（不存在选择性偏好），即所谓随机性假设或平行趋势假设；第二，除受检验政策之外，实验组与对照组受到的其他影响因素是相同的，而且这些影响因素对实验组和对照组具有相同的影响力，即所谓同质性假设。在双重差分方法的基础上，进一步运用三重差分方法、半参数法等方法可对双重差分研究结果进行稳健性检验和修正。

### 1.5.2 本书贡献

已有研究主要存在三个方面显著的不足：

第一，国内外特别是国外研究严重缺乏对国有企业高管薪酬管控政策的分析研究，尤其是实证分析研究。与中国国有企业不同，国外国有企业数量少、规模小、主要定位公共产品提供、经济地位相对次要等可能是国外已有研究文献较少涉及的主要原因。

第二，已有研究视角多数仍局限于从企业、高管两者的委托—代理角度来研究分析高管薪酬的最优契约设计问题，忽视了对国有企业高管薪酬管控政策的量化评估或实证分析。主要表现在已有研究多数仍聚焦于高管与企业业绩之间的敏感性，主要研究分析企业所有者（委托人）与高管（代理人）之间契约关系的最优设计、高管薪酬的影响因素，少有对国有企业高管薪酬管控政策的量化评估等实证分析，同时严重低估了对薪酬管控政策有效性及其需具备的主要约束条件等方面研究的理论意义和实践意义。

第三，由于国有企业高管薪酬管控政策的敏感性，已有的部分研究对国有企业高管薪酬管控政策本身的政策背景、主要内容、政策效果、组织实施及配套机制等存在不同程度的理解偏颇甚至较大误解，不可避免影响了其研究结果的可信度。

针对现有研究文献的不足，本书以近年来广受关注的两次国有企业高管薪酬管控政策为研究对象，在相关文献梳理的基础上，重点运用实证分析方法对国有企业高管薪酬管控政策的有效性等问题进行了研究。

本书的贡献之处主要体现可能在以下三个方面：

第一，本书重点对国有企业高管薪酬管控政策效果进行量化实证分析。在研究中主要使用双重差分方法、Oaxaca – Blinder 分解方法等政策评估计量经济学方法，量化评估国有企业高管薪酬中的不合理程度，实证分析政府薪酬管控政策的短期效果、长期效果，并从更一般意义上研究提出管控政策有效应具备的主要约束条件，这可能是本书在目前国有企业高管薪酬研究进程中更具创新意义的方法论贡献。同时，本书对比分析"限薪令2009""限薪令2015"等近年来两次政府薪酬管控政策的不同效果及其成因，对我国收入分配政策实践有一定理论意义和现实意义。

第二，研究视角创新。一方面，本书将主流经济学理论中政府弱激励理论引入对薪酬管控政策的理论分析框架；另一方面，本书对比考察了"限薪令2009"和"限薪令2015"这两次影响深远的国有企业高管薪酬管控政策，不仅从传统的薪酬管控政策的短期效果（直接效果）进行分析，而且还从两个全新的视角即高管薪酬不合理程度（量化评估）、薪酬管控政策的长期效果（深层次效果）进行分析，并尝试解释了国有企业高管薪酬管控政策实现有效性应具备的主要约束条件，对政府部门相关政策实践具有一定指导意义。

第三，研究数据创新。本书的实证数据跨越 2005～2018 年，远高于其他同类研究的数据时间序列跨度，其中涵盖 2009 年、2015 年两次政府国有企业高管薪酬管控政策的关键时间点，拓展了薪酬管控相关实证研究文献，同时实证研究结果更具说服力。

# 2 文献综述：弱激励与强激励

当今时代，对许多经济学家来说，经济学在很大程度上是一系列激励问题：激励努力工作，激励制造好的产品，激励学习，激励投资，激励储蓄等。如何设计能为经济主体提供好的激励的机制，已经成为经济学的一个中心问题。

——让－雅克·拉丰、大卫·马赫蒂摩

《激励理论：委托代理模型》（2002 年）

市场、企业、政府是迄今为止对企业高管可提供有效激励的三种主要组织，但这三种组织提供的激励强度和激励效果是有显著差异的。由于薪酬管控研究是高管激励研究的重要组成内容，因此，从文献综述的完整性角度出发，本书的文献综述主要围绕高管激励研究文献展开。国内外关于高管激励的研究文献主要包括高管激励理论假说、高管激励模型、高管实证研究三个层面，事实上也主要是围绕市场、企业、政府对高管的差异化激励展开的。

## 2.1 高管激励理论假说

### 2.1.1 市场强激励假说

从市场、企业、政府三种组织的激励强度来看，一般而言，市场主要提供强激励（High‐powered Incentives），政府主要提供弱激励（Low‐powered Incen-tives），企业提供的激励介于强激励与弱激励之间（Holmstrom and Milgrom，1991；Raith，2003；Acemoglu et al.，2008；Holmstrom，2017）。

市场为什么主要提供强激励？市场、企业、政府提供的激励为什么会呈现强激励、弱激励的显著差异化特征？

Acemoglu 等（2008）通过构建职业关注模型（Career Concerns Model）对市场、企业、政府提供的激励进行了创新性研究，他们认为：第一，市场经济条件下，在存在职业关注的情况下，市场由于难以抵御巨大的竞争压力，因此只能选择强激励。第二，企业可以通过淡化员工的贡献信号而降低激励强度或者提供相对弱激励，但是，由于企业所有者（股东）最终更关注利润，为了提高利润，企业也通常倾向于愿意提供强激励。因此，短期企业可能提供比市场强激励相对低的激励，但从中长期看，企业通常最终也要提供强激励。但是，Acemoglu 等（2008）指出，强激励可能通过诱导过度的努力信号来扭曲高管努力的组成，进而导致高管决策行为扭曲（比如，有助于企业中长期发展的决策被高管不同程度故意忽视）、显著效率损失等。

市场和企业实行强激励是近年来国内外企业高管"奖金文化"（Bonus Cul-ture）盛行、超额薪酬大行其道的重要原因。与已有多数研究文献认为高管的努力是不可分的、同质的，都是好的努力（对企业产出都是正向的）的观点不同，Acemoglu 等（2008）指出，包括高管在内的代理人，其努力可区分为好努力（Good Effort，Socially Productive）、坏努力（Bad Effort，Socially Unproductive）。这种把高管努力分解为好努力、坏努力的观点（Baumol，1990；Acemoglu et al.，2008）对薪酬管控政策实施的必要性有一定解释力。既然高管努力不是同质的，说明高管努力与薪酬激励之间可能存在一个上限（临界值），超过上限就会使坏努力的产出超过好努力的产出，薪酬激励对高管的努力将产生扭曲，从这个角度而言，实施类似薪酬上限之类的薪酬管控政策有其理论依据。

Bénabou 和 Tirole（2016）构建了一个结合多任务、筛选和霍特林模型（Ho-telling‐like Framework Model）就劳动力市场竞争对企业中的高能力员工（高管等）的薪酬激励进行了研究。其主要研究结果是：第一，企业之间为劳动力市场上最有能力的高管展开激烈竞争，由于利润、产出等绩效指标更容易量化衡量即契约化，因此，与量化业绩指标直接联动的绩效薪酬占高能力高管薪酬的比重持续提高，竞争导致企业越来越依赖于绩效薪酬等强激励（High‐powered Incentives）手段。与此相反，企业对于那些难以契约化的业绩指标（如长期投资、风险管理和企业团队合作等）的激励则趋于下降。在完全竞争情况下，强激励导致的效率损失可能远大于买方垄断条件下企业对低能力高管实施弱激励带来的租收益。第二，由于完全竞争情况下市场摩擦减少导致企业竞争更为激烈，买方垄断情况下发生的对低能力高管的激励不足（Underincentivization）逐渐减少，同时对高能力高管的激励过度（Overincentivization）逐渐增多（见图2‐1）。上述两种情形下，社会总福利与劳动力市场的竞争程度相适应，呈现为"山丘型"（Hill‐shaped）（见图2‐2）。奖金上限（Bonus Caps）、总收入上限（Earnings Caps）和个人所得税（Income Taxes）等薪酬管控手段可能有助于重建企业高管的激励与努力行为之间的平衡，但又会产生各自的市场扭曲。

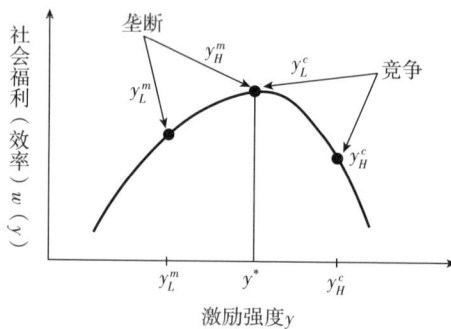

**图2‐1　寡头垄断与完全竞争情形下高管的激励扭曲**

注：$y_L^m$、$y_H^m$分别表示寡头垄断情形下低能力、高能力高管的努力水平；$y_L^c$、$y_H^c$分别表示完全竞争情形下低能力、高能力高管的努力水平；$y^*$为市场均衡时的最优努力水平。

资料来源：Bénabou and Tirole，"Bonus Culture：Competitive Pay，Screening，and Multitasking"，Fig.1，2016，p321。

社会福利

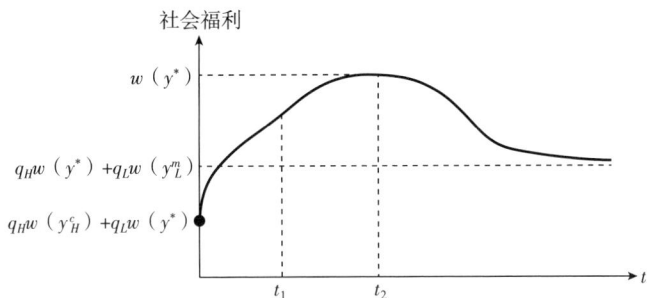

**图 2 - 2　不同竞争程度形成的"山丘型"社会福利变化**

注：$q_H$、$q_L$分别表示高能力、低能力高管在劳动力市场上的数量；$q_H w(y^*) + q_L w(y_L^m)$表示寡头垄断下的社会总福利；$q_H w(y_H^c) + q_L w(y^*)$表示完全竞争下的社会总福利；$w(y^*)$表示最优努力水平对应的社会福利；$t_1$、$t_2$分别表示两种最低保留效用水平，且$t_2 > t_1$。

资料来源：Bénabou and Tirole，"Bonus Culture：Competitive Pay，Screening，and Multitasking"，Fig. 4，2016，p330。

Marin 和 Verdier（2012）提出，全球贸易一体化导致了一场世界范围内的"人才争夺战"（War for Talent），在这场战争中，新进入市场公司与现有公司激烈竞争稀缺高管人才，因此显著提高了高管人才的薪酬水平，并进而提高了公司的开办成本。

与 Bénabou 和 Tirole（2016）研究结论近似，Philippon 和 Reshef（2012）对美国金融行业 1909～2006 年近一个世纪工资与人力资本的配置和薪酬分配进行了深入研究。研究结果表明，美国金融行业管制的放松与技术强度（Skill Intensity）、工作复杂性（Job Complexity）、高工资（High Wages）三个因素高度相关。直到 1990 年前，剔除教育因素调整后金融部门工资水平和非金融部门工资水平基本相同；但是到 2006 年之后，金融行业员工（高管和普通员工总体而言）平均获得了 50% 左右的工资收入溢价（Wage Premium），金融行业高管的工资溢价更是达到约 250%。金融行业收入波动的高风险因素可以解释金融行业员工平均工资溢价的 50% 左右，金融企业大小规模分布的变化因素可以解释金融企业高管薪酬溢价的 20% 左右。

　　郑志刚等（2014）把我国上市公司高管的产生来源归结为三类：一是公司内部晋升，二是外部职业经理人市场选聘，三是岗位轮换即与上市公司存在业务往来和资本关联的企业集团特别是国有背景企业内部的"干部交流"。他们的研究结果表明，三种高管产生来源对企业绩效的改善作用不同，岗位轮换优于内部晋升但劣于外部聘用，主要原因在于来自企业外部的经理人与企业重新签订薪酬合约使对外部职业经理人的激励加强。现实中，由于我国国有企业高管中通常也是外部职业经理人薪酬高于岗位轮换或内部晋升，因此，这一研究结果从另一个角度支持了市场竞争导致高业绩、高薪酬的强激励观点。

　　概括而言，市场强激励假说的基本观点是，在劳动力市场完全或较强竞争条件下，给予高管高薪酬甚至超高薪酬既是保留高管群体中"有能力者"特别是"业绩卓越者"的需要，也是激励高管展现其最佳能力的需要。但是，近年来西方主要市场经济国家中金融、医药等行业中与高管超高薪酬、强激励相伴随的往往并不是高业绩，反而经常是令人失望的业绩表现、严重的道德风险甚至明目张胆的欺诈行为等，表现出典型的"市场失灵"现象，市场强激励假说显然对此缺乏足够解释力。

　　对于为什么企业提供的激励介于强激励与弱激励之间，Baker（1992，2000）以及 Baker 等（1994）的解释是，对企业来说，强激励依赖于可量化的业绩指标，但使用业绩指标衡量员工产出表现事实上存在"业绩指标可能性边界"（Performance Measurement Possibility Frontier），其决定于业绩指标的技术准确性与采用该业绩指标评估员工真实业绩的风险及扭曲。因此，对那些"业绩指标可能性边界"高的员工（如销售人员），基于明确可量化业绩指标的强激励是最优的，而对于"业绩指标可能性边界"较低的员工（比如在可接受的成本内难以实施准确业绩评估的员工，对这些员工企业没有好的量化业绩指标），强激励就不是最优的，这时与业绩指标联系的薪酬激励强度就应该相对较弱（但不会提供零激励），或者提供其他可替代的激励方式如晋升、主观业绩评估（Subjective Performance Evaluation）等。

### 2.1.2 政府弱激励假说

经济学家通常将公共企业（Public Enterprise）或国有企业的存在本身看作是为了纠正市场失灵（Atkinson and Stiglitz，1980；Shleifer and Vishny，1994）。人们固有的观点是，由于与企业相比缺乏对管理人员及普通员工的强激励，政府机构和公共组织往往运行效率较差。Williamson（1985）认为，由于大的组织包括大企业经常表现为多重任务，而多重任务会导致大的组织实施弱激励。其基本逻辑是，对于多重任务而言，如果多重任务中某项任务的产出非常具体明确（很容易准确观察衡量），由于这种可衡量的产出本身就是极好的业绩指标，因此势必会对这项工作给予强激励，但由于组织中有多重任务，如果容易衡量的工作给予强激励，那么人们的努力将在强激励的刺激下忽视其他不容易衡量产出的工作，从而将更多努力甚至全部努力投入强激励任务；大的组织为保证其多重任务都完成，最终不得不降低对所有任务的激励强度而实施弱激励。不仅是政府部门，由于企业规模越大通常运行的任务也越多，并且大企业经常难以采用"标尺竞争"，多重任务的存在使政府部门和大企业倾向于提供弱激励，因此，大企业在诸如科技创新等难以衡量产出的工作方面就会产出相对劣势（Holmstrom，1989；Holmstrom and Milgrom，1991；Tirole，1994）。

Dixit（2002）对政府等公共部门的激励进行了梳理总结，他指出，激励理论的组成要素主要包括三方面：一是对隐含道德风险的努力活动进行激励；二是对蕴含逆向选择的信息进行激励；三是如何解决验证产出真实性的高成本问题。与企业等组织相比，政府等公共部门具有特殊性，主要包括多重委托（Multiple Principals）、多重目标任务（Multiple Tasks）、缺乏竞争（Lack of Competition）、代理人自我激励（Motivated Agents）四方面，这些特征决定了公共部门采取弱激励可能是最优的。其中值得注意的是，政府雇员的"代理人自我激励"特征，Dixit（2002）指出，一般激励理论认为代理人仅仅从委托人支付的货币报酬中获得正效用、从自己为完成工作任务而付出的努力中产生负效用，但是现实生活中，代理人或许从工作任务本身的某些方面也可以获得正效用，这一观点与

Bénabou 和 Tirole（2016）所提出的代理人"内在激励"（Intrinsic Motivation）概念基本一致。Dixit（2002）提出，如果雇员可从其供职于某组织这一行为本身就可以获得一定正效用，那么委托人就可以支付较低的报酬但仍可满足代理人的最低参与约束条件；如果代理人从其工作活动本身可获得正效用，那么委托人就可以提供较小的边际奖金但仍可保证代理人的最低努力水平，与企业相比，上述现象在公共部门更可能发生，这些可能是政府部门机构的特殊优势所在。Akerlof 和 Kranton（2005）也发现，雇员对工作单位、工作团队或工作本身的身份认同（Identities of Employees）与组织的激励强度高低关系密切，比如，如果员工认同其所在公司则需要较少的激励报酬，公司不需要给员工高报酬（或高惩罚）就可以使其积极工作。因此，可以通过改变员工的身份认同来激励员工，而不仅仅依靠货币薪酬或股权激励等高薪酬。

事实上，不仅政府部门偏好弱激励，企业内部在一定条件下也会产生弱激励。Holmstrom 和 Milgrom（1991）提出，利用弱激励和强激励观点，可以解释 Williamson（1985）观察到的企业内部不同员工之间的激励强度差异现象：如果将企业中的员工区分为雇员（Employees）和合伙人（Contractor），其中雇员和合伙人两者的区别在于前者使用和发展的资产产权是别人的，而后者使用和发展自己的资产属于自己，那么，对雇员的最优选择是弱激励（Low - powered Incentives）而对合伙人的最优选择是强激励（High - powered Incentives）。其主要原因在于，不拥有产权的雇员更多追求的是短期利益，他们不一定关注企业品牌、声誉、无形资产等影响企业价值的长期积累方面，因此可以给予相对弱激励；而合伙人追求的是长期利益，他们更关注那些难以量化评估但对企业价值非常重要的品牌、声誉等长期积累，因此，必须给予强激励，否则的话，企业中的合伙人将会把注意力集中在企业的短期表现而忽视企业长远发展。

Acemoglu 等（2008）指出，政府采取弱激励的理由既包括多重委托、多重任务、政治性（Holmstrom and Milgrom，1991；Dixit，1997；Dixit，2002）等，更主要是由于政府有能力限制标尺竞争（Yardstick Competition）或者说锦标赛竞争（Tournaments Competition），以及政府官员选举连任的不确定性等。所谓标尺竞争或锦标赛竞争，是基于代理人的相对绩效指标（而非绝对绩效指标）来给予代理人报酬。

人们固有的观点常常认为弱激励一定不是最优的。但是，现有研究文献表明，强激励、弱激励各有优缺点。强激励带来了更大的生产性努力或好努力（Productive Effort，Good Effort），但也带来了更多的非生产性努力或坏努力（Unproductive Effort，Bad Effort），强激励使高管更多关注量化的短期业绩指标而忽视长期的不可量化但也很重要的业绩指标。弱激励的主要缺点是由于激励强度低而导致被激励者工作积极性不足或工作效率低下，但是，如果由于多种原因导致强激励带来的扭曲效应足够严重，那么弱激励就是最优的。Acemoglu 等（2008）指出，实践证明，对于教育、医疗、养老基金运作等领域，政府提供的弱激励反而可能是最优的。

政府弱激励假说表明，在一定条件下弱激励可能是最优的，这一观点对本书研究的国有企业高管薪酬管控问题非常有意义。如果把国有企业高管薪酬管控政策看作一种弱激励政策（因为薪酬管控规范并事实上降低了部分高管薪酬水平，激励强度较政策实施前不同程度减弱了），那么政府弱激励理论观点就为薪酬管控及相关政策提供了更有解释力的理论依据，并且更重要的是，如果薪酬管控政策能够满足弱激励所需要的主要约束条件，薪酬管控政策的有效性也会大大提高。

### 2.1.3　委托—代理理论

Ross（1973）指出，委托—代理关系（Agency Relation，Agency Issues，Agent Problem）是人类最古老、最常见的社会关系之一。当两个（或多个）当事人之间，其中一方作为代理人，代表另一方即委托人的利益做出决策采取行动时，代理关系即产生了。由于委托—代理关系广泛存在，因此，委托—代理理论对许多问题都是非常有解释力的理论框架。事实上，市场强激励假说、政府弱激励假说的理论框架都是不同程度基于委托—代理分析框架展开的。

委托—代理问题的核心是要解决委托—代理关系中的逆向选择和道德风险两

大难题。首先，委托人和代理人之间由于信息不对称等原因，委托人难以知道谁是最优代理人（比如最有能力的高管），也难以制定非常完备的契约来规定委托人和代理人之间的权责关系，这必然会导致诸如劣币驱逐良币等逆向选择问题（Adverse Selection）。逆向选择在高管市场上典型的表现是，如果企业（委托人）给予高管较高的固定工资和较低的绩效工资，那么能力较高的高管就会逐渐减少自己的努力程度或逐步退出这些企业，长此以往，市场上留下的都是能力平常的高管。其次，一旦委托人和代理人签订激励契约合同后，代理人为了实现自己效用最大化，就有可能损害委托人的利益，于是道德风险（Moral Hazard）问题就产生了。

基于委托—代理理论的强大解释力，长期以来，关于高管薪酬激励的主流理论分析框架就是委托—代理理论（Berle and Means，1932；Ross，1973；Mirrless，1976；Holmstrom，1979；Shavell，1979；Jensen and Murphy，1990），而高管薪酬激励问题也被认为主要是企业所有权和经营权两权分离后产生的委托—代理问题。

借鉴陈钊（2010）等关于委托—代理理论的模型概括，委托—代理理论分析框架主要包括六个方面：

第一，委托人与代理人之间签订一个激励契约（例如，雇主与高管之间签订薪酬契约），契约明确了委托人给予代理人的报酬（以 $w$ 表示）。

第二，在契约合同规定报酬决定机制的情况下，代理人从最大化自己效用的角度出发选择自己的努力（工作活动，以 $a$ 表示），但代理人的努力程度委托人不能直接观察到，因此，委托人与代理人在代理人的努力方面存在信息不对称。

第三，在代理人为委托人努力的过程中，不受代理人支配的外部冲击（以 $\theta$ 表示）出现了（比如，金融危机爆发、市场环境急剧变化等），代理人的努力结果因此会受到外部冲击的"噪声"干扰。

第四，代理人的努力行动与外部冲击（$\theta$）共同决定代理人的产出（比如，企业利润、营业收入等，以 $y$ 表示），委托人能直接观察到产出。在满足参与约束和激励相容约束条件下，代理人追求自身效用最大化。

第五，依据委托人与代理人之间签订的激励契约和委托人可以观察到的产出，按照 $w$ 与 $y$ 之间的函数关系（比如，委托人和代理人之间事先确定了线性关系 $w = k + m \times y$，其中 $k$ 为固定工资，$m$ 为奖金或绩效工资系数），代理人获得相应的报酬。

第六，委托人支出 $w$ 但同时获得代理人努力工作而取得的产出 $y$，委托人也追求其收益 $(y - w)$ 给自身带来的效用最大化。委托人与代理人之间通过上述过程，在追求各自效用最大化的过程中力求达到均衡（Trade – off）。

时至今日，解释分析高管薪酬问题的标准经济学分析方法仍然是委托—代理理论（Conyon，2006），也是薪酬管控研究的重要理论分析框架。

张维迎（2014）[①] 基于委托—代理理论，在 Milgrom 和 Roberts（1992）提出高管激励四原则的基础上，进一步提出高管激励合同设计的六原则假说：

一是激励强度原则。所谓激励强度原则，是指对企业高管的最优激励强度需考虑影响高管激励强度所依赖的因素及其变化。主要有四方面因素影响最优激励强度：第一，企业绩效（利润等）对企业高管努力的依赖程度（企业高管对企业利润贡献的程度。比如，垄断性企业中高管对企业绩效的贡献较小）或者说高管的边际生产率高低。高管的边际生产率越高，激励强度就应该越大。典型的事实是，企业内部对公司总经理的激励强度应该最大、中层管理者（部门经理、子分公司高管）次之，普通员工更次之，这主要原因就是激励强度原则，因为公司高管（总经理等）的努力对企业绩效的影响大于中层管理者，中层管理者又大于普通员工。第二，企业业绩变化的不确定性或者说量化界定利润等绩效的难度及成本高低。如果业绩的不确定性越高或者界定测量业绩的难度较大，那么激励强度应降低或与业绩挂钩的浮动薪酬占比应较低（薪酬结构主要采用固定薪酬，浮动薪酬应占比较小）；反之亦然。第三，企业高管的风险偏好（风险规避程度）。如果企业高管偏好风险，激励强度应越高；而如果企业高管厌恶风险，那么激励强度应较低。第四，企业高管努力工作时的成本系数。努力工作的成本系

---

① 张维迎：《理解公司：产权、激励与治理》，上海人民出版社 2013 年版，第 418 – 482 页。

数越高，表明高管努力工作时付出的代价就越高，成本系数越高，意味着高管厌恶努力工作，为了激励高管努力工作必须付出极高的薪酬激励，企业出于利润最大化考虑，需要选择高管努力相对较低的水平以换取企业激励成本的节约，因此，激励强度就应该越低。激励强度原则意味着需要统筹考虑上述四方面影响激励强度的因素来协调确定最优的激励强度。

二是激励的信息量原则。即有效的激励指标（通常是利润、净利润、净资产收益率、市场价值等可量化的企业业绩绝对指标或与可比行业、主要竞争对手等对标的相对指标）应能够包含反映企业高管努力的最多信息。举例来说，如果存在一个非常容易观察的指标，而且这个指标可以比较好地反映出高管努力的充分信息，那么就应该将该指标作为与高管薪酬激励紧密挂钩的指标（比如，上市公司总经理常用的净利润指标），这样会提高激励效果，减少委托—代理成本。

三是激励与监督的选择原则。即对高管的激励也需要实施产出监督和投入（过程）监督两方面监督。对企业高管的产出监督实际上就是论功行赏，投入监督就是直接监督高管平常工作是否努力。由于监督高管的平常工作努力成本难度很大、成本很高，因此，实施产出监督通常是企业董事会或股东的最优选择。不论是产出监督还是投入监督，都是需要成本的。因此，监督的成本不能过高，如果监督成本过高，就只能选择不监督或减少监督，转而使用更高的薪酬水平（对高管意味着更高的机会成本）来激励高管。

四是激励的平衡原则。即高管的工作目标如果是多重任务，那么对高管在不同工作方面得到的边际报酬应该相同，否则企业高管在不同工作上的努力就不会均等，势必会高度重视一些边际报酬高的工作，而忽视一些边际报酬低的工作。按照激励平衡原则，激励高管在某方面工作上努力工作的措施有两方面：第一种方法是增加对该项工作的薪酬激励等；第二种方法是降低甚至取消对其他工作的激励。降低对其他工作激励的极端形式是禁止从事该项工作（比如，禁止高管到竞争性企业兼职或经营自己的企业）。

五是激励的团队原则。企业高管工作性质的一个重要特征就是团队生产（特别是国有企业），有的高管侧重技术，有的侧重管理，有的侧重资本运营等，团队之间缺一不可。对团队生产特征明显的高管进行有效激励机制可以分为三类：第一类是剩余分享机制，第二类是内部委托人机制，第三类是外部委托人机制。剩余分享机制就是通常所说的合伙制，其优点是所有团队成员风险共担、收益共享、互相监督，每一个高管成员既是委托人又是代理人，其缺点是每个高管都有一定的积极性但可能谁都没有最充分的积极性，容易发生"搭便车"问题。内部委托人机制就是为了解决团队合作中的"搭便车"问题，将团队中的某一个或某几个团队成员转为委托人，其他成员转为代理人，构成所谓的内部委托人机制。职业经理人市场中传统的雇佣机制其实就是一种内部委托人制度，雇主（如董事长）既是高管团队成员，又是其他团队成员的老板。外部委托人机制又称第三者机制，也可以一定程度解决"搭便车"问题，其主要运作机理是由团队成员之外的第三者充当委托人，所有高管团队成员变为代理人。外部委托人激励团队成员努力工作的常用办法是"团队激励"或"团队惩罚"。

六是激励的动态原则。即将高管薪酬与业绩动态挂钩，既考虑高管历史业绩所代表的声誉效应等积极效果，也考虑"棘轮效应"（"鞭打快牛"效应）所产生的消极效果，对高管的激励应当同时兼顾积极效果与消极效果两个方面。对高管激励考虑其历史业绩的目的，是通过观察到的历史业绩合理推断高管的潜在经营管理能力（比如，如果某高管曾经管理过较大规模的企业，经营业绩表现也较好，那么与另一个没有这样管理经历的高管相比，有过历史业绩的高管更容易被认可，成功的管理经历本身就构成了高管职业生涯的人力资本），来尽可能从高管身上获得更多的价值，但过多依赖历史业绩，也容易引发"棘轮效应"，即"鞭打快牛"效应。

### 2.1.4 极值假说

阿尔弗雷德·马歇尔（1890）将企业高管等特殊人群的高薪归结于"特殊才能的报酬"，即"极值才能"（Superstars）导致了"极值薪酬"。这种关于特殊人才极值薪酬的观点称为极值假说（Extreme Value Theory）或极值理论。

阿尔弗雷德·马歇尔的主要观点是，随着时代发展和技术进步，企业高管

（职业经理人）、球星、影星等具有特殊才能（以及运气）的人获得的报酬越来越高，与具有平均才能（以及运气）的人之间的薪酬差距越来越大，因此有特殊才能的人其薪酬越来越趋向于高水平"极值"。

阿尔弗雷德·马歇尔指出，"一个具有平均能力和一般时运的企业家，现在从他的资本所得的利润率，比以前任何时候都低；而具有特殊天才和时运的人所能从事的投机买卖是这样的广泛，使他能以前所未有的速度积聚大量财富"①。

Rosen（1981）也认为，极值理论是研究超级明星经济现象的非常合适和易于操作的工具。在经济活动的某些方面，如果市场中的产出集中在少数几个人（超级明星）身上，那么对这少数几个人的市场回报将非常高，即"极值"收入。

Brynjolfsson 和 McAfee（2016）也提出与阿尔弗雷德·马歇尔相似的看法，他们认为，在数字技术的支持下，企业家、高层经理、娱乐明星和金融家得以在全球市场上充分施展他们的天赋，收获过去无法想象的天价回报。

格里高利·曼昆（2013）也指出，"更大的可能是，技术变革让少数有良好教养和特殊天赋的人获得了巨星级别的收入，这在一代人之前还是不太可能实现的"。基于此，格里高利·曼昆（2013）认为，"高收入阶层，尤其是顶层的 1% 人群的收入增速远高于平均水平。这些高收入者做出了杰出的经济贡献，当然也收获了很大份额的果实"。

此外，国内研究者刘晓峰、曹华（2010）的研究结果也发现，如果市场中存在"做空"机制，那么即使不考虑上市公司的委托—代理问题，如果不支付给上市公司高管额外补偿，市场将极其缺乏效率。因此，薪酬水平很高的上市公司高管即所谓"肥猫"的存在，在一定意义上是市场经济条件下无法规避的结果。

极值假说的基本逻辑是，高管的特殊才能、极度稀缺的市场供给，决定了高管尤其是业绩优异的高管，他们像超级明星一样也应该获取与行业平均薪酬差距

---

① ［英］阿尔弗雷德·马歇尔：《经济学原理》下卷，陈良璧译，第六篇"国民收入的分配"第十二章"进步对价值的一般影响"中第十一节"特殊才能的报酬"，商务印书馆 1997 年版，第 339－340 页。

较大的极高薪酬。极值假说从高管的市场供给角度为近几十年来国内外高管薪酬的高水平及其高增速提供了一种理论解释。事实上，极值假说观点经常被公司董事会拿来作为给公司高管涨薪的理由之一。

### 2.1.5 规模薪酬配置假说

Gabaix 和 Landier（2008）利用其拓展的高管均衡配置模型（Firm – CEO Assignment Model），发现在市场均衡情况下，高管薪酬取决于高管本身所在企业的规模以及同期竞争性市场中的总体企业规模分布两方面因素，其模型可以解释不同时间、不同企业、不同国家之间高管薪酬与企业规模增长之间的匹配关系。市场上最优秀的 CEO 一定管理着市场上规模最大的企业，因为这样的配置使最优秀的 CEO 的能力影响和经济效率最大化。Gabaix 和 Landier（2008）认为，至少在最近的几十年里，西方市场经济国家大企业的规模增长可以解释企业 CEO 薪酬增长的许多内容，特别是，1980~2003 年，美国大企业 CEO 薪酬增长六倍这一事实可以完全归功于同期这些大企业市场价值（企业规模的衡量指标之一）增长了六倍。

Gayle 和 Miller（2009）的研究结果认为，规模更大的企业管理起来更复杂、管理难度更大，因此 CEO 需要获得更高的薪酬，同时，在更大规模的企业内部，委托—代理问题更加严重，因此也需要更强的激励来保证 CEO 等企业高管来采取更有利于公司价值最大化的行为。

Terviö（2008）的研究结果也发现，首席执行官之间的薪酬差异主要是由于公司特征（企业规模大小等）的差异，而首席执行官管理能力差异对薪酬的差异贡献很小，高管能力差异对股东价值的影响也相对较小。他认为，高管薪酬存在明显的规模—薪酬配置关系（Size – pay Relationship），高管与市场外生的异质性公司规模两者之间的匹配关系，在推动高管薪酬水平的竞争力方面起着真正重要的作用，尽管并不是高管薪酬背后的唯一力量。

与 Gabaix 和 Landier（2008）、Tervi（2008）的研究结果相似，Philippon 和 Reshef（2012）也认为，公司规模分布的变化可以一定程度来解释 1909~2006

年近百年间美国金融企业高管相比其他行业高管工资水平显著较高的"工资溢价"现象。

本书把上述高管薪酬与企业规模之间的均衡配置关系相关理论概括为规模薪酬配置（Size - pay）假说。现实中，由于企业规模从时间序列角度而言通常都是越来越大，相应的高管薪酬也水涨船高，因此规模薪酬配置假说一定程度上解释了近年来高管薪酬快速增长的现象。

但现实中企业规模扩大更多的是通过重组并购等行为，而不是通过企业自身业绩增长、资产积累等内生性地逐步扩大规模，我国国有企业规模的扩大尤其如此。如果高薪酬没有建立在高管的高能力和高业绩基础上，而是单纯因企业规模扩大就相应提高高管薪酬，这种薪酬的快速增长显然不容易为广大公众所认可。因此，规模薪酬配置假说一定程度上为实施国有企业高管薪酬管控政策提供了理论支持。

### 2.1.6 "沃比根湖效应"假说

"沃比根湖效应"（Lake Wobegon Effect）的含义是指，在盖瑞森·凯勒（Garrison Keillor）虚构的草原小镇——沃比根湖小镇，小镇里所有儿童都认为自己的智慧高于平均水平（所有小孩都认为自己要比一般的孩子聪明），但显然事实上绝不可能。

"沃比根湖效应"运用到高管薪酬激励理论中，其含义是指大多数高管（或公司董事会及其薪酬委员会）都认为自己的业绩或能力要高于市场平均水平（同样，这事实上也绝不可能），因此自己的薪酬也理应高于市场平均水平；同时，由于通常也没有企业愿意主动承认本企业的高管能力低于市场平均水平，因此，也没有企业愿意以此为理由使本企业高管的薪酬水平落后于市场平均水平。最终，每个高管都认为自己应拿到高于市场平均值的薪酬，结果导致每个高管都期望更高的薪酬水平，如此循环，使劳动力市场上高管薪酬水平自我加速，呈现"内生性"增长。

Hayes 和 Schaefer（2009）的研究印证了"沃比根湖效应"假说，他们的研究结果表明，企业 CEO 的薪水逐年上涨的主要原因是，大多数的董事会希望他们 CEO 的薪水处于平均水平之上，因为董事会认为这会让公司的势头看起来更好。因此当有其他高管涨薪时，本企业高管的薪酬也涨了，尽管高管干得并不好，这事实上造成了高管薪酬的螺旋式上升。Jiangyuan Li 等（2019）的研究也发现，当信息不对称存在时，企业通常会寻求使用薪酬水平作为首席执行官能力高低的信号，信息不对称带来的风险倾向于鼓励企业以高薪酬激励方式即"沃比根湖效应"向首席执行官支付更高的报酬。

"沃比根湖效应"与公司治理中的所谓"任人唯亲"（Cronyism）现象存在相关性。Oxelheim 和 Clarkson（2015）实证检验了瑞典上市公司董事会任人唯亲现象，发现瑞典上市董事长薪酬（被解释变量）与 CEO 薪酬（解释变量）之间存在显著正相关关系，在控制了企业层面特征、公司治理特征和宏观经济因素等变量之后，董事长薪酬（对数值）与 CEO 薪酬（对数值）之间的相关系数约为 0.32，这意味着如果 CEO 获得 10% 的超额薪酬，董事长相应可获得约 3% 的超额薪酬。Brick 等（2006）基于美国数据实证分析，发现公司董事超额薪酬每增加 10%，将带来高管超额薪酬约 2.2% 的增长。郑志刚等（2012）借鉴 Brick 等（2006）的方法，从任人唯亲的董事会文化视角实证考察了我国上市公司中存在的高管超额薪酬问题（Excess CEO Compensation），指出我国上市公司高管超额薪酬与任人唯亲的董事会文化也有关系。以董事超额薪酬来表征任人唯亲的董事会文化，研究发现，高管超额薪酬与董事超额薪酬显著正相关，具体而言，董事超额薪酬每增加 10%，将带来高管超额薪酬 7% ~8% 的增长。

赵颖（2016）认为，中国上市公司高管薪酬存在"同群效应"。"同群"是指处于相似行业、相似组织或者具有其他相似特征的群体，"同群效应"是指"同群"内个体间互动行为产生的交叉影响。同群效应可能是自利性的，也可能是与企业发展共享式的。通过使用 1999 ~2012 年中国非金融上市公司数据对同群效应进行识别，研究发现，中国非金融上市公司确实存在显著的同群效应，并且同群效应是与企业发展共享的，即行业内其他高管薪酬的水平成为促进企业高管努力经营企业、传递自身才能信号的重要途径。同群效应出现说明高管市场上的信息和流动等方面的噪声在逐渐减少，是市场化程度提高和有效性增加的具体表现。可以看出，这里的同群效应特别是同群效应的自利性表现一定程度上也支持了"沃比根湖效应"假说。

"沃比根湖效应"假说表明，高管薪酬中可能存在因主观或客观过高估计高管能力而产出的不合理偏高过高成分，因此不论对国有企业还是非国有企业高管，为合理剔除高管薪酬中的不合理成分而实施薪酬管控就有其合理性。

### 2.1.7 私人收益率与社会收益率趋同假说

关于企业高管薪酬激励的研究文献通常将高管的努力及其贡献主要界定在企业内部。但与普通员工的劳动贡献截然不同，企业高管的努力及其贡献除其所服务的企业之外，对企业所在行业乃至整个社会事实上是存在较明显的溢出效应即存在经济外部性的。

道格拉斯·诺斯和罗伯斯·托马斯（1973）在《西方世界的兴起》中提出，"一个有效率的经济组织在西欧的发展正是西方兴起的原因所在"，但是有效率的组织需要在制度上做出安排和确立所有权以便形成一种激励，"将个人的经济努力变成私人收益率接近社会收益率"。道格拉斯·诺斯和罗伯斯·托马斯（1973）所指的私人收益率是个人或经济单位参与任何经济活动的利得或亏损即从事一种活动所得的净收入款，社会收益率是影响整个社会的成本或收益即整个社会从个人或经济单位的经济活动中所获得的正的总净收益（或负的总净收益），它等于私人收益率与该活动使社会其他每个人获得的净收益之和。

道格拉斯·诺斯和罗伯斯·托马斯（1973）的上述观点尽管不是直接研究高管薪酬问题，但他们的观点却提供了一个评估高管薪酬水平是否合理的极具创新性的研究视角。如果企业高管的努力成本高于其薪酬激励收益，那么企业高管通常不会愿意去从事经营管理活动，即使其努力特别是经营创新对整个社会来说可能有利。因此，企业高管的私人收益率近乎（接近甚至等于）社会收益率就是促进经济增长（或企业发展）的重要约束条件，从而也是评估高管薪酬是否合理的标准。进一步说，如果高管薪酬使高管的"私人收益率"接近或等于"社会收益率"，那么高管薪酬就处于均衡状态，这可能恰好就是高管薪酬的理论最优水平。道格拉斯·诺斯和罗伯斯·托马斯（1973）指出，"为了使个人收益接近社会收益，保密、报酬、奖金、版权和专利法在不同的时代被发明出来"。

这种理论观点可称为私人收益率与社会收益率趋同假说。道格拉斯·诺斯的观点非常具有深意和启发性，但可惜尚未有研究文献从理论模型或实证研究的角度对此进行深入研究。但是，私人收益率与社会收益率趋同假说为评估薪酬管控政策有效性提供了一个潜在的研究视角，即对高管薪酬的政策管控不应只关注政策对高管群体的影响，还应关注薪酬管控通过影响高管行为而对整个经济社会发展的潜在影响。

## 2.2　高管激励理论模型

### 2.2.1　寡头垄断的低能力高管激励不足模型

Bénabou 和 Tirole（2016）基于代理人（雇员）的努力区分为内在激励、外在激励两类活动，构建了寡头垄断极端条件下高能力雇员（如绩优高管）、低能力雇员共存时的激励模型，以委托—代理理论框架为基础，就劳动力市场寡头垄断对高管激励的影响机制进行了研究，本书将此称为"寡头垄断的低能力高管激励不足模型"。

该模型的主要框架是：

#### 2.2.1.1　高管（雇员）

假设劳动力市场上全部雇员（代理人）分为两类：高能力雇员、低能力雇员，两类雇员的能力表示为 $\theta \in \{\theta_L, \theta_H\}$，两类雇员相互独立，两者数量比例分别为 $(q_L, q_H = 1 - q_L)$，且有 $\Delta\theta \equiv \theta_H - \theta_L > 0$。

雇员的效用函数为：

$$U(a, b; \theta, y, z) = va + (\theta + b)y + z - C(a, b) \qquad (2-1)$$

式（2-1）中，$a$、$b$分别代表雇员两类工作活动$A$、$B$对应的两类努力。

其中，$A$是不能（或不易）衡量业绩，因此无法给予薪酬激励的带有公共产品特点的工作（例如，可增加企业价值的长期投资、避免过度冒险的谨慎行为、雇员之间或部门之间的团队密切合作等），这类工作完全依赖雇员自身的内在激励（Intrinsic Motivation）或职业伦理，以$va$表示，其中$v$反映雇员对自身声誉等的关注及其他不受企业控制的外部环境激励大小（可以看出，$va$不是雇主给予的报酬而是雇员的内在激励，但仍成为雇员效用的一部分，这是一个重要的研究创新）；$B$是可观察衡量，因此可通过契约进行薪酬激励的工作活动（如雇员个人产出、销售业绩、交易盈利等），以$\theta + b$表示，其中$\theta$表示雇员个人能力的参数，属于雇员的私人信息即只有雇员本人知道。$C(a, b)$是雇员的全部努力成本（满足严格递增、严格凹函数条件，且$C_{ab} > 0$）。

企业（雇主）对雇员的薪酬激励契约为$(\theta + b)y + z$，其中，$z$为固定工资，$y$为激励强度（基于业绩的奖金率或所谓绩效奖金、业绩工资）。

激励强度$y$对$a$、$b$都会产生影响，但因$a$不可观察，因此，只有$b$才会得到相匹配的雇主报酬激励。

求解式（2-1）的最大值，可知其一阶条件为$\partial C / \partial a = v$，$\partial C / \partial b = y$。一阶条件对应的经济学含义是：当$A$类工作对应努力的边际成本等于高管的内在激励水平$v$，同时，$B$工作对应努力的边际成本等于雇主给予的激励强度$y$时，雇员才能达到其效用最大化。

由于激励强度会影响雇员的两类努力$a$、$b$，因此，雇员的效用函数可改写为：

$$U(y; \theta, z) \equiv U(a(y), b(y); \theta, y, z) = u(y) + \theta y + z \qquad (2-2)$$

$$u(y) \equiv va(y) + yb(y) - C(a(y), b(y)) \qquad (2-3)$$

这样，式（2-2）中雇员的效用可分解为两部分：$u(y)$取决于雇员的自身努力，可称为"激励效用"；$\theta y + z$不取决于雇员的自身努力（只与劳动力市场上雇员能力高低分布、市场环境等禀赋因素有关），可称为"禀赋效用"。

假定任何雇员都可从劳动力市场获得最低保留效用 $\overline{U}$（雇员的机会成本）。

为此，企业必须满足雇员的参与约束条件：

$$U(y；\theta,z)=u(y)+\theta y+z\geqslant\overline{U} \tag{2-4}$$

### 2.2.1.2　企业（雇主）

雇主以 $(y,b)$ 激励方案雇用能力为 $\theta$ 的雇员，雇员为雇主贡献的总收益（如利润）为 $Aa+B(\theta+b)$。雇主的净收益为：

$$\Pi(\theta,y,z)=\pi(y)+(B-y)\theta-z \tag{2-5}$$

$$\pi(y)\equiv Aa(y)+(B-y)b(y) \tag{2-6}$$

其中，$\pi(y)$ 代表"激励收益"；$(B-y)\theta-z$ 代表"禀赋收益"。

### 2.2.1.3　社会福利

社会福利定义为全体雇员效用和雇主收益之和，即：

$$W(\theta,y)\equiv U(a(y),b(y)；\theta,y,z)+\Pi(\theta,y,z)=w(y)+B\theta \tag{2-7}$$

$$w(y)\equiv u(y)+\pi(y)=(A+v)a(y)+Bb(y)-C(a(y),b(y)) \tag{2-8}$$

式（2-7）中，$w(y)$ 为"激励福利"，$B\theta$ 为"禀赋福利"即与薪酬激励无关的福利。

对式（2-8）求激励强度 $y$ 的导数，可得：

$$w'(y)=A\,a'(y)+(B-y)b'(y) \tag{2-9}$$

假设 $w$ 严格凹，那么根据式（2-9），当激励强度取最大值 $y^*<B$ 即社会福利最大化时有：

$$w'(y^*)=A\,a'(y^*)+(B-y^*)b'(y^*)=0 \tag{2-10}$$

### 2.2.1.4　寡头垄断均衡时的主要结果：低能力者激励不足

当企业（雇主）为寡头垄断者时，雇主对两类雇员 $i\in\{H,L\}$（分别代表高能力、低能力）给予激励契约 $(y_i,z_i)$。

企业最大化其利润期望值：

$$\max_{\{(y_i,z_i)\}_{i=H,L}}\left\{\sum_{i=H,L}q_i[\pi(y_i)+(B-y_i)\theta_i-z_i]\right\} \tag{2-11}$$

同时满足高能力雇员激励相容约束条件及低能力雇员参与约束条件：

$$u(y_i) + \theta_i y_i + z_i \geq u(y_j) + \theta_j y_j + z_j, \quad i, j \in \{H, L\} \qquad (2-12)$$

$$u(y_L) + \theta_L y_L + z_L \geq \bar{U} \qquad (2-13)$$

低能力雇员的参与约束绑定于保留效用$\bar{U}$；而高能力雇员可通过"假装"成低能力雇员获得超过$\bar{U}$的租收益为$y_L \Delta\theta$，其中 $\Delta\theta = \theta_H - \theta_L$。

由此企业最大化利润期望值可改写为：

$$\max_{\{(y_i, z_i)\}_{i=H,L}} \left\{ \sum_{i=H,L} q_i [w(y_i) + B\theta_i] - \bar{U} - q_H(\Delta\theta) y_L] \right\} \qquad (2-14)$$

分别对$y_H$、$y_L$求上述企业利润期望值最大化的一阶条件，可得：

$$q_H w'(y_H) = 0 \Rightarrow w'(y_H) = 0 \qquad (2-15)$$

$$q_L w'(y_L) - q_H \Delta\theta = 0 \Rightarrow q_L w'(y_L) = q_H \Delta\theta \qquad (2-16)$$

可知：

$$y_H^m = y^* \qquad (2-17)$$

$$w'(y_L^m) = \frac{q_H}{q_L} \Delta\theta > 0 \qquad (2-18)$$

由式（2-18），可知：

$$y_L^m < y^* \qquad (2-19)$$

由于高能力雇员的租收益为$y_L \Delta\theta$，因此，雇主会减少对低能力雇员的激励$y_L$，从而限制高能力雇员的租收益。

只有当雇主因降低对低能力雇员的激励强度增加的效用大于等于高能力雇员的租收益时，雇主才能满足其效用最大化。因此，寡头垄断情况下，雇主雇用两类雇员的人数满足且仅满足以下条件时对雇主是最优的：

$$q_L [w(y_L^m) + B\theta_L - \bar{U}] \geq q_H y_L^m \Delta\theta \qquad (2-20)$$

寡头垄断情况下，均衡条件下低能力雇员最大效用等于保留效用$\bar{U}$，高能力雇员最大效用等于$\bar{U}$和租收益$y_L \Delta\theta$之和，因此，两类雇员固定工资满足：

高能力雇员：$z_H^m = \bar{U} + y_L^m \Delta\theta - u(y^*) - \theta_H y^*$ \qquad (2-21)

低能力雇员：$z_L^m = \bar{U} - u(y_L^m) - \theta_L y_L^m$ \qquad (2-22)

由式（2-21）和式（2-22），可得：$z_H^m < z_L^m$。

寡头垄断情况下，社会福利损失为：

$$L^m = q_L \big[ w(y^*) - w(y_L^m) \big] \tag{2-23}$$

### 2.2.1.5　寡头垄断均衡的主要观点

根据上述寡头垄断模型分析可以得出以下三点重要结论：

第一，寡头垄断情况下，存在对低能力雇员激励不足现象。寡头垄断均衡时 $y_L^m < y^* = y_H^m$，$z_H^m < z_L^m$，表明对高能力雇员的激励强度（奖金率）达到最优水平且大于低能力雇员（但这同时意味着对低能力雇员的激励低于最优水平），同时，对高能力雇员的固定工资低于低能力雇员。因此，寡头垄断情况下存在对低能力雇员的激励不足（Underincentivization）问题。

第二，寡头垄断情况下，高能力雇员的激励效率高于低能力雇员。$w(y_L^m) < w(y_H^m) = w(y^*)$，意味着低能力雇员对社会总福利的贡献小于高能力雇员，因此对高能力雇员的激励效率优于低能力雇员。

第三，寡头垄断情况下，存在社会福利损失。由于对低能力雇员激励不足，因此，存在着社会福利损失，社会福利损失等于低能力雇员数量以及对其激励强度达到最优水平下的激励福利 $w(y^*)$ 与实际激励福利 $w(y_L^m)$ 差额两者的乘积。由于为限制高能力雇员模仿低能力雇员的租收益，雇主有动力持续降低对低能力雇员的激励强度，这会进一步增加社会福利损失。

## 2.2.2　完全竞争的高能力高管激励过度模型

与寡头垄断模型的分析框架假设基本一致，Bénabou 和 Tirole（2016）基于代理人（高管）的努力分为内在激励、外在激励两类活动，对完全竞争极端条件下高能力高管、低能力高管的激励情况进行了分析。本书将此称为"完全竞争的高能力高管激励过度模型"。

该模型的主要内容是：

### 2.2.2.1　模型基本框架

对于完全竞争劳动力市场，大量企业为雇员相互竞争。假设两类雇员 $i = H$,

$L$（分别代表高能力、低能力）；两类雇员各自独立选择激励契约（$y_L$，$z_L$）和（$y_H$，$z_H$），同时获得各自效用$U_L$和$U_H$。

完全竞争市场上任何雇员的激励契约导致的雇主都是零利润，即：

$$\Pi(\theta_H, y_H, z_H) = 0 \Leftrightarrow \pi(y_H) + (B - y_H)\theta_H = z_H \tag{2-24}$$

$$\Pi(\theta_L, y_L, z_L) = 0 \Leftrightarrow \pi(y_L) + (B - y_L)\theta_L = z_L \tag{2-25}$$

完全竞争市场意味着低能力雇员只能获得与其能力相匹配的激励方案，高能力雇员不能通过"假装"低能力雇员在劳动力市场中获利（租收益），低能力雇员也不能通过"假装"高能力雇员在劳动力市场中获利。

根据伯特兰德竞争模型，对两类雇员中低能力雇员的激励满足：

$$y_L^c = y^* \text{和} z_L^c = \pi(y^*) + (B - y^*)\theta_L \tag{2-26}$$

$$w(y^*) + B\theta_L \geq u(y_H) + \theta_L y_H + z_H = w(y_H) + B\theta_H - y_H\Delta\theta \tag{2-27}$$

$$w(y_H) + B\theta_H \geq w(y^*) + B\theta_L + y^*\Delta\theta \tag{2-28}$$

对两类雇员中高能力雇员的激励满足：

$$y_H^c > y^* \tag{2-29}$$

$$\pi(y_H^c) + (B - y_H^c)\theta_H = z_H^c \tag{2-30}$$

$$w(y^*) - w(y_H^c) = (B - y_H^c)\Delta\theta \tag{2-31}$$

完全竞争市场中，唯一的竞争均衡结果是：

第一，低能力雇员获得（$y^*$，$z_L^c$），$y_L^c = y^*$（$y^*$为市场均衡条件下企业给予的最优激励强度），雇主产生零利润，其中$z_L^c$满足：

$$\pi(y^*) + (B - y^*)\theta_L = z_L^c \tag{2-32}$$

第二，高能力雇员获得（$y_H^c$，$z_H^c$），$y_H^c > y^*$，雇主产生零利润，其中$z_H^c$、$y_H^c$分别满足：

$$\pi(y_H^c) + (B - y_H^c)\theta_H = z_H^c \tag{2-33}$$

$$w(y^*) - w(y_H^c) = (B - y_H^c)\Delta\theta \tag{2-34}$$

第三，相对最优化社会福利的效率损失$L^c$为：

$$L^c = q_H[w(y^*) - w(y_H^c)] = (B - y_H^c)q_H\Delta\theta \tag{2-35}$$

其中，可证明社会福利损失$L^c$随$\Delta\theta$和$A$增长而增长。

### 2.2.2.2 模型主要结论

根据完全竞争模型分析，有以下三点重要结论：

第一，完全竞争将导致对高能力雇员过度激励。完全竞争均衡时存在$y_H^c > y^* = y_L^c$，因此，完全竞争劳动力市场中对高管人才的激烈竞争，将最终导致对高能力类型雇员产生过度强激励，激励强度超出市场均衡时的最优水平。

第二，完全竞争情况下，低能力雇员的激励效率高于高能力雇员。$w(y_L^c) = w(y^*) > w(y_H^c)$，意味着高能力雇员对社会福利的贡献小于低能力雇员，因此对低能力雇员的激励效率优于高能力雇员。这个结论比较直观，因为市场均衡时，给予高能力高管的激励强度超过了最优水平，意味着对委托人而言，支付了过多的激励成本，因此最终降低了自己的净收益。

第三，完全竞争情况下仍存在社会福利损失。完全竞争市场条件下，社会福利仍然会产生损失，并且损失的多少与劳动力市场上高能力与低能力雇员的能力差异（$\Delta\theta$）正相关，也和劳动力市场上雇员自身的内在激励（$A$）正相关。实践中，劳动力市场的高度竞争，使企业和股东很难在高强度激励的成本和收益之间找到平衡，这样就会最终导致巨额奖金文化（Bonus Culture）盛行于劳动力市场，造成从长期角度而言显著的效率损失。这一点结论很重要，如果由于某种原因高管自身的内在激励较高（比如，国有企业高管，由于供职国有企业等政府部门背景较浓厚而带来的荣誉感、稳定感、成就感等使其相对私营企业而言的内在激励较高），那么这时给予过度强激励反而带来更大的社会福利损失。换句话说，这种情况下给予弱激励，反而社会福利大于强激励时的社会福利，因此这时弱激励优于强激励。

## 2.2.3 市场强激励模型

### 2.2.3.1 基于职业关注的市场强激励模型基本框架

Acemoglu 等（2008）构建了一个$n$个教师、$2n'$个学生家长（$n' > n$）的职业关注（Career Concerns Model）两期模型（简称 AKM 模型）。每一期 $n'$ 个学生家长为自己孩子寻求获得教育；教师 $i$ 生存于两期，每一期只能教育 1 个孩子，教师的努力活动分为两类：好努力（Good Effort）、坏努力（Bad Effort）。

职业关注模型（AKM 模型）的基本框架是：

学生通过受教育获得的真实人力资本 $h_t^i$ 为：

$$h_t^i = a_t^i + f(g_t^i) \qquad (2-36)$$

式（2-36）中 $a_t^i$ 为教师 $i$ 的才能。如果学生没有教师教育，那么 $h_t = 0$。

对于 $t=0$，教师的才能分布服从均值为 $m_0^i$、方差为 $v_0$ 的正态分布即 $a_0^i \sim \mathcal{N}(m_0^i, v_0)$。教师和家长都清楚对任何一个教师其 $t+1$ 期的才能为 $a_{t+1}^i = a_t^i + \varepsilon_{t+1}^i$，$\varepsilon_{t+1}^i$ 代表服从 $i.i.d$ 的教师能力外部冲击 $\mathcal{N}(0, \sigma_\varepsilon^2)$。

$f(g_t^i)$ 为教师投入在教育中的不能直接观察到的好努力函数 [其性质为增函数且严格凹函数，$f(0)=0$]，$g_t^i$ 为好努力。

学生家长不能直接观察到 $h_t^i$，只能通过学生的考试分数 $s_t^i$ 来评估学生获得的真实人力资本。

$$s_t^i = h_t^i + \gamma f(b_t^i) + \theta_t^i + \eta_t \qquad (2-37)$$

式（2-37）中 $b_t^i$ 为教师出于提高学生考试分数而人为实施的所谓"坏"努力，$\gamma \geq 0$；$\theta_t^i$ 为服从 $i.i.d$ 的 $\mathcal{N}(0, \sigma_\theta^2)$ 的学生层面的冲击（如学生学习能力）；$\eta_t$ 为教师在 $t$ 时期受到的服从 $i.i.d$ 的 $\mathcal{N}(0, \sigma_\eta^2)$ 的外部冲击（如考试的整体难度，反映其他影响考试成绩的群体特征）。

诱导教师产生好努力、坏努力的原因是明显的，因为学生家长只关注教师对其孩子（学生）真实人力资本的影响，但是学生家长只能观察到学生考试分数 $s_t^i$ 这个信号，因此教师有动力通过坏努力去"拔高"或"修正"考试分数（比如实践中的"应试教育"、死记硬背等）。坏努力产生的根源是教师的职业关注，教师为了保住自己工作而通过拔高学生考试分数实施"欺骗"等坏努力，显然坏努力对学生的人力资本形成没有任何影响。

学生家长 $t$ 期的期望效用形式假定为：

$$U_t^P = \mathbb{E}_t[h_t] - w_t \qquad (2-38)$$

式（2－38）中$\mathbb{E}_t[\cdot]$表示家长的期望取决于$t$时期对教师的公开信息，$w_t$是$t$时期教师的工资。家长的期望效用函数说明家长仅关心自己孩子的人力资本提高而不关注学生考试分数。

假设$t \in \{0, 1\}$表示两期时间，教师$i$在$t=0$的期望效用为：

$$U_0^i = \mathbb{E}_0\left[\sum_{t=0}^{1} \delta^t (w_t^i - g_t^i - b_t^i)\right] \qquad (2-39)$$

$\delta < 1$代表教师的贴现率。

2.2.3.2  教师与家长的完美贝叶斯均衡过程

按照上述模型基本框架，教师和家长之间在两期之间开始如下博弈：

第一，在0期开始，每个教师被赋予一个能力$a_0^i \sim \mathcal{N}(m_0^i, v_0)$。

第二，教师由学校（或企业）进行组织。

第三，家长通过给予学校（或企业）的工资进行竞争，且第二期工资不会依据学生第一期的有关考试分数及教师才能信息进行调整。

第四，在0期期末，学生的人力资本$h_0^i$由配置给学生的教师以及学生的考试分数$s_0^i$决定。

第五，家长根据学生0期期末的考试分数重新调整更新对教师的才能信息$a_1^i \sim \mathcal{N}(m_1^i, v_1)$。

第六，从1期开始，上述教师和家长的博弈过程按照上述过程重复进行。

假定上述博弈过程遵循完美贝叶斯均衡（Perfect Bayesian Equilibrium）。可证明家长在$t=1$期（即第二期）对教师能力的信息更新$a_1^i \sim \mathcal{N}(m_1^i, v_1)$必然满足以下两个条件：

$$m_1^i = m_0^i + \beta(z_0^i - m_0^i) - \bar{\beta}(\bar{z}_0^{-i} - \bar{m}_0^{-i}) \qquad (2-40)$$

$$\beta = \bar{\beta} = \frac{v_0}{(v_0 + \sigma_\theta^2)} \qquad (2-41)$$

式（2－40）中$z_t^i$表示来自教师$i$的才能信号。$\bar{z}_0^{-i}$表示除教师$i$外的其他教师的平均考试分数，$\bar{m}_0^{-i}$表示除教师$i$外的其他教师的平均才能。式（2－41）表明外部冲击$\eta_0$下的对教师的相对绩效评估即标尺竞争（Yardstick Competition）；系数$\beta$和$\bar{\beta}$刻画了由于相对绩效评估诱导教师拔高考试分数，因此给其他教师的市场评估造成的负面影响的程度，可以看出，$\beta$随教师才能分布的方差$v_0$增长而增长，而且随学生层面的外部冲击$\sigma_\theta^2$下降而下降。

定义社会福利$U^W$为全体教师和学生家长的效用之和。

在$n \to \infty$时，社会福利为：

$$U^W = \sum_{t=0}^{1} \delta^t (\bar{A} + f(g_t) - g_t - b_t) \tag{2-42}$$

式（2-42）中$\bar{A}$表示教师的平均能力，当$n \to \infty$时$\bar{A}$为常数。

求解式（2-42）的最大值，可得最优解（具备信息充分条件）。

最优解（具备充分信息条件）：

第一，最优状况下，两个时期教师都没有坏努力，即$b_t = 0$。

第二，教师好努力$g^{FB}$在（0，1）两个时期都满足$f'(g^{FB}) = 1$。

次优解（不具备充分信息条件）：在信息不充分条件下，教师的努力和才能往往并不能直接观察到，由于教师努力不可观察而且教师工资与第二期学生的人力资本提高没有任何关系，因此在这种条件下，对教师来说不会激励其在第二期（$t=1$）产生任何努力，即教师第二期的好努力与坏努力都为零：$g_1^{SB} = b_1^{SB} = 0$。

信息不充分条件下，定义$w_1^i(\Omega_1^i)$为$t=1$期教师的工资。由于$t=0$时即决定次优情况下教师努力的最大化问题，即有：

$$\max_{\{w_1^i(\Omega_1^i)\}} (\bar{A} + f(g_0) - g_0 - b_0) \tag{2-43}$$

满足$\{g_0, b_0\} \in \arg \max_{\{g'_0, b'_0\}} (\delta \mathbb{E}_0[w_1(\Omega_1^i)] - g'_0 - b'_0) \tag{2-44}$

求解上述最优化问题，可知次优解成立条件为：

第一，$g_0 = g^{SB}$，$b_0 = b^{SB}$，$g^{SB} < g^{FB}$。

第二，如果每一个学生仅由一个教师负责教育，那么教师的最优工资方案满足：$w_1^i = \alpha^{SB} m_1^i + k$，其中$k$为非负常数，而且$\alpha^{SB}$满足条件：

$$\alpha^{SB} \equiv \frac{1}{\delta \beta f'(g^{SB})} \tag{2-45}$$

式（2-45）等价于：

$$\beta_{SB} \equiv \frac{1}{\delta \alpha f'(g^{SB})} \qquad (2-46)$$

其中，$g^{SB}$ 和 $\alpha^{SB}$ 在 $\gamma$ 上严格单调下降。

$\beta$ 可称为"职业关注系数"（$\beta$ 越大表明教师的努力将对其未来的能力产生更大的影响），$\alpha$ 可称为"市场回报系数"（当家长观察到每一单位教师能力后相应给予增加的市场回报）。

式（2-44）表明满足激励相容约束条件的教师努力组合 $\{g_0, b_0\}$ 满足：

$$\gamma f'(b_0) = f'(g_0) \qquad (2-47)$$

式（2-47）说明，激励教师产生更多好努力只能以同时产生更多坏努力为代价，因此，次优情况下产生好努力的机会成本大于最优解情况。

上述次优解情况说明，在信息不充分条件下，学校、政府等为教师提供强激励以激发其更加努力。但是，强激励会同时导致好努力和坏努力，好努力和坏努力之间的共存关系增加了好努力的影子成本（Shadow Cost），导致相对于最优解均衡时，次优解均衡时的好努力水平较低。

系数 $\gamma$ 实际上表示了强激励情况下坏努力的成本。

式（2-46）和式（2-47）还分别表明，有两种方式可得到次优解：一是满足市场回报系数 $\alpha$，二是满足职业关注系数 $\beta$ 即教师的职业关注。

#### 2.2.3.3 市场强激励模型的主要结论

如果由市场对教师提供激励，在完全竞争市场条件下，每个教师独立工作，在两期期间任何一个时期都为市场提供教育服务，而且每期只教育一个学生。在完全竞争市场中，学生家长满足伯特兰德（Bertrand）竞争条件，即：

$$w_1^i = m_1^i \qquad (2-48)$$

这时市场均衡除 $\alpha = 1$ 外均类似于上述次优解均衡结果，即式（2-45）或式（2-46），即：

$$f'(g^M) = \frac{1}{\delta \beta} \qquad (2-49)$$

且有：

$g^M < g^{SB}$，如果 $\gamma < \underline{\gamma}$，

以及 $g^M > g^{SB}$，如果 $\gamma > \underline{\gamma}$。

$\underline{\gamma}$ 表示临界值（满足当 $\gamma > \underline{\gamma}$ 时，$\alpha^{SB} < 1$）。$\gamma$ 代表强激励时坏努力的成本。$g^M$、$g^{SB}$ 分别表示市场提供激励下教师的好努力、次优解对应教师的努力。

因此，市场强激励有以下三方面主要结论：

第一，市场强激励情况下，教师的好努力、坏努力会同时产生。因此，市场强激励既能带来较高的好努力，也会带来较高的坏努力。

第二，满足一定条件时，市场均衡时将会产生过高的强激励，进而产生较大的市场扭曲。在 $\gamma > \underline{\gamma}$ 情况下，市场均衡使教师对自身产生过多的职业关注，导致相对于次优解情况下的过高强激励。市场提供的过高强激励的程度取决于 $\sigma_\theta^2$ 和 $v_0$ 决定的职业关注系数 $\beta$［可证明 $\beta = v_0/(v_0 + \sigma_\theta^2)$］。当 $\sigma_\theta^2$ 相对于 $v_0$ 较小时，$\beta$ 较高，市场给予教师非常大的强激励，因此教师非常关注学生考试分数。这种情况下，市场的过大强激励将导致教师实施太多的"坏"努力。

第三，满足一定条件时，市场提供激励就难以达到最优，这种情况下非市场方式提供激励可能才是最优选择。在 $\gamma < \underline{\gamma}$ 情况下，由于存在时间贴现，教师的职业关注将导致其努力水平低于最优均衡时的水平。

### 2.2.4 政府弱激励模型

#### 2.2.4.1 基于职业关注的政府弱激励模型基本框架

Dixit（2002）关于公共部门提供弱激励的研究文献归纳了政府等公共部门的主要特征，包括多重委托、多重任务、缺乏竞争、代理人存在内在激励等，这些公共部门的特殊性是政府提供弱激励的重要原因。Besley 和 Ghatak（2005）对具备自我激励特征代理人（Motivated Agents）的激励问题的研究发现，企业主要属于以利润为导向机构（Profit – oriented Sectors），而非营利组织、公共机构、教育机构等属于以任务为导向机构（Mission – oriented Sectors），公共部门机构的雇员

更大程度具有自我激励特征，对激励工资的需求也相对较低。因此，对政府等不以利润为导向或至少不作为主要导向的公共部门来讲，弱激励相对强激励就是更为合理的选择。下面以代表性的 Acemoglu 等（2008）关于政府弱激励的理论模型来进行概要梳理。

在政府等公共部门，政府给予教师的工资激励为 $w_t^i = \alpha^G m_1^i + k$。政府中的政治家决定学校（或企业）的规模以及教师（或高管）的奖励。政治家希望让市场（特别是选民）相信其有很高的执政能力以增加连任概率。$t$ 时期政治家的真实才能和选民的看法分别为 $a_t^p$ 和 $m_t^p$。起始期政治家的才能 $a_0^p$ 服从 $\mathcal{N}(m_0^p, v_0^p)$。

假定政治家的目标函数为：

$$U_0^{pol} = \mathbb{E}_0 \Big[ \sum_{t=0}^{1} \delta^t (m_t^p - C_t) \Big] \tag{2-50}$$

式（2-50）中，$C_t$ 为教育体系中每个学生的教育成本，$C_t = \overline{w}_t$，$\overline{w}_t$ 为教师的平均工资。

政府至少有两方面原因更愿意提供弱激励：首先，即使政治家有拔高学生考试分数的动机，但是由于与市场相比政府缺乏标尺竞争的动力，政府提供的激励也较存在外部冲击（Common Shocks）的市场低；其次，即使在没有外部冲击的情况下，由于教育领域政治家业绩表现与选举连任不确定性之间关系不大，政治家仍然具有较低的职业关注。

（1）外部共同冲击下政府的弱激励。假设政府管控教育条件下教师 $i$ 使学生获得的人力资本为：

$$h_t^i = a_t^i + \lambda\, a_t^p + f(g_t^i) \tag{2-51}$$

在第一时期结束时，学生家长（或选民）观察到所有考试分数并据此更新他们对政治家才能的看法，即：

$$m_1^p = m_0^p + \beta^p (z_0 - \lambda m_0^p) \tag{2-52}$$

$$z_0 = \frac{1}{J} \sum_{j=1}^{J} \overline{s_0^j} - \overline{A} - \overline{f(g_0)} - \gamma \overline{f(b_0)} = \lambda\, a_0^p + \eta_0 \tag{2-53}$$

$$\beta^p = \frac{\lambda\, v_0^p}{\lambda^2 v_0^p + \sigma_\eta^2} \tag{2-54}$$

其中，$J$ 代表学生数量，$\bar{A}$ 代表教师的平均能力，$\bar{s_0^J}$ 代表 $t=0$ 时期 $J$ 家学生的平均考试分数，$\beta^p$ 代表政治家的职业关注系数。由式（2-54）可知，$\beta^p$ 随 $\sigma_\eta^2$ 增加而减少，随 $\lambda$ 增加而增加。

均衡条件下，政府将提供弱激励 $g^G$，且满足：

$$f'(g^G) = \frac{1}{\delta\beta^p} \tag{2-55}$$

有且仅有：$g^G < g^M$，如果 $\beta^p < \beta$。

上述分析表明，由于存在着外部共同冲击，即使政治家有兴趣夸大考试分数并且政治家操纵教师激励的行为也没有被选民觉察到，政府仍然往往提供比企业和市场更弱的激励。外部市场冲击的存在增加了政治家才能表现中的噪声，从而削弱了对政治家的激励，对政治家较弱的激励机制随后扩散到对教师的激励方面。

更具体地说，当 $\beta^p < \beta$ 时，由于政治家通过拔高考试分数获得的回报很小，因此像市场和企业那样的强激励政府就提供的很少。当总外部冲击很大时即当 $\sigma_\eta^2$ 很大时，以及当政治家对总考试分数的贡献（$\lambda$）和政治家证明其具有较高才能的机会（$\sigma_p^2$）有限时，这种情况很可能发生。上述模型还表明，对存在更多非生产性信号以及政治家通过拔高管理业绩以帮助其连任方面作用有限的活动，政府减少对这些活动的激励是有利的。相反，当 $\sigma_\eta^2$ 较小和/或 $\lambda$ 与 $\sigma_p^2$ 较大时，政治家可能会比追求利润最大化的市场和企业提供更大的激励，这时政府的激励很可能导致资源的误置。

（2）连任不确定性下政府的弱激励。假定学校可由私人垄断经营，也可以由政治家经营。两者都具有以下目标函数：

$$U_0^r = \mathbb{E}_0\Big[\sum_{t=0}^{1}(\delta^r)^t(m_t^r - C_t)\Big] \tag{2-56}$$

式（2-56）中，$r$ 表示私人垄断经营者或政治家。$\delta^r$ 代表折现因子。由于政治家不仅管理学校而且制定其他政策，因此他们在学校管理方面的业绩表现与其连任之间的不确定性更大（与 $m_t^r$ 关系不大）。虽然私人企业的首席执行官也可以因为与其工作能力无关的事件而被解雇，但对于政治家来说，由于其通常履行多种职能因此这种不确定性似乎更大。

在没有外部冲击但是存在连任不确定性的情况下，政府管理学校条件下教师的努力水平为$g^G$，满足：

$$f'(g^G) = \frac{1}{\delta \pi \beta^p} \tag{2-57}$$

如果$\beta^p = \beta$，只要$\pi < 1$，那么$g^G < g^M < g^{SB}$。其中，$\pi$代表政治家的连任概率。

### 2.2.4.2 政府弱激励模型的主要结论

关于政府弱激励，主要有以下两方面主要结论：

第一，由于政府部门雇员的自我激励、连任不确定性、限制"标尺竞争"等特征，提供弱激励既是政府部门的偏好，同时也可能是最优选择。从理论模型可以看出，外部冲击$\sigma_\eta^2$过大或者政治家连任的不确定性太大（$\pi$太低）等事实发生，降低了政治家的职业关注以及其努力水平，从而降低了政治家对教师的激励水平，最终导致弱激励。因此，当市场或企业给予过大的强激励而导致激励扭曲过大时，外部冲击、连任的不确定性等原因反而使政府对教师实行弱激励更好。这一点对国有企业高管薪酬管控方面的启示是，由于通常政府层面涉及的重要任务目标较多，因此国有企业高管薪酬激励强弱与公众关于政府的政绩评价之间的关联性就比较小，这种情况下，政府弱激励会成为一种可信的政府行为。

第二，弱激励也不能过低，否则就不如提供强激励。从上述理论模型可以看出，如果连任选举的不确定性太大，那么政府提供的弱激励$g^G$将显著低于次优均衡时的激励水平$g^{SB}$，如果这样，由于政府提供的弱激励过低，因此政府提供激励就不再优于市场或企业了。这说明，虽然政治选举过程中存在的天然不确定性有合理性，但如果政治体系太不稳定，政府提供的激励就可能"太弱"。因此，只有在相对稳定的政治环境下，政府提供的激励才有可能是有效的。

### 2.2.5 薪酬管控 BET 模型

由于不论是完全竞争市场下对高能力高管会产生过度强激励，还是寡头垄断情况下对低能力高管会产生激励不足，都会导致激励扭曲，进而使社会总福利产生损失，因此，在一定条件下，对高管薪酬进行管控就成为必然选择。比如，对高管收入征税就是一种薪酬管控手段（Ales and Sleet，2016）。

简便起见，这里以 Bénabou 和 Tirole（2016）基于完全竞争市场条件下的高管激励模型，梳理分析监管者实施薪酬管控政策的有效性及其对社会福利的影响。由于这个模型主要围绕奖金上限（Bonus Caps）、总收入上限（Earnings Caps）以及总收入税（Taxing Total Earnings）三种薪酬管控政策（其中奖金上限、总收入上限政策事实上就是所谓高管"限薪"政策），为此，本书将其简称为薪酬管控 BET 模型。

### 2.2.5.1 奖金上限管控（Bonus Caps）

假定对企业雇员（高管）给予奖金上限管控为 $\bar{y} \in [0, y_H^c)$，$\bar{y}^* \equiv \min \{y^*, \bar{y}\}$，且满足以下约束条件：

$$q_L^* \leqslant q_L \tag{2-58}$$

$$\frac{-w'(y_H^c)}{\Delta\theta} < \frac{1-\lambda_H}{\Delta\lambda} \tag{2-59}$$

其中，$\Delta\lambda \equiv \lambda_H - \lambda_L$，$\lambda_H$、$\lambda_L$ 分别表示对高能力、低能力雇员的激励强度 $y_H$、$y_L$ 每降低 $1/\Delta\theta$ 时企业增加的效用。$q_L$ 代表劳动力市场中低能力雇员数量。

由于薪酬管控限制了奖金上限即 $y \leqslant \bar{y}$，为了保证对高管的激励强度不变，企业可以采取这样的策略：对高能力高管，如果减少其 1 美元的奖金，则相应增加其固定工资 $z_H$ 中的 $\lambda_H$ 美元；对低能力高管，如果减少其 1 美元的奖金，则相应增加其固定工资 $z_L$ 中的 $\Delta\lambda$ 美元。只要满足以下条件，那么企业针对薪酬管控政策利用上述策略就可以获利：

$$\frac{1-\lambda_H}{\Delta\lambda} < \frac{q_L}{q_H} \tag{2-60}$$

面对薪酬管控政策，企业总可以给予低能力雇员如下激励契约：

$$y_L = \bar{y}^* \tag{2-61a}$$

$$z_L = 0 \tag{2-61b}$$

$$w(\bar{y}^*) + B\theta_L \equiv \bar{U}_L^{SI} \qquad (2-61c)$$

其中，$\bar{U}_L^{SI}$ 为给予低能力雇员的最低保留效用。

这时企业的效用最大化问题可写为：

$$\max_{\{(U_i, 0 \leq y_i \leq y, 0 \leq \zeta_i)\}|_{i=H,L}} \{U_H\} \qquad (2-62)$$

满足激励约束条件：

$$U_L \geq \bar{U}_L^{SI}, \quad (v) \qquad (2-63)$$

$$U_L \geq U_H - y_H \Delta\theta - z_H \Delta\lambda, \quad (\mu_L) \qquad (2-64)$$

$$0 \leq \sum_{i=H,L} q_i [w(y_i) + B\theta_i - (1-\lambda_i)z_i - U_i], (\xi) \qquad (2-65)$$

$v$、$\mu_L$、$\xi$ 分别为相应的拉格朗日乘子。

求解上述最大化问题，可知 $U_H$ 和 $U_L$ 的一阶条件分别为：

$$1 - \mu_L - q_H \xi = 0 \qquad (2-66)$$

$$\mu_L + v - q_L \xi = 0 \qquad (2-67)$$

联立式（2-66）和式（2-67），可得：

$$\xi = 1 + v > 0 \qquad (2-68)$$

$$\mu_L = q_L(1+v) - v \qquad (2-69)$$

$y_H$ 和 $z_H$ 的一阶条件分别为：

$$(1+v)[q_L \Delta\theta + q_H w'(y_H)] - v\Delta\theta \geq 0, \ y_H = \bar{y} \text{时等式成立。}$$

$$(1+v)[q_L \Delta\lambda - q_H(1-\lambda_H)] - v\Delta\lambda \geq 0, \ z_H = 0 \text{时等式成立。}$$

如果式（2-60）不成立，求企业效用最大化的均衡解可知：

$$U_H = w(\bar{y}) + B\theta_H \qquad (2-70a)$$

$$U_L = w(\bar{y}^*) - \bar{y}\Delta\theta + B\theta_L \qquad (2-70b)$$

并且，当 $\bar{y}$ 逐步下降至 $y^*$ 时，$U_H$、$U_L$ 都随之增长。

如果式（2-60）成立，求企业效用最大化的均衡解可知：

$$U_L = \bar{U}_L^{SI} \qquad (2-71a)$$

$$U_H = w(\bar{y}) + B\theta_H - \left(\frac{1-\lambda_H}{1-\lambda_L}\right)[(B-\bar{y})\Delta\theta + w(\bar{y}) - w(\bar{y}^*)] \qquad (2-71b)$$

其中，$U_H$ 随 $\bar{y}$ 严格增长，并且在 $y_H^c$ 时取得最大值。

根据上述奖金上限薪酬管控模型分析，可得以下重要结论：

第一，奖金上限这样的薪酬管控政策只有劳动力信息相对充分时才比较有效。当政府监管者能明确区分薪酬激励方案中基于业绩的奖金和固定薪酬的大小［企业能够容易通过信息筛选出高能力、低能力雇员，即类似 $(1-\lambda_H)/\Delta\lambda < q_L/q_H$ 信息存在且容易为企业获得］时，薪酬管控政策比较有效。

第二，奖金上限这样的薪酬管控政策会带来激励扭曲，导致高能力雇员激励不足而低能力雇员激励过度，社会福利损失随之产生。极端情况下，如果给予奖金上限管控恰好为均衡时的激励强度（$y^*$）管控，这时可知唯一的均衡条件是：所有企业都提供且所有雇员都接受同一种激励契约［$y^*$，$\pi(y^*)+(B-y^*)\bar{\theta}$］，这时会带来对高能力雇员激励不足同时低能力雇员激励过度，显然，社会福利此时会产生损失。

### 2.2.5.2 总收入上限（Earnings Caps）

Bénabou 和 Tirole（2016）认为，在政府实行奖金上限政策后，如果企业能够重新设定对雇员的固定工资和变动薪酬比例，那么政府监管者实际上能实施的将只是总收入上限管控政策。

假设监管者给予企业总收入上限 $\bar{Y}$，则存在以下结论：

第一，总收入上限政策的执行效果与上述奖金上限政策类似。当企业能够容易通过一些信息筛选出不同能力高低的雇员时，总收入上限政策同样也是相对有效的。

第二，总收入上限政策将对高能力、低能力雇员产生不同政策效果：低能力雇员将获得对称信息契约（$y^*$，$z_L^*$）；高能力雇员将获得（$y^* < y_H^r < y_H^c$，$z_H^r$），其中 $y_H^r + z_H^r = \bar{Y}$，任何总收入上限的收紧（$\bar{Y}$ 降低）将使 $y_H^r$ 降低但是 $z_H^r$ 增加，从而导致帕累托退化（Pareto Deterioration）。

### 2.2.5.3 总收入税（Taxing Total Earnings）

假定 $z$ 和 $y$ 为雇员的薪酬，其中，$y$ 是激励方案中对雇员才能效率的激励。雇员区分为 $L$、$H$（分别表示低才能、高才能）两种类型。$\tau$ 表示对雇员薪酬（总收入）征收的税。

雇主（企业）给予雇员的激励契约（$y$, $z$）满足：

$$\Pi_i = Aa(y) + B[\theta_i + b(y)] - \frac{z + y[\theta_i + b(y)]}{1 - \tau} \qquad (2-72)$$

社会总福利为：

$$U_i + (1 - \tau)\Pi_i = (1 - \tau)\{Aa(y) + B[\theta_i + b(y)]\} - \{C[a(y), b(y)] - va$$

$$(y)\}$$

$$\equiv \hat{w}(y) + (1 - \tau)B\theta_i \qquad (2-73)$$

$$\left.\frac{dW}{d\tau}\right|_{\tau=0} = q_L w'(y_L)\frac{dy^*}{d\tau} + q_H w'(y_H)\frac{dy_H}{d\tau}$$

$$= q_L w'(y_H)\frac{dy_H}{d\tau} \qquad (2-74)$$

最终，对于较小的$\tau$，可知：

$$\hat{w}'(y_H) = w'(y_H) - \tau\frac{d}{dy_H}[Aa(y_H) + Bb(y_H)] = w'(y_H) + o(\tau) \Rightarrow$$

$$\left.\frac{dW}{d\tau}\right|_{\tau=0} = -\frac{B\Delta\theta}{\Delta\theta - w'(y_H)}q_H w'(y_H) > 0 \qquad (2-75)$$

根据上述总收入税模型分析，可得以下重要结论：

第一，总收入税较小时薪酬管控政策才比较有效。从式（2-75）可以看出，对雇员总收入征收一小笔税总是能改善福利。

第二，总收入税会带来两种政策效应：降低社会最优激励水平和降低雇员努力的资源配置，其中前者是主要的。当总收入税$\tau$足够小时，企业仍然使用基于绩效的薪酬（奖金）方法来筛选不同能力的雇员。这时总收入税就有两个效应：第一个效应是，在对称信息下，它扭曲了社会最优，降低了最优激励水平$y^*$；第二个效应是，它缩小了高、低两种能力类型雇员在任何给定合同下获得的薪酬差额，降低了低能力类型雇员模仿高能力雇员的动机，从而抑制了企业通过高强度激励筛选高能力雇员的积极性，缓解了雇员努力的误置。当然，对于较小的总收入税$\tau$来说，第一个效应是次要的（标准的哈伯格三角形），而第二个效应是主要的。

2.2.5.4  薪酬管控模型的主要结论

由于薪酬管控 BET 模型与本书的研究主题密切相关，因此，根据上述关于薪酬管控 BET 模型的主要内容，可以得出以下对国有企业高管薪酬管控非常有借鉴意义的主要观点：

第一，奖金上限或总收入上限这样的薪酬管控政策，只有在劳动力信息相对充分时才比较有效。当政府监管者能较明确地区分劳动力市场高管之间的能力差异，比如能通过一些信息筛选机制分辨出不同能力高低的高管，或者能够一定程度识别出不同高管对激励强度（奖金率）的偏好及其弹性时，或者能够一定程度识别出高管的自我激励或内在激励导致的努力程度时，薪酬管控政策会更为有效。

第二，总收入税、奖金上限或总收入上限这样的薪酬管控政策对市场的干预力度较小时，薪酬管控政策才比较有效。从上面的分析可以看出，对高管总收入征收较少的税能改善福利。换句话说，薪酬管控政策的政策力度要相对小，是确保政策有效的重要约束条件。薪酬管控政策力度较小，意味着总体上仍要以市场主体（高管与股东、市场等）遵循市场规律、发挥市场机制作用为主，管控政策不宜干预力度过大，否则薪酬管控政策即使一定程度"纠偏"了强激励带来的市场扭曲，但也会带来新的较大社会福利损失。

第三，不论哪种薪酬管控政策，都会不同程度带来激励扭曲。因此，薪酬管控政策制定实施，要充分考虑其政策成本。从上述分析可以看出，类似奖金上限政策或总收入上限政策，会导致高能力雇员激励不足而低能力雇员激励过度，社会福利损失随之产生。总收入税会带来两种政策效应即降低社会最优激励水平和降低雇员努力的资源配置，其中前者是主要的。因此，国有企业高管薪酬管控政策实施过程中要对业绩特别优异的高管设计相应补偿机制或设计差异化激励机制，以弥补薪酬管控政策导致的对业绩优异高管的激励不足。

第四，薪酬管控政策总体上可看作政府提供的一种弱激励，在满足一定约束条件的情况下，政府提供的薪酬管控政策这样的弱激励可能是最优的。即使不是出于公平偏好，单从替代社会福利损失更大的强激励而言，政府提供薪酬管控政策也有其合理性和必要性。由于政府雇员的自我激励特征、外部冲击等带来的不确定性等方面的影响，与市场和企业相比，政府提供弱激励是一种可信、可行的政策选择。

### 2.2.6　委托—代理模型

委托—代理模型迄今为止仍然是经济分析之中运用较广的研究范式。这里以Ross（1973）提出的标准委托—代理模型进行简要说明。

#### 2.2.6.1　委托—代理模型基本设定

假定委托人（企业或雇主）、代理人（高管）的效用函数为冯·诺伊曼—摩根斯坦（von Neumann Morgenstern，VNM）效用函数，分别以 $U$（·）、$G$（·）表示。委托人与代理人追求的都是最大化各自的期望效用。

代理人选择自己的行动 $a \in A$，委托人从代理人行动中获得收益 $w(a, \theta)$，$\theta$ 为外部随机干扰变量，代理人无法控制 $\theta$，但委托人收益受 $\theta$ 影响。

委托人与代理人之间达成一个薪酬契约计划，对应代理人的报酬 $f$，$f$ 通常是 $a$ 和 $\theta$ 的函数。$f$ 满足以下公式：

$$f = f(w(a, \theta); \theta) \tag{2-76}$$

代理人选择一个合适行动，使自己期望效用最大化：

$$\max_{a, \theta} E\{G[f(w(a, \theta); \theta)]\} \tag{2-77}$$

如果代理人依据报酬 $f$，可选择一个最优行动 $a^o$，则最优行动满足 $a^o = a(\langle f \rangle)$，其中，$a$（·）表示 $f$ 是 $A$ 的函数。

如果委托人拥有关于 $a(\langle f \rangle)$ 的充分信息，委托人将会选择一个合适的 $f$ 以匹配相应的代理人的行动 $a$，以使自己效用最大化，即：

$$\max_{\langle f \rangle, \theta} E\{U[w(a(\langle f \rangle), \theta) - f(w(a(\langle f \rangle), \theta); \theta)]\} \tag{2-78}$$

如果委托人不拥有关于 $a(\langle f \rangle)$ 的充分信息，那么 $a$（·）对于委托人而言就是一个未知函数。

代理人必须获得市场上最低的期望报酬或期望效用，即有代理人的参与约束条件：

$$E\{G[f(w(a,\theta);\theta)]\}\geq k \qquad (2-79)$$

简便起见，假设委托人和代理人对 $\theta$ 发生的所有主观判断相同，那么代理人报酬 $f$ 将仅为委托人收益的函数，即：

$$f=f[w(a,\theta)] \qquad (2-80)$$

帕累托最优情形下的 $f$ 可视作委托人与代理人合作选择一个 $f$，使委托人和代理人两者的加权效用最大化，即：

$$\max_{(f)} E\{U[w-f]+\lambda G[f]\} \qquad (2-81)$$

式（2-81）最大化的条件是（P.E.）条件或（S）条件：

$$U'[w-f]=\lambda G'[f] \qquad (P.E.)$$

其中，$U$ 和 $G$ 都为单调和凹函数。条件（P.E.）决定了代理人的报酬 $f$ 是委托人收益 $w$ 和权重 $\lambda$ 的函数。

$$U[w-f]=aG[f]+b \qquad (S)$$

其中，$a$、$b$ 为常数项且 $a>0$。

### 2.2.6.2 最优激励契约的特征

首先，条件（P.E.）或（S）背后的经济学含义是，当 $[w-f]$（委托人获得的产出收益与给予代理人的报酬两者之差，可视为委托人的净收益）给委托人带来的边际效用，等于报酬 $f$ 给代理人带来的边际效用的 $\lambda$ 倍时，委托人和代理人都达到效用最大化。

其次，假设委托人的收益函数是（两次）可微的，在给定 $f$ 的情况下，代理人将按照下面的一阶条件来选择最优行动：

$$E_\theta\{G'[f(w)]\times f'(w)w_a\}=0 \qquad (2-82)$$

式（2-82）给出了代理人的激励约束条件，其中 $w_a$ 表示偏微分。

委托人追求效用最大化的问题可转化为：

$$\max_{(f)} E_\theta\{H\}\equiv\max_{(f)} E_\theta\{U[w-f]+\psi G'f'w_a+\lambda G\} \qquad (2-83)$$

式（2-83）中 $\psi$ 和 $\lambda$ 分别为式（2-82）和式（2-79）对应的拉格朗日乘

数。

定义 $V(\theta) \equiv f[w(a, \theta)]$，不失一般性，假设 $\theta$ 为服从标准正态分布，这样运用欧拉—拉格朗日等式，求解式（2-83）的最优化问题，可知：

$$\frac{d}{d\theta}\left\{\frac{\partial H}{\partial V'}\right\} - \frac{\partial H}{\partial V} = U' + \psi G' \frac{d}{d\theta}\left[\frac{w_a}{w_\theta}\right] - \lambda G' = 0 \qquad (2-84)$$

式（2-84）等于 $G'$ 对 $U'$ 的边际替代率：

$$\frac{U'}{G'} = \lambda - \psi \frac{d}{d\theta}\left[\frac{w_a}{w_\theta}\right] \qquad (2-85)$$

为决定代理人最优行动 $a$，对式（2-82）对 $a$ 求微分，可得：

$$E_\theta\left\{U'[1-f']w_a + \psi G''(f'w_a)^2 + \psi G'f''(w_a)^2 + \psi G'f'w_{aa}\right\} = 0 \qquad (2-86)$$

式（2-85）定义了代理人报酬是委托人收益 $w$ 的函数。

可以看出，如果 $\psi = 0$，式（2-85）与条件（P.E.）或（S）等价。

但如果 $\psi \neq 0$，可得：

$$\frac{d}{d\theta}\left[\frac{w_a}{w_\theta}\right] = b(a) \qquad (2-87)$$

针对上述条件，引出两个问题：

第一，效用函数配置 $\langle U, G \rangle$ 需要具备哪些性质，才能使对任何委托人的收益函数 $w(a, \theta)$ 来说都能达到帕累托效率？

第二，事实上是第一个问题的逆向问题，委托人的收益函数 $w(a, \theta)$ 具备哪些性质，才能使任何效用函数配置 $\langle U, G \rangle$ 达到帕累托效率？

对第一个问题，梳理上述条件，可以看出，要达到帕累托效率，代理人必须选择委托人最期望的行动即给予代理人的激励约束条件，即式（2-82）：

$$E_\theta\left\{G'[f(w)]f'(w)w_a\right\} = 0 \qquad (2-88)$$

同时，对于任何报酬契约 $\langle f \rangle$，委托人希望代理人的行动 $a$ 都可以最大化 $E_\theta\{U[w-f]\}$，由此可得：

$$E_\theta\left\{U'[1-f']w_a\right\} = 0 \qquad (2-89)$$

对委托人任何可能的收益函数 $w$，如果式（2-89）等价于式（2-82），则必有：

$$U'[1 - f'] = G'f' \qquad (2-90)$$

对第二个问题：

当 $\psi = 0$ 时，对所有 $\langle U, G \rangle$ 而言，如果代理人的激励约束不固定，或者 $E_\theta \{U'[1 - f']w_a\} = 0$ 总可满足 $E_\theta \{G'[f(w)]f'(w)w_a\} = 0$，这意味着存在一个代理人的行动 $a^*$，总是满足以下条件：

$$w(a^*, \theta) \geqslant w(a, \theta), \quad \theta \in I \qquad (2-91)$$

反之，如果（P. E.）条件成立，则对所有 $G(\cdot)$ 必有：

$$E_\theta \{G'[f](1 - f')w_a\} = 0 \qquad (2-92)$$

式（2-92）意味着 $f$ 由（P. E.）条件决定。因为总能从式（2-92）和式（2-93）中选择 $\langle U, G \rangle$ 以便获得适宜的 $w_a$，因此，式（2-91）是唯一的与激励约束条件无关的情况。给定式（2-91）条件下，无论风险偏好如何，所有代理人都只有唯一的最优行动。

当 $\psi \neq 0$ 时，对于所有的 $\langle U, G \rangle$ 配置要获得帕累托效率，必须满足式（2-87），求解这个偏微分方程，可得解：

$$w(a, \theta) = H[\theta B(a) - C(a)] \qquad (2-93)$$

其中，$H(\cdot)$、$B(\cdot)$、$C(\cdot)$ 为任意函数。

Ross（1973）提出的委托—代理模型的意义主要有三方面：

第一，提供了一个非常规范的研究框架来研究委托—代理问题，这是极为重要的方法论贡献。

第二，提出委托—代理问题取得最优解时的具有一般意义的结论：委托人获得的产出收益与给予代理人的报酬两者之差（委托人的净收益）给委托人带来的边际效用，与委托人支付的报酬给代理人带来的边际效用存在一定比例关系时，委托人和代理人都可达到效用最大化。

第三，明确了委托人和代理人之间达成最优契约必须共同满足参与约束、激励相容约束两个条件。

此后的相关研究基本上遵循了参与约束、激励相容约束的研究范式。

# 2.3 高管激励的实证研究

## 2.3.1 实证研究方法

近年来，关于高管薪酬激励包括薪酬管控方面的实证研究文献快速增长，主要集中在关于高管薪酬增长因素分析、关于高管薪酬的不合理程度测量、关于薪酬管控政策执行效果分析等方面。

关于高管薪酬增长因素的实证分析中，从具体的实证研究方法来看，相关研究文献主要采用了传统的时间序列分析方法和面板数据分析方法。其中，时间序列分析方法通常是以高管薪酬为被解释变量，以企业业绩、公司规模、行业因素等为解释变量，分析研究高管薪酬水平与企业业绩、企业规模、企业治理特征等因素之间是否存在显著的线性或非线性因果关系。由于面板数据实证分析方法具备更高的自由度、更多的信息量和对于非平稳时间序列变化的简化，可以更有效地综合截面分析和时间序列的特点，更加准确地解释因果关系。因此，近年来越来越多的研究者利用面板数据分析方法来检验多个国家、多个行业的高管薪酬激励（Gabaix and Landier，2008；Guest，2010；Philippon and Reshef，2012）。

关于高管薪酬的不合理程度测量的实证分析中，从具体的实证研究方法来看，相关实证研究文献主要采用了 Oaxaca – Blinder 分解方法、分位数回归及反事实分解方法等。其中，代表性的研究主要有岳希明、李实、史泰丽（2010），岳希明、蔡萌（2015）以及聂海峰、岳希明（2016）等。

关于高管薪酬管控政策执行效果的实证分析中，从具体的实证研究方法来看，相关实证研究文献主要采用了双重差分方法（DID）（Bertrand and Mullain-athan，2003；梅洁，2015；徐经长等，2019；张楠、卢洪友，2017）等。

### 2.3.2 关于高管薪酬快速增长成因的实证分析结果

近年来，世界范围内企业高管薪酬增长的实证研究主要聚焦于探讨高管薪酬快速增长的成因。多数实证研究结果表明主要有四方面原因导致高管薪酬快速增长：一是高管薪酬与可量化业绩紧密挂钩，薪酬—业绩敏感性提高；二是劳动力市场对高管能力的竞争加剧；三是企业规模持续快速增长，企业规模与高管薪酬高度正相关；四是工作伦理（或职业道德）下降（如财务造假、信息披露违规等欺诈行为）等导致的高管薪酬不当得利增加。

第一，与高管业绩挂钩的业绩薪酬（绩效工资或奖金，Performance Pay or Bonus）增长迅速，对高管薪酬快速增长产生了推波助澜的作用。20世纪70年代末至20世纪90年代，美国企业中以业绩为基础的工作岗位占比从38%上升到45%，同时基于业绩薪酬的工人占比从45%上升到60%（Lemieux et al.，2009）。与美国类似，英国采用绩效工资的企业比例从1984年的41%上升到2004年的55%（Bloom and Reenen，2011）。英国企业薪酬最高的1%人群（主要是高管）中，基于业绩的奖金占比从2002年的26%上升到2008年的45%，其占同期企业薪酬总额的份额从7.4%上升到8.9%（Bell and Reenen，2014）。Lazear（2000）对一家美国汽车玻璃制造企业的案例研究表明，1994~1995年，单是该企业从小时工资制转为计件工资制，每个工人的平均生产率就提高了44%，同时工人的工资也增加了约10%。其中，企业生产率提高主要来源于两方面：一是工人的平均产出提高；二是由于工资水平提高，企业可以雇用能力更高的工人并降低高业绩员工的流失率。

第二，劳动力市场对最佳员工的竞争持续加剧。Bénabou 和 Tirole（2016）的研究结果发现，高管薪酬水平和差异在很大程度上反映了近几十年来技术变化和资本流动性增加对劳动力市场高端人才的市场回报和可衡量业绩的放大效应，高管的人力资本价值持续提升，推升了高管薪酬。Frydman（2019）针对美国企业高管市场的长期研究（1936~2003年）表明，美国企业高管群体自20世纪70年代初至20世纪80年代末急剧加速发生一项重大转变，即高管开始从拥有企业特有技能转向拥有更通用的管理技能（典型事实是高管更多从拥有工程学位转为拥有 MBA 学位），而拥有更高通用管理技能（更高人力资本）的高管获得了更高的薪酬，同时也获得了更多转换公司的机会。Fabbri 和 Marin（2016）利用 1977～2009 年德国 500 家最大公司的面板数据研究表明，德国国内对企业高管的全球性竞争也大大促进了该国企业高管薪酬的上升。1977～2009 年，德国 500 家最大公司高管的平均薪酬实际增长了 3.2 倍，当然与美国相比，德国高管薪酬涨幅较小，因为美国在 1977～2005 年，公司董事会成员平均薪酬增长了 7 倍。Célérier 和 Vallée（2019）对法国金融部门员工工资的实证研究也表明，法国金融部门相对顶级工程技术部门毕业生的薪酬溢价从 1983 年的 8% 上升到 2011 年的 30%，而这些薪酬溢价完全可由劳动力市场对人才的竞争加以解释。

第三，高管薪酬与企业规模高度正相关，高管薪酬随近几十年来企业规模快速增长而水涨船高。这方面实证分析研究比较有代表性的是 Gabaix 和 Landier（2008）。他们利用两种高管薪酬指数来研究分析美国高管薪酬的增长情况：一是 JMW 薪酬指数，该指数是由 Jensen、Murphy 和 Wruck（2004）整理的 1970 年之后的标准普尔 500 指数上市公司的全部 CEO 总薪酬数据，其中 CEO 总薪酬包括现金薪酬、限制性股票、长期激励计划的兑现以及授予的股票期权的价值（不含高管养老金）；二是 FS 薪酬指数，该指数是由 Frydman 和 Saks（2005）整理的基于 1940 年、1960 年和 1990 年最大的 50 家公司的三名最高薪酬高管，其薪酬包括现金薪酬、奖金、股权期权价值等（也不含高管养老金）。根据 JMW 薪酬指数和 FS 薪酬指数，美国 1980～2003 年最大的 500 家上市公司的平均市值增长 600%（见表 2-1）。按照 Gabaix 和 Landier（2008）的高管薪酬模型，1980～2003 年美国上市公司首席执行官的薪酬也上升了约 6 倍，实证分析结果表明，美国最大 500 家上市公司的平均市值与 FS 薪酬指数的相关系数为 0.93，与 JMW 薪酬指数的相关性为 0.97，这表明 1980～2003 年美国上市公司高管的薪酬增长与同期上市公司的规模增长高度匹配。Gabaix 和 Landier（2008）的高管配置均衡模型的基本框架是：假定上市公司高管按能力排名排序，所有高管中能力最高的排名 $n=1$；同时，上市公司按照市值大小排序（市值排序以全部上市公司中的某公司的市值为对标基准，比如以市值排名第 250 位公司为对标基准），市值排名为 1 的公司市值为 $s(1)$，以此类推。当市场达到均衡配置时，能力排名 $n$ 的高管应恰好管理着市值为 $s(n)$ 的公司。Gabaix 和 Landier（2008）利用下列计量模型来进行实证分析：

$$\ln(w_{i,t+1}) = \ln D_i^* + \frac{\beta}{\alpha}\ln(s_{n_*,t}) + \left(\gamma - \frac{\beta}{\alpha}\right)\ln(s_{i,t}) \qquad (2-94)$$

上述实证模型中，$w_{i,t+1}$ 为 $i$ 公司（$t+1$）年其高管的薪酬，$D_i^*$ 为常数项，$s_{n_*,t}$ 为市值对标公司 $t$ 年的市值，$s_{i,t}$ 为 $i$ 公司 $t$ 年的市值。

表 2-1    1980~2003 年美国企业规模大小增幅与高管薪酬增幅高度相关

单位:%

| | 企业规模 | | | | 企业高管薪酬增幅 |
|---|---|---|---|---|---|
| | 市值 | | 营业收入 | | |
| | 中位值 | 平均值 | 中位值 | 平均值 | |
| Top100 | 630 | 720 | 190 | 170 | |
| Top500 | 400 | 600 | 140 | 150 | 600 |
| Top1000 | 360 | 570 | 130 | 150 | |

资料来源：转引自 Gabaix and Landier（2008），"Why Has CEO Pay Increased So Much?"，第 94 页。

Gabaix 和 Landier（2008）的实证结果表明，$\beta/\alpha$ 约为 2/3，而 $\gamma - \beta/\alpha$ 约为 1/3，$\gamma$ 约为 1，上市公司高管的薪酬与其所在公司的规模大小之间存在规模收益弹性不变关系，从而说明上市公司高管与其所在公司的规模高度相关。

同时，为了实证分析上市公司高管的能力对公司市值影响，Gabaix 和 Landier（2008）也进行了相关实证分析，其中一项比较有代表性的研究结果是：假设排名第 250 位的公司在不产生其他薪酬成本的情况下，将其高管由排名第 1 位公司的高管（即能力最佳高管）替换，那么市值的变化是仅增长 0.016%。从这个角度而言，上市公司高管的能力差异对公司市值的影响微乎其微。基于上述实证分析结果，Gabaix 和 Landier（2008）认为 1980～2003 年美国上市公司首席执行官薪酬增加了六倍，几乎完全可以归因于在此期间规模最大上市公司的市值增加了约六倍。

与 Gabaix 和 Landier（2008）实证结果相比，Philippon 和 Reshef（2012）的实证结果表明公司规模分布的变化可以解释 1909～2006 年近百年间美国金融企业高管薪酬溢价的大约 1/5。Conyon（2014）对 1992～2002 年道琼斯指数成分股美国上市公司高管薪酬与公司治理的研究结果也表明，平均而言，美国上市公司高管薪酬与公司规模呈正相关，在控制了年份固定效应后，高管总薪酬变化的对数值（固定工资、奖金、股票期权授予日价值及限制性股票和其他报酬的总和）与公司规模变化的对数值之间的相关系数为 0.296 且统计上显著。Bebchuk 和 Grinstein（2005）研究发现，1993～2003 年，美国上市公司为公司前五名最高薪酬高管支付了大约 3500 亿美元薪酬，这些总薪酬与同期公司总收入的比率从 1993～1995 年的 5% 提高到 2001～2003 年的大约 10%。

第四，工作伦理或职业道德持续下降导致的高管薪酬不当得利增多。Bénabou 和 Tirole（2016）研究发现，近年来，伴随着企业高管薪酬水平的快速增长，包括高管在内的企业员工工作伦理（或职业道德，Work Ethics）却在下降。Dyck、Morse 和 Zingales（2010）对 1996～2004 年美国上市公司（每家上市公司总资产均超过 7.5 亿元美元）的研究表明，在任何特定年份，美国上市公司财务报表、会计、审计、渎职等方面的平均欺诈事件发生率约为 14.5%，并且欺诈发生率在 1996～2002 年的股市繁荣时期急剧上升，在互联网泡沫破灭（2002 年 4 月）之后有所下降，1996～2004 年，美国发生欺诈行为的上市公司平均损失其市场价值的 1/5 即欺诈成本估计值为每年 3800 亿美元。另一个典型的例子是，近年来金融企业高管及关键员工的薪酬被认为大大超过了合理的社会回报（Baumol，1990；Philippon and Reshef，2012）。简单来说，人们认识到，近年来随着高管薪酬水平持续增长，与企业薪酬制度、企业文化等密切相关的工作伦理却在随之下降。

另外，管理者的租收益、劳动力市场上高管权力扩大、极值理论等方面的实证研究也不同程度支持高管薪酬快速增长现象。

Frydman 和 Jenter（2010）认为，关于高管薪酬增长因素的主要研究文献实际上都可以归结为两种截然不同的思路：第一种思路认为，企业高管的高薪酬既反映了竞争市场对稀缺管理技能的高需求（Rosen，1981），也反映了竞争市场资源配置的高效——将稀缺人才有效配置到市场中生产力最高的地方，比如更好的高管管理规模更大的公司，最好的高管管理规模最大的公司（Gabaix and Landier，2008），因此，企业高管薪酬的快速增长，纯粹只是对劳动力市场出现的一系列对生产力最高者更有利变化（诸如技术偏好倾向、监管改进、企业规模持续增长等）的价格反应。第二种思路，高管薪酬水平和结构反映出严重的市场失灵。一方面，被俘获的董事会可能给予企业高管远远超过高管边际产出的薪酬（Bertrand and Mullainathan，2001；卢西恩·伯切克、杰西·弗里德，2009；Piketty et al.，2014）；另一方面，企业高管得到的高薪酬激励即使能最大限度地提高企业利润，但却对社会造成重大的负外部性，比如导致严重的短期主义和以消费者、储蓄者或纳税人为最终承担者的政府公共救助、税收套利等风险（Bolton et al.，2006；Besley and Ghatak，2013）。

### 2.3.3 关于高管薪酬不合理程度的实证分析结果

无论是市场对高管的激励过度，还是市场失灵、工作伦理下降导致的高管不当得利增加等其他原因，已有研究文献表明，目前高管薪酬中确实存在不合理部分。关于高管薪酬的不合理程度主要有以下代表性实证结果：

岳希明、李实、史泰丽（2010）应用 Oaxaca - Blinder 分解方法，把垄断行业高收入分解为合理和不合理两部分，对 2005 年全国 1% 人口抽样调查数据的实证分析发现：当包括农民工时，垄断行业管理阶层（包括企业高管）工资中的合理部分、不合理部分占比分别为 41.6%、58.4%；当不包括农民工时，垄断行业管理阶层（包括企业高管）工资中的合理部分、不合理部分占比分别为 37.2%、62.8%。当区分不同职业时，岳希明、李实、史泰丽（2010）的实证结果还表明，垄断行业管理阶层（包括企业高管）工资收入较竞争行业（包括农民工时）高出 19%。同时，由于无法反映垄断行业的高福利，上述实证分析的测量结果还可能低估了垄断行业高收入中的不合理部分。

岳希明、蔡萌（2015）利用以多重分位数回归为基础的 Machado - Mata 反事实分解方法，进一步测量了垄断行业与竞争行业工资差距中的合理与不合理程度。其研究结果表明，垄断行业高收入中的不合理部分广泛存在于各个收入阶层，其中，就管理人员来看，对于不同分位收入水平，工资收入中的不合理部分占比都超过 50%（处于 51.1% ~ 69.6%），而可以由教育水平、工作经验等管理人员自身特征决定的合理部分占比均低于 50%（处于 30.4% ~ 41.8%），并且在 10 分位至 60 分位的分位点上不合理程度随着管理人员收入水平的上升而逐渐加大（见表 2 - 2）。这表明，垄断国有企业高管人员的高薪酬与普通职工相比更加不合理。

表 2 - 2　垄断行业与竞争行业管理人员的工资差异分解　　　　单位：%

| 分位 | p10 | p20 | p30 | p40 | p50 | p60 | p70 | p80 | p90 |
|---|---|---|---|---|---|---|---|---|---|
| 合理部分 | 41.8 | 36.4 | 35.6 | 31.8 | 31.1 | 30.4 | 33.2 | 41.8 | 48.9 |
| 不合理部分 | 58.2 | 63.6 | 64.4 | 68.2 | 68.9 | 69.6 | 66.8 | 58.2 | 51.1 |
| 合计 | 100 | 100 | 100 | 100 | 100 | 100 | 100 | 100 | 100 |

资料来源：根据岳希明、蔡萌《垄断行业高收入不合理程度研究》（2015）中表 5 "垄断行业与竞争行业的工资差异分解"（第 13 页）整理。

Philippon 和 Reshef（2012）对 1909 ~ 2006 年美国金融业高管及职工的工资水平进行了实证研究。他们发现，美国金融业相对工资水平在 1909 ~ 2006 年呈现 "U" 形特征：1940 ~ 1990 年，经教育因素调整后的美国金融业员工工资与其他行业几乎一样，1940 年之前及 1990 年之后美国金融业员工经教育因素调整后的工资水平都显著高于其他行业（金融行业产生显著的工资溢价现象），到 2006 年，美国金融业员工的工资溢价更是达到 70%，其中金融业高管的工资溢价更是高达 250%。Philippon 和 Reshef（2012）认为，美国金融业放松管制与技能强度、工作复杂性三大因素与金融业员工的高工资有关，因为这三大因素在 1940 年之前和 1985 年之后都很高，但在 1940～1985 年则不高，这三大因素与同期美国金融业的高工资（显著工资溢价）相互匹配，而且，由于金融业放松政府管制之后，金融业的相对教育水平、相对工资复杂性显著提升，因此，金融业放松管制是决定行业工资水平变化的重要因素。放松管制导致金融业竞争及劳动力市场竞争加剧，劳动力市场竞争进而带来行业工资收入风险加大。Philippon 和 Reshef（2012）的实证研究发现，金融业工资收入风险的变化能够解释不超过平均工资溢价的 50%，而美国金融业公司规模分布的变化可以解释金融业高管工资溢价的大约 1/5。换句话说，按照 Philippon 和 Reshef（2012）的实证结果，美国金融业员工工资中不合理部分要超过 50%，而金融业高管薪酬的不合理部分约为 80%。

### 2.3.4 关于薪酬管控政策的实证分析结果

对于政府薪酬管控的研究，国外研究认为高管薪酬管控主要是通过税收和公司治理来影响高管薪酬—业绩敏感性从而对高管薪酬进行间接管控（Jarque，2008；Dittmann et al.，2011），其中部分研究文献关注对高管薪酬的过高部分征收所得税，以及对高管特别是国有企业高管或接受政府特殊救助的高管实行收入上限薪酬管控，部分研究文献则聚焦薪酬管控对改善公司治理的影响。国内研究文献主要集中于对国有企业高管薪酬管控政策的必要性、政策效果及政策利弊的实证研究。

关于薪酬管控政策实证研究的代表性研究文献可概括为以下四个方面：

第一，关于高管薪酬征税的最优边际税率及薪酬管控对公司治理的影响。1993 年，美国对《国内税收法典》第 162 条进行了修改，规定企业所得税税前高管非绩效型薪酬的扣除不得超过 100 万美元，即所谓"百万美元规则"（Million Dollar Rule）。基于对"百万美元规则"的实证分析，Hall 和 Liebman（2000）以及 Perry 和 Zenner（2001）认为，1993 年"百万美元规则"实施后，高管非绩效型薪酬超过百万美元的公司高管工资收入增幅变缓但薪酬—业绩敏感性明显增强，同时企业薪酬委员会也已经考虑到了监管政策的变化，因此，"百万美元规则"对薪酬—绩效之间的敏感关系以及高管总薪酬产生了实际经济影响。Conyon（2014）对 1992～2002 年道琼斯指数成分股上市公司高管薪酬与公司治理的研究结果表明，平均而言，高管薪酬与公司业绩、公司规模呈正相关，限制性股票和股票期权仍然是高管薪酬的重要组成部分，同时，2010 年多德—弗兰克法案实施以来改变了美国企业的公司治理格局。Diamond 和 Mirrlees（1971）提出，在非线性税制中，如果对首席执行官的薪酬和企业利润都征税，那么与 CEO 的努力弹性和 CEO 人才分布系数正向相关的所得税征税方式是有效的。Diamond 和 Saez（2011）认为，如果政策制定者不关注企业利润也没有能力对企业利润征税，而且即使对利润征税也对企业进入没有显著不利影响，那么对高管实行高所得税即所得税率超过 70% 甚至达到 80% 都是可行的。Stantcheva（2014）研究发现，如果劳动力市场存在逆向选择和企业以工作时间长短作为筛选员工能力高低的手段，那么对高能力员工来说就会导致"疯狂竞争"（Rat Race），而低能力员工将获得交叉补贴和信息租，在政府有更高的再分配目标时，由于存在逆向选择将导致更高的最优税率。Ales 和 Sleet（2016）研究了对高管收入征税问题。他们的研究结果是，由于美国 CEO 人才分布表现为"右尾很细"特征，因此，高管的最优边际所得税应对超过 3000 万美元左右的高管薪酬征税且税率应约为收入的 16%；如果美国保留现行企业利润税，仅改革 CEO 所得税，那么高管最优边际所得税率约为 32%～40%，且只针对超过 3000 万美元的高管薪酬征税。此外，部分研究文献发现对公司治理的管控有助于高管与股东的激励一致，但同时可能带来额外负担及企业超额收益有所下降（Chhaochharia and Grinstein，2007；Maisondieu - Laforge et al.，2006；Takao Kato and Cheryl Long，2006）。Guest（2010）利用 1983～2002 年 1880 家英国公司的面板数据实证检验了董事会结构对高管薪酬的影响，研究发现，董事会中非执行董事占比提高倾向于降低高管薪酬但董事会人数越多则倾向于提高高管薪酬，并且董事会中非执行董事占比提高强化了高管薪酬与业绩之间的敏感性，另一个重要研究发现是，为了达到英国 1992 年凯德伯瑞公司治理准则（Cadbury Code）要求，英国上市公司董事会成员中提高了非执行董事占比，随之这些英国公司出现了高管薪酬下降和高管薪酬—业绩敏感性提高的现象。另外，高涛（2015）对美国上市公司高管的薪酬规制路径进行了经验评述，发现美国证券交易委员会（SEC）对美国上市公司高管薪酬管控的主要方式是要求上市公司对外周期性的充分、真实、完整进行薪酬相关信息披露。美国证券交易委员会自 1992 年起就强制性要求上市公司以叙述性披露详细阐述公司薪酬政策和实践，并至少以三种形式即讨论分析、表格、描述性叙述披露高管薪酬。罗培新（2012）以美国高管薪酬管理经验为视角，认为美国企业对高管薪酬水平的自我拉抬偏差、"商业判断原则"对高管薪酬安排的天然庇护、法院因无力对高管薪酬的妥当性予以事后裁断而不愿介入薪酬纷争、谋求政治资本最大化的立法者的机会主义心理等因素使美国公司高管薪酬的制约力量极度弱化。为此，以确定性和规范性为特征的法律应在美国高管薪酬管控方面做出应对。

第二，关于薪酬管控政策的必要性。叶振鹏（2007）认为，必须处理好国有企业改革与公共财政和国有资本经营财政的关系，真正实现"政资分离""政企分开"，而"政资分离"在财政上的最直接体现就是将公共财政与国有资本经营财政分立。国内研究文献认为，我国国有企业高管薪酬管控的必要性主要有两方面：一是政府的公平偏好（黄再胜、王玉，2009；晏艳阳、金鹏，2012；罗建兵、邓德胜，2015；刘辉、干胜道，2016；李梁等，2018），二是适度限制高管权力或管理层权力（方军雄，2011；刘星、徐光伟，2012；傅颀、汪祥耀，2013；权小锋等，2010；刘凤芹、于洪涛，2019）。徐炜和曹腾飞（2016）认为，国有企业高管薪酬水平较高主要体现在单位市场价值所承载的高管薪酬高于非国有企业，因此有薪酬管控的必要性，并且薪酬管控应参考国有企业高管为企业创造的市场价值而不是企业内部绩效。王芳和李实（2015）认为，政府近年来相继出台国有企业高管薪酬限薪政策，反映了政府对国有企业高管与普通职工薪酬差距"不合理"现状的担忧。鄢伟波和邓晓兰（2019）提出，主要源于管理层权力和行业效应，国有企业高管存在"运气薪酬"现象，薪酬管控使高管不合理的运气薪酬现象得到了缓解。林卫斌和苏剑（2010）认为，国有企业的薪酬管制不仅是一个公平问题，更是一个效率问题，其内在经济机理是国有企业在特定治理环境下降低代理成本的一种制度安排。蒋建湘（2012）认为，国有企业高管薪酬法律规制的对象并不是薪酬水平本身，而是不合理的薪酬本质上不能真实反映高管的贡献与企业绩效。

第三，关于国有企业高管薪酬管控的政策效果。这方面的研究文献可归结为"政策有效论""政策无效论""政策利弊共存论"三方面。"政策无效论"方面代表性的研究文献及其研究观点主要包括政府薪酬的管制干预一定程度上降低了高管薪酬业绩敏感性，限薪政策不能有效抑制高管薪酬增长（沈艺峰、李培功，2010；刘星、徐光伟，2012）。无论是"八项规定"政策还是"限薪令"，均未能对国有控股上市公司管理层货币薪酬或在职消费的降低起到积极的作用（梅洁，2015）。我国国有企业高管高度行政化或官员化的背景，降低了企业绩效与高管薪酬的敏感度，使政府"限薪"政策效果不明显（刘凤委等，2007；刘慧龙等，2010；王传彬等，2012；唐松、孙铮，2014；王晓文、魏建，2014；孙宏涛，2015）。从国有企业高管行政化的角度来看，政治干预和激励模糊了高管的企业家身份，政府主管部门对国有企业高管薪酬有进行管制的倾向，同时高管薪酬的非市场化为政府主管部门实施薪酬管控提供了现实条件。随着"官员身份"和"企业家身份"的动态移动，"政治迎合"使国有企业高管偏离企业利润最大化，降低了经营性努力和企业绩效（黄再胜、王玉，2009；周权雄、朱卫平，2010）。受到"官员型高管"特征影响，限薪对高管薪酬效果并不十分显著（王超恩、韦伟龙，2013）。姜付秀等（2014）利用 1999～2011 年我国 A 股上市公司数据的实证研究结果表明，国有企业承担的社会目标虽然增加了国有企业高管的在职消费、提高了高管政治晋升的可能性，但是并没有改变国有企业高管的薪酬绩效敏感性。政府的干预程度对企业绩效的影响使经理薪酬对业绩的敏感性程度降低，高管薪酬过低可能导致国有企业投资过度现象（辛清泉等，2007）。从政府偏好公平与企业绩效的双重视角来看，薪酬管控政策显著降低了国有企业高管与公众、高管与普通员工两类收入差距，同时也降低了企业绩效（李梁等，

2018）。薪酬管控的存在与高管腐败发生的概率正相关（陈信元等，2009）。"政策有效论"方面代表性的研究文献及研究观点主要有："限薪令"使国有控股银行高管薪酬差距明显降低（张栋、郑红媛，2014）。"限薪"起到一定作用，降低了中央企业高管的货币薪酬与企业内部薪酬差距（杨青等，2018）。陈仕华等（2014）基于2003~2012年国有上市公司数据考察了纪委的治理参与对高管私有收益的可能影响，将高管的私有收益分为货币性和非货币性收益两部分后，国有企业纪委参与公司治理对高管的非货币性私有收益产生显著抑制作用，但对高管的货币性私有收益则没有显著影响。"政策利弊共存论"方面代表性的研究文献及研究观点主要是：张楠和卢洪友（2017）对"限薪令"的研究表明，政府"限薪"管控政策没有降低国有企业高管货币薪酬，但是有效地减缓了货币薪酬的增长幅度，薪酬管控政策抑制了高管货币薪酬激励机制作用发挥，但职务消费、福利待遇等非货币报酬可能成为地方国有企业高管获得隐性薪酬的替代性选择。由于薪酬管控对高管在职消费的抑制作用与对大股东防御效应（Entrenchment Effect）的促进作用，因此薪酬管制政策利弊共存（徐宁、姜楠楠，2016）。"限薪"降低了高管的货币薪酬，但高管货币薪酬的降低抑制了企业创新投入的意愿，将损害企业长期发展能力（徐经长等，2019）。

第四，部分研究文献还发现，非国有股东委派高管参与国有企业公司治理能有效抑制高管的超额薪酬和超额在职消费，有助于改善国有企业高管薪酬激励机制（蔡贵龙等，2018）。薪酬制度市场化改革更有利于市场发挥激励作用，增强高管薪酬与业绩之间的敏感性（吕长江、赵宇恒，2008；辛清泉、谭伟强，2009），以及制约高管薪酬契约操纵行为（罗宏等，2014）。洪正等（2014）的研究还发现，总体上我国银行高管薪酬与房地产信贷风险之间呈现正相关关系，高管薪酬激励可能导致银行过度冒险，从而验证了金融高管薪酬激励对于金融危机形成具有重要影响的观点。

# 2.4  本章小结

本章围绕高管激励理论假说、高管激励理论模型、高管激励实证研究三方面的研究文献，归纳阐述了与国有企业高管薪酬管控相关的高管激励领域比较有代表性的研究观点。

关于高管激励理论假说。市场强激励假说、极值假说、规模薪酬配置假说之间存在共性，从其主要观点来看，高管的稀缺供给、企业规模的不断扩大以及技术变化等因素造成的市场激烈竞争，会最终导致强激励及高管薪酬的快速增长与超额薪酬。同时，强激励也会形成对高管的过度强激励等市场扭曲。"沃比根湖效应"假说直观地说明高管薪酬快速增长背后隐藏的不合理性。私人收益率与社会收益率趋同假说从私人收益率接近社会收益率角度提供了一种潜在的评估高管薪酬水平合理性的研究视角。政府弱激励假说表明，既然高管的强激励存在市场扭曲，在一定条件下政府提供包括高管薪酬管控在内的弱激励就可能是最优选择。委托—代理理论提供了高管激励研究的标准理论分析框架，并从高管作为代理人的道德风险、逆向选择等角度揭示了高管薪酬中不合理性及薪酬管控机制存在的深层次成因。

关于高管激励理论模型。寡头垄断的低能力高管激励不足模型、完全竞争的高能力高管激励过度模型说明，不论市场提供强激励还是弱激励，市场竞争的不同程度都会导致对高管激励的扭曲及相应社会福利损失。市场强激励模型说明，由于高管的努力存在好努力及坏努力的异质性，因此市场强激励可能会产生过度强激励及较大的市场扭曲。政府弱激励模型说明，在市场提供强激励难以达到最优时，政府提供弱激励就成为可行的选择。薪酬管控 BET 模型则直观表明，奖金上限、总收入上限、总收入税等薪酬管控在满足一定条件时可作为政府弱激励的有效政策选择，尽管这些薪酬管控也会造成相应的市场扭曲。委托—代理模型作为标准的高管激励分析框架，揭示了实现委托人和代理人效用最大化必须满足高管作为代理人的激励相容约束和参与约束条件。

关于高管激励的实证研究。丰富的高管薪酬实证研究结果揭示了近年来世界范围内高管薪酬快速增长主要有四方面成因：一是高管薪酬与可量化业绩紧密挂钩，薪酬—业绩敏感性提高；二是劳动力市场对高管能力的竞争加剧；三是企业规模持续快速增长，企业规模与高管薪酬高度正相关；四是工作伦理（或职业道德）下降等导致的高管薪酬不当得利增加。可以看出，高管薪酬快速增长的影响因素中，既有业绩增长联动、高管能力竞争加剧等方面的合理成分，也有企业规模扩大、不当得利增加等方面的不合理成分。高管薪酬中不合理程度的实证研究提供了高管薪酬中不合理成分的量化实证结果。高管薪酬管控方面的实证研究结果表明，出于公平偏好、多重任务、多重委托等方面的考量，政府可能实施薪酬管控，可行的薪酬管控政策主要包括奖金上限、总收入上限、高管总收入征税及采取影响公司治理机制的相关管控政策，但是薪酬管控政策可能有效，也可能无效，因此，薪酬管控政策要取得预期效果，必须满足一定的约束条件。

尽管现有研究文献取得了多方面的丰富成果，但已有研究文献至少存在三方面显著的缺点：

第一，国内外特别是国外研究文献严重缺乏对国有企业高管薪酬管控政策的分析研究。与中国国有企业不同，国外国有企业数量少、规模小、主要定位公共产品提供、经济地位相对次要等可能是国外已有研究文献较少涉及的主要原因。

第二，已有文献的研究视角多数仍局限于从企业、高管两者的博弈角度和企业经济效率角度来研究分析高管薪酬的最优契约设计问题，忽视了对国有企业高管薪酬管控政策的量化评估或实证分析。主要表现在已有文献多数仍聚焦于高管与企业业绩之间的敏感性，主要研究分析企业所有者（委托人）与高管（代理人）之间契约的最优设计，少有对国有企业高管薪酬管控政策的量化评估等实证分析。

第三，由于国有企业高管薪酬管控政策的政治敏感性，现有多数研究对国有企业高管薪酬管控政策本身的政策背景、主要内容、配套机制等存在不同程度的理解偏颇甚至误解，不可避免影响了其研究结果的可信度。

基于上述现有研究文献的不足，本书试图聚焦于对国有企业高管薪酬管控政策的研究分析，在梳理我国国有企业高管薪酬定价机制的演变规律以及实证分析近年来国有企业高管薪酬中不合理程度的基础上，重点以两次国有企业"限薪令"为研究对象，实证分析国有企业高管薪酬管控政策的短期效果、长期效果及其有效性。

# 3 国有企业高管薪酬的定价机制及其演变规律

大公司高级管理者在收入上将其他人远远甩在了身后。一个可能的解释是，这些高级管理者的技能和生产率较其他工人有了突飞猛进的增长。另一个解释是，这些高级管理者拥有制定自己薪酬的权力。这种权力在某些情况下没有限制，在更多的情况下与他们的个人生产率没有任何明确的联系，而在大型组织里个人生产率在任何情况下都难以有效评估。

——托马斯·皮凯蒂《21世纪资本论》（2014年）

## 3.1 改革开放前国有企业高管薪酬定价机制

### 3.1.1 中华人民共和国成立初期到改革开放之前：以"低工资"为特征的政府定价

中华人民共和国成立初期到1978年改革开放之前，特别是1956～1976年长达20年间，我国国有企业包括高管在内的全体职工实行国家统一的工资制度，政府定价或"直接管制"①的特征非常显著。赵人伟指出，1956～1976年大约20年，工资长期是冻结的②。这一时期，为了配合优先发展重工业的国家赶超战略，长期实行低工资③。这种工资制度虽然是当时国家发展战略和计划经济体制的内在要求，但也是导致后来国有企业工资分配平均主义"大锅饭"的重要原因。

从经济学角度而言，长期"低工资"制度可看作是对国有企业高管及普通职工劳动所得的一种特殊征税（类似于统一的比例税），其目的是提高政府的投融资能力以实现其优先发展重工业、实现比较优势及发展中国家后发优势的国家战略。但是，长期"低工资"、纯粹政府定价政策的一个不利后果，就是使国有企业高管的价格根本无法由市场决定，国有企业高管的劳动力市场价格严重"失真"（这一时期国有企业高管与职工事实上是被视为"同质性"的职工，高管与普通职工两者在企业经营管理方面能力高低差异、要素禀赋差异的"异质性"被严重忽视），国有企业高管无法由市场配置，从而导致劳动要素特别是管理要素配置相对低效。

### 3.1.2　国有企业高管主要依据其行政职务获取薪酬

中华人民共和国成立初期到1978年改革开放之前，与计划经济体制和干部身份管理相适应，国有企业高管工资分配的主体是国家（中央政府和各级地方政府），国家通过行政规章制度管理每一个职工包括国有企业高管（不同行政级别的国家干部）的工资标准及工资增长。

总的来看，改革开放之前，国有企业高管与职工能力被视为"同质"、高管工资制度与职工工资制度也完全统一，唯一有区别的是国有企业高管属于"干

---

　　① 张军等著：《从管制到规制：中国就业市场化进程中的工资制度演变》，载《中国的工资：经济学分析》，中国人民大学出版社2012年版，第4页。

　　② 赵人伟：《居民收入差距的来龙去脉》，载《紫竹探真：收入分配及其他》，上海远东出版社2007年版，第139页。

　　③ 张军等著：《中国的工资：经济学分析》，中国人民大学出版社2012年版，第9页。

部"身份，不同国有企业高管行政职务等级高低不同，行政职务高低等级对应着其工资水平高低。这一时期国有企业高管薪酬的定价机制集中表现为以"低工资"为特点的政府定价（直接管制）。

# 3.2 改革开放后国有企业高管薪酬定价机制

### 3.2.1 1978～1988年：以同质性劳动要素分配为特征的政府定价

1978～1988年的改革开放初期，虽然随着改革开放启动国家对国有企业工资制度开始进行调整，但是，国有企业高管的薪酬定价机制仍表现为政府遵循计划体制下的统一工资管理政策，以政府定价方式决定高管的工资水平和工资结构，其主要特点有以下三点：

第一，高管与普通职工仍实行完全相同的薪酬制度，高管本质上仍只是行政职务较高的职工，高管与职工仍然被视作高度"同质性"。

第二，高管与普通职工之间的薪酬差距非常小。长期计划经济体制下，国有企业无论大小，仅仅相当于按照国家计划进行生产经营的"车间"，本质上不是一个面向市场、独立经营、自负盈亏的市场主体，通常意义上企业高管的管理要素贡献、企业家特征仍然基本不具备。

第三，高管与其他普通职工一样，完全实行由政府主管部门（各级劳动行政部门）审批确定、调整其工资水平及工资结构，高管工资的确定、调整必须要履行正常的审批手续，高管不允许"自定工资"。

显然，这一时期的国有企业高管薪酬定价机制，仍然是计划管理体制在收入分配制度上的自然延伸，本质上不是对高管的管理要素进行定价而仍然是对同质性劳动要素进行定价。尽管国有企业高管薪酬的政府定价方式在当时历史条件下有其合理性，但仍从根本上制约着高管企业经营管理才能的发挥。

### 3.2.2 1988～1992 年：以"承包经营"为特征的政府定价

1988 年，国务院发布实施《全民所有制工业企业承包经营责任制暂行条例》（国发〔1988〕13 号）之后，国有企业高管的薪酬定价机制表现为以承包经营责任制为主要特征的政府定价，这种定价方式下，国有企业高管的管理要素以"承包经营"的形式有所体现，这是一个了不起的进步；同时，高管的工资水平也有所提高。高管年收入打破了长期以来的平均主义分配，一定程度拉开了高管与本企业普通职工的收入差距（1～3 倍或更高），这对调动高管的积极性，促进企业生产经营发展，起到了重要作用。

但是，由于《全民所有制工业企业承包经营责任制暂行条例》关于高管收入分配仅仅只有以第三十三条为基本内容框架的粗线条政策规定，相关配套办法并不十分明确。因此，实践中导致不少高管特别是许多国有大中型企业贡献较大的高管在收入分配中仍远未得到应有体现、薪酬激励显著不足，而同时少数高管（主要是实行租赁经营的部分小型企业承租者）收入又与职工收入差距过大。

### 3.2.3 1992～2002 年：政府定价转向准市场定价

1992～2002 年发生的影响深远的事件，是中国长期计划经济体制为社会主义市场经济体制所替代。在此背景下，长期"国营企业"的称呼也被"国有企业"所替代，与国有企业建立现代企业制度相适应，为进一步体现国有企业高管的经营才能、管理要素贡献，与职工工资分配制度相分离的高管年薪制开始试点并逐步推广至全国范围，与市场经济体制相适应的国有企业高管薪酬定价机制开始呈现"准市场定价"的特征。主要体现在以下几个方面：

第一，高管的"经营者"身份得到政策明确，高管管理才能的"异质性"获得较全面的认可，为高管劳动力的市场定价奠定了基础。1988～1992 年，只有实行"承包经营责任制"的全民所有制企业高管，有关政策才明确其为"企业经营者"，而 1992 年开始国家有关政策（《关于改进完善全民所有制企业经营者收入分配办法的意见》等）正式明确提出"全民所有制企业经营者"，并对其收入分配做出具体政策规定。1992 年，为进一步调动高管的积极性，更好体现责任、风险、利益相一致的原则，劳动部、国务院经贸办联合印发了《关于改进完善全民所有制企业经营者收入分配办法的意见》，这是改革开放后聚焦高管工资性收入确定的第一个内容详细、制度健全的政策规定。

第二，高管薪酬明确以所在企业的经营成果相联系，按业绩付酬的市场定价机制基本形成。《关于改进完善全民所有制企业经营者收入分配办法的意见》规定，高管的劳动报酬主要与其所在企业的经营成果相联系、多劳多得，具体体现在将高管的经营成果从低到高分为三个等级：全面完成任期内承包经营合同年度指标、全面完成承包经营合同年度指标并达到省内同行业先进水平或超过本企业历史最好水平、全面超额完成承包经营合同规定的各项任务且主要经济指标居国内同行业领先地位，对应三个等级业绩水平，高管（企业的厂长或经理即企业的法定代表人）年收入分别为：可高于本企业职工年人均收入 1 倍以内、可高于本企业职工年人均收入的 1 ~ 2 倍、可高于本企业职工年人均收入的 2 ~ 3 倍。同时，如果高管因经营管理不善而未完成承包经营合同任务时，要根据未完成任务程度，按照高管年标准工资总额和本企业年人均奖金水平扣发一定比例的工资。可以看出，这一时期尽管国有企业高管薪酬水平仍由政策限定在本企业职工收入的一定倍数之内，但高管与经营业绩直接挂钩联动、业绩高则薪酬高的"准市场化"机制基本确立。

第三，高管年薪制开始试点并逐步推广至全国。1992 年，上海英雄金笔厂等三家上海市属国有企业在全国率先试行年薪制。1993 年，国家开始在部分国有企业试点经营者年薪制，并对国有企业经营者年薪结构进行了初步划分，同时规定了国有企业经营者年薪总额的上限。随着国有企业高管年薪制的试点实行，高管的薪酬结构也发生了重大变化：高管收入划分为基本工资和风险收入两大部分，其中，基本工资不与国有企业经济效益挂钩，主要根据企业规模、地区职工工资收入水平等因素确定，风险收入与企业经济效益和国有资产保值增值相联系。

第四，高管薪酬的定价主体开始由政府部门逐步转为企业董事会（实行公司制的企业经营者年薪由企业董事会确定)。1999 年,党的十五届四中全会决定进一步明确提出:国有企业要建立与现代企业制度相适应的收入分配制度,"实行董事会、经理层等成员按照各自职责和贡献取得报酬的办法"。国有企业高管薪酬的定价主体由政府部门转为企业董事会,标志着国有企业高管薪酬的定价机制开始成为国有企业公司治理机制的重要组成,这是迈向"准市场定价"和市场定价的重要体现。

总的来看,1992~2002 年这一阶段,随着国有企业高管年薪制的试点与逐步推广,国家对国有企业高管总体上实行了年薪制,高管薪酬水平与经营业绩直接挂钩、国有企业董事会逐步成为高管薪酬定价主体、高管经营管理才能"异质性"(高管"管理"要素从传统"劳动"要素中被差异化细分)得以被基本认可的国有企业高管薪酬"准市场定价"机制基本确立,这是中华人民共和国成立以来国有企业高管薪酬分配中具有里程碑意义的重大制度变革。

### 3.2.4 2003~2009 年:出资人准市场定价机制

2003 年,国务院国资委及地方政府各级国资委相继成立。这一时期国有企业高管薪酬定价机制的基本特点是以出资人为主体的准市场定价机制。

以出资人为主体的准市场定价机制的主要内容是:

第一,各级出资人从国有控股股东角度作为定价主体对高管薪酬进行确定。在多数中央企业尚未建立起规范的公司法人治理结构的背景下,2003 年、2004 年国务院国资委先后制定了《中央企业负责人经营业绩考核暂行办法》和《中央企业负责人薪酬管理暂行办法》,从出资人角度(而非政府管理部门)对中央企业高管的薪酬结构、薪酬水平等做出明确规定。中央企业高管薪酬由基薪、绩效薪金、中长期激励收入三部分构成,实行短期激励与长期激励相结合。其中,基薪实际水平约为上年度全国国有企业在岗职工平均工资水平的 5~7 倍,而绩效薪金水平范围在基薪标准的 0~3 倍。总的来看,如果不考虑中长期激励收入,中央企业高管基薪与绩效薪金约为同期全国国有企业职工平均工资水平的 5~28 倍(业绩优秀者可达到普通职工的 30 倍及以上)。

第二，国有企业高管薪酬水平相对较高，在可比劳动力市场具有较强的市场竞争力。事实上，在各级国资委成立之初，主要也是通过给予高管具有市场竞争力的较高薪酬标准，来解决长期平均主义分配导致的中央企业和地方国有企业高管薪酬激励不足这一突出问题的。

第三，高管薪酬定价机制基本遵循"按绩付酬"的市场经济规律。各级出资人根据业绩考核结果决定企业高管的薪酬，进一步实现了高管薪酬水平与国有企业业绩考核的紧密结合；同时，各级国资委还明确提出了对国有企业高管逐步推进股票期权等中长期激励约束办法、规范高管兼职取酬与职位消费以及市场招聘经营者的薪酬市场化等改革措施的思路，使国有企业高管薪酬定价的市场化方向进一步显性化。

第四，在关注高管激励效率的同时，也适度兼顾了公平分配。各级国资委等将高管基薪、绩效薪金一定程度上与国有企业职工平均工资挂钩，兼顾考虑了国有企业职工平均工资因素，把调动激发高管的积极性和保护广大职工的积极性结合起来。

总的来看，这一时期国有企业高管薪酬定价机制突出表现为以出资人为主体的"准市场定价"。以出资人为主体的"准市场定价"进一步推进了高管薪酬市场化定价的广度和深度，对体现国有企业高管管理贡献、稳定国有企业高管队伍、促进国有企业提高核心竞争力发挥了重要作用。

### 3.2.5　2009～2013年：准市场定价与薪酬管控（"限薪令2009"）

2008年国际金融危机爆发，作为应对金融危机"一揽子"政策的重要内容，以美国、法国为代表的市场经济国家相继出台了一系列规范高管（包括国有企业高管）薪酬的管控政策。同时，自2003年以来，我国国有企业高管薪酬在有效解决高管薪酬激励不足问题的同时，也出现了部分高管薪酬过快增长、与普通职工薪酬差距显著扩大的趋势。在国内外对高管薪酬管控政策趋于从严的背景下，经国务院批准，人力资源和社会保障部等六部委联合印发了《关于进一步规范中央企业负责人薪酬管理的指导意见》，试图规范和加强国有企业高管薪酬管理。

尽管该办法的实施目的并不是"限薪",但仍被许多研究者称为"限薪令2009"。

作为改革开放以来影响深远的第一次国有企业高管薪酬管控政策,其核心内容主要有两方面:

第一,进一步明确了国有企业高管薪酬激励约束机制。明确规定中央企业高管薪酬由基本年薪、绩效年薪和中长期激励收益构成,以基本年薪和绩效年薪为主。其中,高管正职(企业主要负责人)基本年薪以上年度中央企业在岗职工平均工资5倍为基数,结合薪酬调节系数确定。该办法明确规定,为合理确定高管基本年薪与职工工资的比例,避免高管薪酬水平不合理增长,薪酬调节系数实行限高,最高不超过1.5。同时,绩效年薪根据年度经营业绩考核结果在基本年薪的3倍以内确定。按照这样的制度设计,如果不考虑中长期激励收益,中央企业主要负责人薪酬水平被限定在了中央企业在岗职工平均工资的30倍以内(这是该办法被许多人认为是"限薪"政策的主要原因)。从这个角度来说,"限薪令2009"类似于国外研究文献中所说的高管"总收入上限"(Earnings Caps)薪酬管控政策。

第二,初步形成了高管薪酬统一监管、分别审核的管理体制。办法明确人力资源和社会保障部会同财政部、国资委等部门统一监管中央企业高管薪酬,同时国资委、财政部以及其他主管部门作为薪酬审核部门,分别负责其监管企业高管的经营业绩考核及薪酬水平审核。

概括来说,这一时期在前期逐步形成的以出资人为主体对高管薪酬实行准市场定价的基础上,第一次加入了影响深远的带有"限薪"性质的国有企业高管薪酬管控内容。

### 3.2.6 2014年以来:准市场定价与薪酬管控("限薪令2015")

"限薪令2009"印发后五年多的实施情况表明,国有企业高管薪酬分配仍然存在一些突出问题,主要是:一些国有企业高管薪酬水平依然偏高过高,与普通职工收入水平差距依然过大;国有企业高管薪酬确定机制还不完善,尚未充分体现企业功能性质、经营状况以及高管选任方式的差异;高管薪酬结构不尽合理,以短期激励为主，缺少中长期激励；薪酬监管体制不够健全，内外部监督还不到位；等等。这些问题的存在，不仅影响国有企业健康发展，而且影响社会公平正义。党中央、国务院高度重视国有企业高管薪酬制度改革，中共十八届三中全会明确提出，要合理确定并严格规范国有企业高管人员薪酬水平。为此，"限薪令2009"实施后间隔时间仅5年左右，2014年中共中央、国务院印发了《关于深化中央管理企业负责人薪酬制度改革的意见》。该政策由于是2014年11月印发但自2015年1月1日起实施，因此，通常被称为"限薪令2015"，并且"限薪令2015"也类似于国外研究文献中所说的高管"总收入上限"薪酬管控政策。与以前的高管薪酬管控政策包括"限薪令2009"相比，"限薪令2015"主要有两方面突出特点：一是政策制定层级最高。"限薪令2015"先后由中央全面深化改革领导小组、中央政治局常委会、中央政治局会议进行研究，并于2014年8月29日由中央政治局会议审议通过《中央管理企业负责人薪酬制度改革方案》，在此基础上由党中央、国务院以"中发"文件形式印发《关于深化中央管理企业负责人薪酬制度改革的意见》。"限薪令2015"属于最高层次的真正具有顶层设计性质的政策，也是近年来影响深远的第二次国有企业高管薪酬管控政策。二是政策设计本身仍遵循了准市场定价的基本规律，并创新性地引入了高管薪酬差异化定价、高管薪酬信息公开披露等机制。因此，这一时期，国有企业高管薪酬定价机制主要表现为带有重要制度创新的准市场定价与薪酬管控并行。

"限薪令2015"本身具备一些比较好的创新机制设计（见表3-1），这一点非常重要。从事后政策评估的角度来看，为避免政策"一刀切"而对不同选任方式高管实行差异化薪酬定价机制、高管薪酬信息公开披露（见表3-2），以及更关注高管与企业职工之间合理收入差距带来的社会公平正义等机制设计，都在实践中发挥了一定积极作用。

从研究角度着手，"限薪令2015"作为薪酬管控政策，其政策制定的预期效果可以细分为两个层面：一是短期效果（直接效果），二是长期效果（深层次效果）。所谓短期效果是希望政策实施后，一方面部分过高、偏高的国有企业高管薪酬水平降低，另一方面整体而言国有企业高管薪酬的增长速度得到显著抑制。

所谓长期效果，是希望薪酬管控政策进一步调动国有企业高管的积极性（或至少未因薪酬管控而对高管工作积极性产生较大负面影响），从而进一步提高企业经营业绩（或至少业绩未恶化）。本书认为，包括"限薪令2015"这样的薪酬管控政策在内，如果只实现短期效果是远远不够的，只有短期效果和长期效果（尤其是长期效果）都基本达到预期目标，才能说政策是真正有效的。

表3－1 "限薪令2015"的预期政策效果细分：短期效果与长期效果

| 政策效果 | 效果主要含义 | 效果指标 | 对应细分政策机制设计 |
|---|---|---|---|
| 短期效果 | 对不合理的偏高、过高收入进行调整，薪酬水平适当、结构合理、管理规范、监督有效 | 1. 改革后国有企业部分高管薪酬水平下降 2. 改革后国有企业高管薪酬增速降低 | 1. 高管薪酬区分为基本年薪、绩效年薪、任期激励收入三部分 2. 绩效年薪、任期激励收入不高于上年度国有企业在岗职工平均工资的一定倍数（类似于"奖金上限"即Bonus Caps机制） 3. 由于基本年薪也不超过在岗职工一定倍数，高管总薪酬事实上也有上限（类似于"总收入上限"即Earnings Caps机制） |
| 长期效果 | 促进企业持续健康发展，推动形成合理有序的收入分配格局 | 1. 改革后国有企业主要盈利指标、发展指标继续向好（或至少未恶化） 2. 改革后国有企业高管流失率没有显著高于改革前 | 1. 建立与选任方式相匹配、与企业功能相适应的差异化薪酬分配办法，市场化选聘的职业经理人实施市场化薪酬分配机制（一定意义上的可区分高管能力高低的"筛选"机制） 2. 建立高管薪酬信息公开制度。高管薪酬水平、福利性收入等薪酬信息按照或参照上市公司信息披露办法向社会披露 3. 高管与企业职工之间的工资收入分配差距相对合理，合理调节不同行业高管之间的薪酬差距，促进社会公平正义 |

注：效果主要含义来自政策原文。
资料来源：笔者整理。

表 3 − 2 某中央企业负责人 2018 年度薪酬情况（信息披露案例）

单位：万元

| 姓名 | 职务 | 任职起止时间 | 2018 年度从本公司获得的税前报酬情况 | | | 2018 年度任期激励收入（4） | 是否在股东单位或其他关联单位领取薪酬 | 在关联方领取的税前薪酬总额 |
| | | | 应付年薪（1） | 社会保险、企业年金、补充医疗保险及住房公积金的单位缴存部分（2） | 其他货币性收入（注明具体项目并分列）（3） | | | |
|---|---|---|---|---|---|---|---|---|
| A | 董事长、党组书记 | 2015 年 8 月 ~ 2019 年 8 月 | 82.73 | 13.29 | 0.00 | 23.31 | 否 | 0.00 |
| B | 总经理、党组副书记 | 2010 年 5 月 ~ 2019 年 11 月 | 82.73 | 16.32 | 0.72（政府特贴） | 23.31 | 否 | 0.00 |
| C | 副总经理、党组成员 | 2008 年 5 月至今 | 74.46 | 15.80 | 0.72（政府特贴） | 20.98 | 否 | 0.00 |
| D | 副总经理、党组成员 | 2005 年 4 月 ~ 2018 年 7 月 | 43.43 | 10.41 | 0.00 | 12.11 | 否 | 0.00 |
| E | 副总经理、党组成员 | 2009 年 11 月至今 | 74.46 | 15.74 | 0.00 | 20.83 | 否 | 0.00 |
| F | 副总经理、党组成员 | 2013 年 8 月至今 | 73.63 | 15.75 | 0.00 | 20.75 | 否 | 0.00 |
| G | 党组纪检组组长、党组成员 | 2014 年 12 月至今 | 74.19 | 15.88 | 0.00 | 20.96 | 否 | 0.00 |
| H | 副总经理、党组成员 | 2017 年 11 月至今 | 73.63 | 15.75 | 0.00 | 20.75 | 否 | 0.00 |

注：①披露信息为公司企业负责人 2018 年度全部应发税前薪酬（不含 2018 年发放的以往年度薪酬）。

②按照国家有关规定，中央企业负责人任期激励收入每三年核发一次。"2018 年任期激励收入"为折算至当年的任期激励收入。

③2018 年公司副总经理 D 的任职月数为 7 个月。

④该高管薪酬信息按照规定披露在公司官方网站；本书中将该披露信息中各高管的姓名以大写字母代替。

资料来源：http：//www.10086.cn/aboutus/xxgk/gkml/rsbd/xc/index_detail_35311.html。

# 3.3 我国国有企业高管薪酬定价
# 机制的核心是弱激励

表3-3对中华人民共和国成立70多年我国国有企业高管薪酬定价机制的演变过程进行了概括。

总的来看，中华人民共和国成立70余年来，国有企业高管薪酬定价机制演变过程呈现从纯粹政府定价转向逐步市场化定价，直至目前准市场定价与薪酬管控并行的基本规律。在这个过程中，国有企业高管的薪酬水平相应表现出从低工资转向高薪酬直至较低薪酬，薪酬激励强度则表现为先弱激励后强激励再弱激励的变化规律（见表3-3、表3-4）。总的来看，我国国有企业高管薪酬定价机

表3-3　中华人民共和国成立70多年国有企业高管薪酬定价机制的演变过程

| 时间 | 定价机制的主要特征 | 薪酬水平 | 薪酬激励强度 |
|---|---|---|---|
| 中华人民共和国成立初期到改革开放之前 | 以"低工资"为特征的政府定价（直接管制） | 低工资 | 弱激励 |
| 1978~1988年 | 以同质性劳动要素分配为特征的政府定价 | 低工资 | 弱激励 |
| 1988~1992年 | 以"承包经营"为特征的政府定价 | 较低工资（多数高管工资水平有所提高但仍不超过职工收入水平1~3倍，少数高管较高） | 多数弱激励，少数较强激励 |
| 1992~2002年 | 政府定价转向准市场定价 | 较高薪酬 | 较强激励 |
| 2003~2009年 | 出资人准市场定价机制 | 高薪酬 | 强激励 |
| 2009~2013年 | 准市场定价与薪酬管控（"限薪令2009"） | 高薪酬 | 强激励 |

续表

| 时间 | 定价机制的主要特征 | 薪酬水平 | 薪酬激励强度 |
|------|------------------|---------|------------|
| 2014 年至今 | 准市场定价与薪酬管控（"限薪令 2015"） | 较低薪酬（或所谓"薪酬水平适当"） | 弱激励 |

注：国内学者罗昆、马磊将中华人民共和国成立以来我国国有企业高管薪酬规制划分为五个发展阶段：放权让利（1978～1992 年）、年薪制（1992～1999 年）、股权激励（1999～2009 年）、限薪（2009 年 1 月～2014 年 8 月）和降薪（2014 年 8 月至今）。详见罗昆、马磊：《激励性规制：国有企业高管薪酬规制的制度重构》，《石家庄铁道大学学报（社会科学版）》2015 年第 9 卷第 1 期，第 24 - 29 页。

资料来源：笔者整理。

表 3 - 4　国有企业高管限薪时间表

| 时间 | 主要事件及内容 |
|------|-------------|
| 2009 年 9 月 16 日 | 人社部同中组部、财政部、国资委等单位联合下发了《关于进一步规范中央企业负责人薪酬管理的指导意见》，以建立健全中央企业负责人收入分配的激励和约束机制，被称为第一道"央企高管限薪令" |
| 2013 年 5 月 | 国务院办公厅致函全国人大常委会办公厅，转报国资委关于落实全国人大常委会对国有企业改革与发展工作情况报告审议意见的报告。报告提请全国人大常委会修改《企业国有资产法》，而且明确提出，建议建立央企薪酬管理公开机制 |
| 2014 年 8 月 29 日 | 中共中央总书记习近平主持召开中共中央政治局会议，审议通过了《中央管理企业负责人薪酬制度改革方案》《关于合理确定并严格规范中央企业负责人履职待遇、业务支出的意见》 |
| 2014 年 11 月 6 日 | 国务院召开深化国有企业负责人薪酬制度改革工作电视电话会议。会议强调，要完善薪酬形成机制，合理确定薪酬水平，健全薪酬监督机制，统筹规范薪酬外的福利待遇 |
| 2015 年 1 月 1 日 | 《中央管理企业负责人薪酬制度改革方案》正式实施。72 家中央管理企业按照方案的要求，调整了企业负责人的基本年薪标准。地方国有企业负责人和中央部门管理企业负责人的薪酬制度改革，也从 2015 年 1 月 1 日开始实施 |
| 2015 年 3 月 10 日 | 党的十二届全国人大三次会议记者会上，人社部部长尹蔚民表示，央企负责人薪酬制度改革目前进展情况良好，相关配套制度有望尽快出台 |
| 2015 年 4 月 24 日 | 人社部新闻发言人李忠在新闻发布会上表示，目前人社部正在加紧推进国企负责人薪酬制度改革工作。改革的重点是规范组织任命的国有企业负责人薪酬分配，对不合理的偏高、过高收入进行调整 |

资料来源：转引自《光明日报》2015 年 6 月 25 日"央企高管限薪时间表"（第 15 版，李慧整理）。

制长期以来的基本规律，是政府基于社会公平偏好、多重任务、多重委托、国有企业高管具备自我激励特征等因素而提供弱激励。而且，本书第4章、第5章和第6章的相关实证分析结果表明，针对国有企业高管薪酬的政府弱激励并非激励不足；相反，政府弱激励是满足一定约束条件下的最优激励或次优激励。

从国有企业高管薪酬定价机制演变过程可以看出，国有企业高管薪酬的定价机制总体是向市场定价机制演进的，大的趋势是准市场化或市场化的。但是，由于近年来部分国有企业高管薪酬水平偏高、过高，不同程度影响到了国有企业的改革发展，引发了对社会公平正义的担忧。在这样的背景下，以所谓"限薪令"为特征的薪酬管控政策开始实行。因此，薪酬管控政策的制定实施是有其深刻的政策背景和问题导向的。需要特别指出的是，从 OECD 近 20 个主要成员国的国有企业高管薪酬定价机制的特点来看，OECD 主要国家国有企业高管薪酬尽管多数表现为以董事会为主体（如丹麦、韩国、瑞典、新西兰、瑞士、芬兰、挪威、荷兰、德国、日本等国家）进行定价（如英国、土耳其等少数国家的政府定价色彩也比较浓厚)[1]，但多数国家国有企业高管薪酬水平与私营部门相比水平相当或低于后者，更有部分国家如法国、波兰、斯洛伐克等也实行国有企业高管薪酬上限政策。因此，从世界范围看，对国有企业高管薪酬实行薪酬管控这样的弱激励政策并不少见。

---

[1] 经济合作与发展组织：《国有企业公司治理：对 OECD 成员国的调查》，中国财政经济出版社 2008 年版，附录六"有关首席执行官任命和薪酬的综合描述"与第六章"国有企业的董事会"，以及《国有企业公司治理：OECD 成员国自 2005 年以来的变化与改革》（2011）。

# 4 国有企业高管薪酬不合理 程度的实证分析

现代民主的基础是认为源于个人天赋和勤奋的不平等比其他不平等更合乎情理——至少我们希望向这个方向发展。

——托马斯·皮凯蒂《21 世纪资本论》（2014 年）

## 4.1 实证方法与数据来源

### 4.1.1 Oaxaca – Blinder 分解法

本部分使用常用的 Oaxaca – Blinder 分解法来研究国有企业高管薪酬中的不合理程度。按照惯例，同时进行标准分解和逆向分解。其中，以国有上市公司回报率来测量高管个人属性差异（特征效应）对薪酬差距的贡献时作为标准分解（Standard Decomposition），而以非国有上市公司回报率来测量高管个人属性差异（特征效应）对薪酬差距的贡献时作为逆向分解。

### 4.1.2 数据来源

为了对比分析国有企业高管薪酬中不合理程度的变化情况，本部分使用

2008～2018 年连续 11 年特别是 2009 年、2014 年、2018 年三个关键节点年度的国泰安 CSMAR 数据进行实证分析，其中高管特征数据采用"人物特征系列"数据中的"上市公司人物特征"子数据库，该子数据库有"董监高个人特征文件"（包括姓名、性别、年龄、职务类别、学历、职称、报告期薪酬总额、是否高管团队成员等特征），同时，为区分国有上市公司和非国有上市公司的所有制差异，利用"公司研究系列"中的"股东"子数据库，该子数据库中的"股权信息"之下的"上市公司控制人文件"包括"实际控制人性质"① 数据，我们以此数据来区分上市公司的国有性质与非国有性质。

为保证实证分析的稳健性，考虑到高管职位的代表性，这里仅使用属于上市公司高管团队成员（包括上市公司总经理、副总经理、财务总监、董事会秘书等职位）的数据来进行薪酬不合理程度测量。

选择 2009 年、2014 年、2018 年三个关键节点的主要考虑是：2009 年是"限薪令 2009"实施的年份，2014 年恰好是所谓"限薪令 2015"实施的前一年，而2018 年是"限薪令 2015"实施后的第 4 年（考虑到政策实施效果通常带有的滞后性，没有使用政策实施后的第一年即 2015 年数据）。

按照上述标准选择后，剔除教育背景（即学历）为空白的高管数据，最终的数据样本基本情况为：

2009 年度样本量为 8537 个（其中国有、非国有上市公司高管分别为 4440个、4097 个）。

2014 年度样本量为 14848 个（其中国有、非国有上市公司高管分别为 4866个、9982 个）。

2018 年度样本量为 20719 个（其中国有、非国有上市公司高管分别为 5664

---

① 《中国上市公司股东研究数据库使用说明书》附录二"名词解释"中将"企业关系人性质分类标准"划分为国有企业、集体所有制企业、民营企业、港澳台资企业、外国企业、行政机关事业单位、中央机构、地方机构、社会团体、自然人、国内自然人、港澳台自然人、国外自然人、其他 14 种实际控制人。本书将其中国有企业、行政机关事业单位、中央机构、地方机构作为国有企业实际控制人，其余作为非国有企业实际控制人。

个、15055 个）。

本部分需要检验两方面问题：一是国有上市公司高管薪酬中是否存在不合理成分？二是国有上市公司高管薪酬中的不合理成分有多大？

同时，如果"限薪令2015"实施前（2009 年及 2014 年）、实施后（2018年）国有企业高管薪酬中的不合理程度恰好发生由高到低的变化，那么有理由直观推测"限薪令2015"政策发挥了预期作用；反之亦然。

# 4.2　研究设计与描述性统计结果

## 4.2.1　研究设计

按照 Oaxaca－Blinder 分解法，这里设定如下计量模型作为上市公司高管薪酬的回归方程：

$$\ln pay_{i,t} = \alpha_0 + \beta_i X_{i,t} + \varepsilon_{i,t} \tag{4-1}$$

$$\ln pay_{j,t} = \alpha_0 + \beta_j X_{j,t} + \varepsilon_{j,t} \tag{4-2}$$

式（4－1）、式（4－2）分别为用于估计国有上市公司高管、非国有上市公司高管的薪酬模型（$i$、$j$ 分别对应国有上市公司、非国有上市公司）。以下进行 Oaxaca－Blinder 分解时，标准分解均指以国有上市公司高管为参照，逆向分解则指以非国有上市公司高管为参照。

两个模型中被解释变量为上市公司高管（属于上市公司高管团队成员）平均薪酬（报告期薪酬总额的对数值）。

解释变量分别为性别、年龄、年龄平方、教育背景（国泰安数据库中将教育背景区分为：中专及中专以下、大专、本科、硕士研究生、博士研究生、其他、MBA/EMBA 七类，并分别赋值为 1、2、3、4、5、6、7，其中"其他"含义是以其他形式公布的学历，如荣誉博士、函授等；随教育背景的提高，对应赋值也相应提高）。

## 4.2.2　描述性统计结果

2009 年、2014 年、2018 年的基本描述性统计结果如表 4 – 1、表 4 – 2、表
4 – 3 所示。

表 4 – 1　2009 年国有上市公司高管薪酬及特征效应指标的描述性统计结果

| 变量名 | 国有上市公司 | | | 非国有上市公司 | | |
|---|---|---|---|---|---|---|
| | 均值 | 中位数 | 标准差 | 均值 | 中位数 | 标准差 |
| 薪酬（元） | 424118.8 | 300000 | 482281.3 | 340482.2 | 210800 | 649984.6 |
| 薪酬（对数值） | 12.569 | 12.612 | 0.892 | 12.293 | 12.259 | 0.882 |
| 性别 | 0.896 | 1 | 0.305 | 0.847 | 1 | 0.360 |
| 年龄 | 46.810 | 46 | 6.173 | 43.719 | 43 | 7.291 |
| 年龄平方 | 2229.305 | 2116 | 587.158 | 1964.481 | 1849 | 666.046 |
| 教育背景 | 3.392 | 3 | 1.009 | 3.261 | 3 | 1.182 |
| 观测值个数 | 4440 | | | 4097 | | |

注：表中数据取小数点后 1 ~ 3 位有效数字。

表 4 – 2　2014 年国有上市公司高管薪酬及特征效应指标的描述性统计结果

| 变量名 | 国有上市公司 | | | 非国有上市公司 | | |
|---|---|---|---|---|---|---|
| | 均值 | 中位数 | 标准差 | 均值 | 中位数 | 标准差 |
| 薪酬（元） | 648922.4 | 467700 | 670372.2 | 486853.3 | 347540 | 555824.7 |
| 薪酬（对数值） | 13.046 | 13.056 | 0.829 | 12.752 | 12.759 | 0.808 |
| 性别 | 0.887 | 1 | 0.317 | 0.836 | 1 | 0.370 |
| 年龄 | 49.217 | 50 | 5.893 | 46.007 | 46 | 7.100 |
| 年龄平方 | 2457.053 | 2500 | 577.925 | 2167.08 | 2116 | 672.050 |
| 教育背景 | 3.548 | 4 | 0.972 | 3.319 | 3 | 1.197 |
| 观测值个数 | 4866 | | | 9982 | | |

注：表中数据取小数点后 1 ~ 3 位有效数字。

表 4-3 2018 年国有上市公司高管薪酬及特征效应指标的描述性统计结果

| 变量名 | 国有上市公司 | | | 非国有上市公司 | | |
|---|---|---|---|---|---|---|
| | 均值 | 中位数 | 标准差 | 均值 | 中位数 | 标准差 |
| 薪酬（元） | 836299.1 | 587600 | 975082.6 | 709133.5 | 498400 | 879943.7 |
| 薪酬（对数值） | 13.270 | 13.284 | 0.898 | 13.111 | 13.119 | 0.838 |
| 性别 | 0.873 | 1 | 0.334 | 0.815 | 1 | 0.388 |
| 年龄 | 50.203 | 51 | 5.886 | 47.101 | 47 | 7.326 |
| 年龄平方 | 2554.942 | 2601 | 577.087 | 2272.128 | 2209 | 698.035 |
| 教育背景 | 3.613 | 4 | 0.860 | 3.385 | 3 | 1.133 |
| 观测值个数 | 5664 | | | 15055 | | |

注：表中数据取小数点后 1~3 位有效数字。

首先来看三个年度国有上市公司与非国有上市公司高管薪酬水平差异。可以看出，2009 年、2014 年、2018 年三个年度任何一个年度，国有上市公司高管薪酬均高于非国有上市公司高管薪酬，前者均值与后者均值倍数分别为 1.25 倍、1.33 倍、1.18 倍，差距先扩大然后又有所下降。

2009 年、2014 年、2018 年三个年度国有上市公司高管平均薪酬的绝对值高出同期非国有上市公司高管分别为 8.36 万元、16.21 万元、12.72 万元。2009~2014 年，绝对差距有所扩大，但 2014~2018 年，国有上市公司高管平均薪酬与非国有上市公司之间的相对差距又有所下降。

其次，2009 年、2014 年和 2018 年，上市公司高管中男性高管占比均远高于女性。也正是由于这个原因，下面的高管薪酬回归方程设定中进一步剔除了性别这一解释变量。

最后，2009 年、2014 年和 2018 年，任何一个年度国有上市公司高管的年龄、教育背景均大于同期非国有上市公司高管。考虑到年龄、教育背景通常是企业高管人力资本的重要表征指标（特征效应指标），因此，从年龄和教育背景来看，国有上市公司高管薪酬高于同期非国有上市公司高管有一定合理性。

# 4.3 实证结果与国有企业高管薪酬不合理程度估计

### 4.3.1 2009 年实证结果

按照 Oaxaca – Blinder 分解法，首先需要使用相同解释变量来估计高管薪酬方程。由于上市公司高管中男性高管占比超过 80%，以及年龄平方变量增加与否回归结果变化不大，简便起见，这里使用的上市公司高管的个人属性仅包括年龄、教育背景变量。

表 4 – 4 给出了 2009 年上市公司高管薪酬方程的估计结果。可以看出：

第一，不管是国有上市公司还是非国有上市公司高管，高管年龄、教育程度都与其薪酬水平存在正相关关系而且统计上显著，即随着年龄增长、教育背景提高，高管薪酬水平也在提高。

表 4 – 4 2009 年上市公司高管薪酬方程的回归结果

| | 国有上市公司高管薪酬 | 非国有上市公司高管薪酬 |
|---|---|---|
| 年龄 | 0.0262 *** | 0.0223 *** |
| | (12.30) | (12.08) |
| 教育背景 | 0.199 *** | 0.158 *** |
| | (15.23) | (13.89) |
| 常数项 | 10.668 *** | 10.802 *** |
| | (91.08) | (114.04) |
| 观测值数 | 4435 | 4097 |
| $R^2$ | 0.0683 | 0.0673 |

注：括号中是回归系数统计量的绝对值；＊表示 $p < 0.1$，＊＊表示 $p < 0.05$，＊＊＊表示 $p < 0.01$。

第二，国有上市公司高管年龄、教育程度对其薪酬的回归系数均分别高于非国有上市公司。国有上市公司高管、非国有上市公司高管年龄的回归系数分别为0.0262、0.0223，国有上市公司高管、非国有上市公司高管教育背景的回归系数分别为0.199、0.158。这表明，同样是年龄、教育变量，对国有上市公司高管而言，其获得的薪酬水平正向提高作用均强于非国有上市公司高管。一般而言，非国有上市公司高管的劳动力市场回报更接近于市场竞争条件下的回报率，因此，从这个角度也可以一定程度上反映出，同样的年龄、教育因素对国有上市公司高管而言存在薪酬"溢价"效应。

表4-5为2009年国有上市公司和非国有上市公司高管薪酬差距的分解结果。可以看出，在标准分解情况下，2009年国有上市公司高管薪酬中的不合理部分为61.3%，逆向分解情况下，不合理部分更是达到67.6%。标准分解与逆向分解情况下，高管薪酬中的不合理程度基本接近。

表4-5　2009年国有上市公司和非国有上市公司高管薪酬差距的分解结果

单位：%

| | 标准分解 | 逆向分解 |
|---|---|---|
| 合理部分 | 38.7 | 32.4 |
| 不合理部分 | 61.3 | 67.6 |
| 合计 | 100 | 100 |

### 4.3.2　2014年实证结果

表4-6给出了2014年上市公司高管薪酬方程的估计结果。与2009年的情况相似，从表4-6可以看出：

第一，2014年，不管是国有上市公司还是非国有上市公司高管，高管年龄、教育程度都与其薪酬水平存在正相关关系而且统计上显著，即随着年龄增长、教育背景提高，高管薪酬水平也在提高。

表 4 - 6　2014 年上市公司高管薪酬方程的回归结果

|  | 国有上市公司高管薪酬 | 非国有上市公司高管薪酬 |
|---|---|---|
| 年龄 | 0.0206 *** | 0.0171 *** |
|  | (10.52) | (15.41) |
| 教育背景 | 0.200 *** | 0.131 *** |
|  | (16.78) | (19.86) |
| 常数项 | 11.323 *** | 11.53 *** |
|  | (102.80) | (200.18) |
| 观测值数 | 4859 | 9972 |
| $R^2$ | 0.0686 | 0.0559 |

注：括号中是回归系数统计量的绝对值；＊表示 $p < 0.1$，＊＊表示 $p < 0.05$，＊＊＊表示 $p < 0.01$。

第二，2014 年，国有上市公司高管年龄、教育背景对其薪酬的回归系数均分别高于非国有上市公司。国有上市公司高管、非国有上市公司高管年龄的回归系数分别为 0.0206、0.0171，国有上市公司高管、非国有上市公司高管教育背景的回归系数分别为 0.200、0.131。这表明，同样是年龄、教育变量，对国有上市公司高管而言，其获得的薪酬水平正向提高作用均强于非国有上市公司高管。因此，与 2009 年相似，2014 年同样的年龄、教育因素对国有上市公司高管而言也存在薪酬"溢价效应"。

表 4 - 7 为 2014 年国有上市公司和非国有上市公司高管薪酬差距的分解结果。可以看出，在标准分解情况下，2014 年国有上市公司高管薪酬中的不合理部分为 62.0%，逆向分解情况下，不合理部分更是达到 71.1%。无论是标准分解还是逆向分解，与 2009 年相比，2014 年国有上市公司高管薪酬中不合理程度都没有下降，反而有所提高。

### 4.3.3　2018 年实证结果

2018 年国有上市公司高管薪酬不合理程度的测量方法与上述 2009 年、2014 年完全一致。

表4-7　2014年国有上市公司和非国有上市公司高管薪酬差距的分解结果

单位：%

| | 标准分解 | 逆向分解 |
|---|---|---|
| 合理部分 | 38.0 | 28.9 |
| 不合理部分 | 62.0 | 71.1 |
| 合　计 | 100 | 100 |

表4-8给出了2018年上市公司高管薪酬方程的估计结果。与2009年、2014年的情况相似，从表4-8可以看出：

第一，2018年，不管是国有上市公司还是非国有上市公司高管，高管年龄、教育程度都与其薪酬水平存在正相关关系而且统计上显著，即随着年龄增长、教育背景提高，高管薪酬水平也在提高。

表4-8　2018年上市公司高管薪酬方程的回归结果

| | 国有上市公司高管薪酬 | 非国有上市公司高管薪酬 |
|---|---|---|
| 年龄 | 0.0197***<br>(9.91) | 0.0183***<br>(20.23) |
| 教育背景 | 0.182***<br>(13.41) | 0.143***<br>(24.39) |
| 常数项 | 11.624***<br>(102.33) | 11.766***<br>(242.34) |
| 观测值数 | 5655 | 15040 |
| $R^2$ | 0.0450 | 0.0594 |

注：括号中是回归系数统计量的绝对值；＊表示$p < 0.1$，＊＊表示$p < 0.05$，＊＊＊表示$p < 0.01$。

第二，2018年，国有上市公司高管年龄、教育背景对其薪酬的回归系数均高于非国有上市公司。国有上市公司高管、非国有上市公司高管年龄的回归系数分别为0.0197、0.0183，国有上市公司高管、非国有上市公司高管教育背景的回归系数分别为0.182、0.143。这表明，同样是年龄、教育变量，对国有上市公司高管而言，其获得的薪酬水平正向提高作用均强于非国有上市公司高管。因此，与 2009 年及 2014 年相似，2018 年同样的年龄、教育因素对国有上市公司高管而言仍存在薪酬"溢价效应"。

但是，可以看出，不论是年龄因素还是教育背景因素，与 2009 年及 2014 年相比，2018 年国有上市公司高管与非国有上市公司高管的回归系数之间的差距在缩小，表明年龄、教育因素对国有上市公司高管存在的薪酬"溢价效应"在减弱。

表 4 - 9 为 2018 年国有上市公司和非国有上市公司高管薪酬差距的分解结果。可以看出，在标准分解情况下，2018 年国有上市公司高管薪酬中的不合理部分约为 34%，而逆向分解情况下，不合理部分为 43%。

可以看出，与 2009 年、2014 年相比，2018 年国有上市公司高管薪酬中不合理程度显著下降。

表 4 - 9　2018 年国有上市公司和非国有上市公司高管薪酬差距的分解结果

单位:%

| | 标准分解 | 逆向分解 |
|---|---|---|
| 合理部分 | 65.7 | 57.4 |
| 不合理部分 | 34.3 | 42.6 |
| 合计 | 100 | 100 |

### 4.3.4　"限薪令 2015"前后国有企业高管薪酬不合理程度变化分析

对比 2009 年、2014 年、2018 年三个年度国有上市公司高管薪酬不合理程度的分解结果（见表 4 - 10），可以看出，2009 年，国有上市公司高管薪酬中的不合理部分约为 61.3% ~ 67.6%；"限薪令 2015"实施前的 2014 年，国有上市公司高管薪酬中的不合理部分约为 62.0% ~ 71.1%；2014 年与 2009 年相比，高管薪酬中的不合理程度不仅未降低，还有所提高；"限薪令 2015"实施后的 2018

年，国有上市公司高管薪酬中的不合理部分约为 34.3% ~ 42.6%，与 2014 年相比，高管薪酬中的不合理程度降低了 27.7% ~ 28.5%（大约降低了 30%）。可以看出，"限薪令 2015"政策实施后，从国有上市公司高管薪酬不合理程度角度来看，国有企业高管薪酬中的不合理程度出现了较大幅度下降。

表 4 – 10　2009 年、2014 年、2018 年国有上市公司和非国有
上市公司高管薪酬差距分解结果　　　　　　单位：%

| 年份 | 标准分解 | | | 逆向分解 | | |
|---|---|---|---|---|---|---|
| | 2009 | 2014 | 2018 | 2009 | 2014 | 2018 |
| 合理部分 | 38.7 | 38.0 | 65.7 | 32.4 | 28.9 | 57.4 |
| 不合理部分 | 61.3 | 62.0 | 34.3 | 67.6 | 71.1 | 42.6 |
| 合计 | 100 | 100 | 100 | 100 | 100 | 100 |

另外，从实证分析的完整性考虑，本书还实证分析了 2008 年、2010 ~ 2013 年、2015 ~ 2017 年八个年份国有上市公司高管薪酬不合理程度的分解结果。限于篇幅，这里仅将上述八个年份国有上市公司高管薪酬差距分解结果列表进行展示（见表 4 – 11 至表 4 – 18），从而形成 2008 ~ 2018 年 11 年的连续分解结果。从 2008 ~ 2018 年 11 年国有上市公司高管薪酬不合理程度的实证分解整体来看（见图 4 – 1、图 4 – 2），尽管有所波动，特别是 2010 年较 2009 年反而有所提高，但整体而言国有上市公司高管薪酬中不合理程度从 2008 ~ 2018 年是逐步降低的，特别是 2014 年之后，不论是标准分解还是逆向分解，国有上市公司高管薪酬中不合理程度均显著降低。

表 4 – 11　2008 年国有上市公司和非国有上市公司高管薪酬差距的分解结果

单位：%

| | 标准分解 | 逆向分解 |
|---|---|---|
| 合理部分 | 37.9 | 29.2 |
| 不合理部分 | 62.1 | 70.8 |
| 合计 | 100 | 100 |

注：其中国有上市公司高管样本为 4332 个，非国有上市公司高管样本为 3001 个。

表4-12 2010年国有上市公司和非国有上市公司高管薪酬差距的分解结果

单位：%

|  | 标准分解 | 逆向分解 |
|---|---|---|
| 合理部分 | 29.3 | 21.0 |
| 不合理部分 | 70.7 | 79.0 |
| 合计 | 100 | 100 |

注：其中国有上市公司高管样本为5082个，非国有上市公司高管样本为7927个。

表4-13 2011年国有上市公司和非国有上市公司高管薪酬差距的分解结果

单位：%

|  | 标准分解 | 逆向分解 |
|---|---|---|
| 合理部分 | 32.9 | 25.6 |
| 不合理部分 | 67.1 | 74.4 |
| 合计 | 100 | 100 |

注：其中国有上市公司高管样本为4884个，非国有上市公司高管样本为9604个。

表4-14 2012年国有上市公司和非国有上市公司高管薪酬差距的分解结果

单位：%

|  | 标准分解 | 逆向分解 |
|---|---|---|
| 合理部分 | 37.8 | 29.8 |
| 不合理部分 | 62.2 | 70.2 |
| 合计 | 100 | 100 |

注：其中国有上市公司高管样本为4925个，非国有上市公司高管样本为9250个。

表4-15 2013年国有上市公司和非国有上市公司高管薪酬差距的分解结果

单位：%

|  | 标准分解 | 逆向分解 |
|---|---|---|
| 合理部分 | 45.9 | 30.4 |

续表

| | 标准分解 | 逆向分解 |
|---|---|---|
| 不合理部分 | 54.1 | 69.6 |
| 合计 | 100 | 100 |

注：其中国有上市公司高管样本为 4765 个，非国有上市公司高管样本为 8300 个。

表 4 – 16　2015 年国有上市公司和非国有上市公司高管薪酬差距的分解结果

单位：%

| | 标准分解 | 逆向分解 |
|---|---|---|
| 合理部分 | 37.9 | 32.2 |
| 不合理部分 | 62.1 | 67.8 |
| 合计 | 100 | 100 |

注：其中国有上市公司高管样本为 5200 个，非国有上市公司高管样本为 11957 个。

表 4 – 17　2016 年国有上市公司和非国有上市公司高管薪酬差距的分解结果

单位：%

| | 标准分解 | 逆向分解 |
|---|---|---|
| 合理部分 | 51.7 | 47.3 |
| 不合理部分 | 48.3 | 52.7 |
| 合计 | 100 | 100 |

注：其中国有上市公司高管样本为 5460 个，非国有上市公司高管样本为 13250 个。

表 4 – 18　2017 年国有上市公司和非国有上市公司高管薪酬差距的分解结果

单位：%

| | 标准分解 | 逆向分解 |
|---|---|---|
| 合理部分 | 41.4 | 42.8 |
| 不合理部分 | 58.6 | 57.2 |
| 合计 | 100 | 100 |

注：其中国有上市公司高管样本为 5592 个，非国有上市公司高管样本为 16921 个。

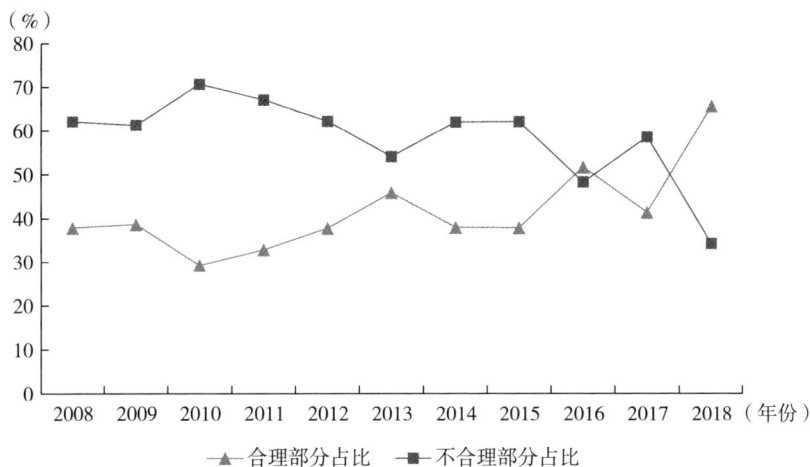

**图 4 - 1   2008 ~ 2018 年国有上市公司高管薪酬不合理程度变化趋势（标准分解）**

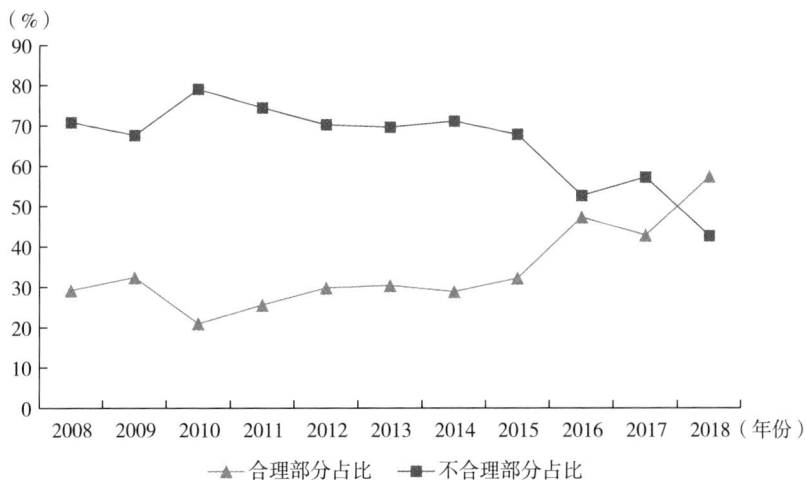

**图 4 - 2   2008 ~ 2018 年国有上市公司高管薪酬不合理程度变化趋势（逆向分解）**

根据本部分的实证分析结果可以看出，一方面，存在量化的实证数据支持近年来国有企业高管薪酬中确实存在不合理成分，从这个角度来说，对国有企业高管实施薪酬管控政策是有实证依据的，是有其现实合理性的；另一方面，从国有企业高管薪酬中不合理成分的变化情况看，假如国有企业面临的其他条件未发生明显变化，由于"限薪令 2015"政策实施前后，国有企业高管薪酬中不合理程度显著下降，因此，从这个角度可以合理推测，"限薪令 2015"达到了政策的预期目标即降低了部分国有企业高管偏高过高的薪酬水平。

需要指出的是，尽管上述对高管薪酬不合理程度分解的方法及结果可能存在局限性，但由于三个关键年节点以及 2008～2018 年连续 11 年的回归方程、研究变量完全一致且研究结果显著、变化趋势基本一致，相关回归系数的变化也较为明显；同时，2009 年、2014 年高管薪酬中不合理程度与国内类似研究结果也比较接近。因此，本部分对国有上市公司高管薪酬不合理程度的测量结果是基本可信的。

# 5　高管薪酬前三名总额、公司治理与托宾 Q

自 20 世纪 70 年代以来，美国人的平均收入在提高，但对不同收入水平的人们来说，增长幅度不尽相同。高收入阶层，尤其是顶层的 1% 人群的收入增速远高于平均水平。这些高收入者做出了杰出的经济贡献，当然也收获了很大份额的果实。

——格里高利·曼昆《为 1% 最高收入人群辩护》（2014 年）

## 5.1　高管薪酬前三名总额、公司治理与企业业绩

### 5.1.1　高管薪酬、公司治理与企业业绩的相互关系

高管前三名薪酬总额（或前五名薪酬总额，通常为首席执行官或总经理、董事长、业绩最优高管副职等高管团队中的主要高管的薪酬）、公司治理与托宾 Q 之间的相互关系是衡量上市公司高管薪酬有效性的重要研究领域。

公司高管是一个团队（国有企业高管通常区分主要负责人即高管正职与副职，通常董事长、CEO 或总经理、监事会主席为主要负责人或高管正职，其他高管为所谓高管副职），通常公司高管团队中 CEO、董事长等承担主要运营管理岗

位的高管职位对公司的价值贡献更大、其薪酬水平也相应更高。因此，对上市公司披露的各个高管薪酬信息中，与 CEO 薪酬水平相似，薪酬水平最高前三名薪酬总额成为研究高管薪酬的重要指标。显然，如果高管之间薪酬差距较小（更倾向于平均主义），那么薪酬水平最高前三名薪酬总额占整个高管团队薪酬总额的比率就较小；反之亦然。

托宾 Q（有的称为托宾的 Q，Tobin's Q）是上市公司市值与其账面价值的比率，也就是公司股票和负债的市场价值与其资产的重置成本的比率。一般认为，托宾 Q 大于 1 的公司是好公司（为股东创造的价值高），而托宾 Q 小于 1 的公司则是坏公司（不好的公司，为股东创造的价值低）。显然，如果高管薪酬水平与其管理能力相匹配，高管薪酬水平越高则公司的托宾 Q 越高（事实上，上市公司中有些高管的薪酬决定机制设计就是以公司的市值与高管薪酬同向联动的，市值增薪酬增，市值降薪酬降）；同样，如果公司治理越有效，公司的市值通常越高，因此对应的公司托宾 Q 也越高。

公司治理对薪酬水平最高前三名薪酬总额的绝对值及相对值（薪酬水平最高前三名薪酬总额占整个高管团队薪酬总额的比率）具有重要影响。如果公司治理有效，那么薪酬水平最高前三名薪酬总额与相应高管的业绩更正向相关，同时与可比劳动力市场的薪酬价位更匹配。反之，如果公司治理有效性较差或者说高管对自身薪酬水平的决定权更大，那么高管就可能凭借自身在股东会或董事会的影响力获得超出其业绩贡献的薪酬（高管超额薪酬）。

本章主要对我国沪深上市公司高管前三名薪酬总额、公司治理和托宾 Q 进行实证分析。

本章中衡量上市公司治理水平的数据采用 CGI 数据（上市公司治理指数，代表公司治理分数），分数高低对应公司治理水平高低（本章使用北京师范大学公司治理与企业发展研究中心高明华等发布的 2019 年"中国上市公司治理总指数"作为 CGI 分数）。

除公司治理分数数据外，本章数据来源为 CSMAR 数据库中关于沪深 A 股上市公司的相关数据。与英国不同，由于 CSMAR 数据库中没有我国上市公司薪酬最高的五名高管薪酬数据，而只有高管前三名薪酬总额、董事前三名薪酬总额，以及董事、监事及高管前三名薪酬总额数据，此外还有董事、监事及高管年薪总额。为此，本章使用高管前三名薪酬总额、董事前三名薪酬总额以及董事、监事及高管前三名薪酬总额分别占董事、监事及高管年薪总额的比值作为首席执行官薪酬占比（CPS）的替代指标。同时，从稳健性考虑，本章也对高管前三名薪酬总额、董事前三名薪酬总额，以及董事、监事及高管前三名薪酬总额与公司治理、企业绩效的关系进行实证分析。

CSMAR 数据库中托宾 Q 定义为市值与资产总额的比率，由于市值、资产的口径略有差异，CSMAR 数据库中托宾 Q 提供了四种值①（通常情况下四种值差距不大）。

### 5.1.2 理论假设

为检验高管前三名薪酬总额、公司治理与托宾 Q 之间的相互关系，这里提出以下两个理论假设：

假设 1（管理能力假设，Managerial Talent Hypothesis）：更高水平的高管前三名薪酬总额与公司治理水平正相关。

假设 2（管理能力假设，Managerial Talent Hypothesis）：更高水平的高管前三名薪酬总额与企业未来的业绩表现正相关。

如果管理能力假设（即假设 1）成立，那么高管前三名薪酬总额与公司治理水平、企业未来业绩之间应该显著正相关，理由是更高的公司治理分数意味着更好的公司治理程度，更好的公司治理水平下高管薪酬与公司业绩同向联动更为匹配。

---

① 市值 A = A 股×今收盘价 A 股当期值 + 境内上市的外资股 B 股×今收盘价 B 股当期值（转化为人民币）+（总股数 – 人民币普通股 – 境内上市的外资股 B 股）×（所有者权益合计期末值/实收资本本期期末值）+ 负债合计本期期末值。市值 B =（总股本 – 境内上市的外资股 B 股）×今收盘价 A 股当期值 + 境内上市的外资股 B 股×今收盘价 B 股当期值（转化为人民币）+ 负债合计本期期末值。资产总额的两种口径分别是：一是上市公司资产总额；二是等于资产总额减去无形资产净额及商誉净额。

如果管理权力假设（即假设 2）成立，那么高管前三名薪酬总额与公司治理水平之间应该显著负相关，理由是当董事会治理水平较弱（如董事独立性较低）而高管层影响力更大时，高管薪酬与公司业绩之间的同向联动不显著甚至可能呈现反向关系。

# 5.2　高管薪酬前三名总额与公司治理

### 5.2.1　实证模型

为实证检验上市公司主要高管（关键少数高管）是否是凭借其杰出的管理能力获得高薪，首先使用以下实证模型进行实证分析：

$$TOP_{i,t} = \alpha_0 + \alpha_1 CGI_{it} + \alpha_2 CEOCharact_{it} + \beta\ BoardCharact_{it} + \gamma\ Controls_{it} + \varepsilon_{it}$$

$$(5-1)$$

式（5-1）中，TOP 是指上市公司薪酬最高前三名高管薪酬总额（从稳健性考虑，实证分析中分别使用薪酬最高前三名高管薪酬总额，薪酬最高前三名董事薪酬总额，董事、监事及高管前三名薪酬总额作为 TOP 的表征指标）。CGI 是公司治理分数，分数高低对应公司治理水平高低（以 2019 年"中国上市公司治理总指数"作为 CGI 分数）。

CEOCharact 指公司 CEO 个性特征，以董事长与 CEO 是否兼任为指标。

BoardCharact 指公司董事会及股东个性特征，包括董事的独立性（董事会中独立董事占全部董事人数之比）、董事会规模（董事会人数）、股东人数以及董事会规模平方值。

Controls 指上市公司的个性特征变量，包括企业规模（总资产的对数值）、资产负债率（lev，负债合计/资产合计）、市值、Tobin's Q、净资产收益率（ROE，净利润/股东权益余额）、资产报酬率［（利润总额＋财务费用)/资产总额］、总资产净利润率（ROA）［净利润/总资产平均余额；总资产平均余额 =（资产合计期末余额 + 资产合计期初余额)/2］，以及行业虚拟变量。

同时，使用市值、净资产收益率（ROE）、资产报酬率、总资产净利润率（ROA）作为解释变量，主要表征公司的业绩。

### 5.2.2 实证分析结果

对应式（5 - 1），描述性统计结果如表 5 - 1 所示。这里需要特别加以说明的是关于托宾 Q。可以看出，2019 年我国上市公司托宾 Q 的中位值是 1.4635（但平均值仅为 1.8413）。皮凯蒂（2014）认为，从理论上说，如果完全没有不确定性，企业的市场价值和账面价值应该相同，两者的比值应该等于 1（或 100%）。但是，20 世纪 90 年代后期到 21 世纪早期美国和英国的托宾 Q 值均略大于 1，分别达到 100% ~ 120% 和 120% ~ 140%，同一时期法国的托宾 Q 值较低（约 80%），德国和日本仅有 50% ~ 70%。总的来看，发达国家的托宾 Q 值（企业的市场价值与账面价值之比）自 20 世纪七八十年代以来有所提高①。

表 5 - 1　2019 年沪深上市公司高管前三名薪酬描述性统计结果

| 观测变量 | 均值 | 中位数 | 标准差 | 最大值 | 最小值 |
| --- | --- | --- | --- | --- | --- |
| 高管前三名薪酬总额（元） | 3241956 | 2300900 | 3656293 | 5.94e + 07 | 189300 |
| 董事前三名薪酬总额（元） | 2859862 | 2023200 | 3592052 | 7.93e + 07 | 0 |
| 董事、监事及高管前三名薪酬总额（元） | 3531719 | 2477000 | 4200592 | 8.79e + 07 | 189300 |
| 托宾 Q（Tobin's Q） | 1.8413 | 1.4635 | 1.3085 | 21.1725 | 0.6924 |
| 公司治理（CGI） | 50.9072 | 51.1738 | 4.2732 | 65.1858 | 32.7146 |
| 市值 | 8.28e + 10 | 6.97e + 09 | 9.63e + 11 | 2.97e + 13 | 8.56e + 08 |
| 净资产收益率（ROE） | 0.02901 | 0.06799 | 0.4079 | 0.7209 | - 10.7197 |

① ［法］托马斯·皮凯蒂：《21 世纪资本论》第五章"资本/收入比的长期变化趋势"，中信出版社 2014 年版，第 193 - 194 页。

续表

| 观测变量 | 均值 | 中位数 | 标准差 | 最大值 | 最小值 |
|---|---|---|---|---|---|
| 资产报酬率 | 0.04413 | 0.04869 | 0.1013 | 0.7672 | -1.5349 |
| 总资产净利润率（ROA） | 0.03472 | 0.03619 | 0.08555 | 0.6754 | -0.9826 |
| 资产规模（元）（size） | 7.87e+10 | 4.45e+09 | 9.76e+11 | 3.01e+13 | 8.75e+07 |
| 董事会规模（Bsize） | 8.4615 | 9 | 1.7669 | 20 | 4 |
| 董事独立性（Independ） | 0.3790 | 0.3636 | 0.05672 | 0.80 | 0.25 |
| 董事长总经理兼任（CEOChair） | 0.3063 | 0 | 0.4610 | 1 | 0 |
| 董事、监事及高管年薪总额（元） | 8117498 | 5705700 | 9368725 | 1.55e+08 | 583500 |
| 资产负债率（lev） | 0.4353 | 0.4209 | 0.2104 | 2.1463 | 0.008359 |
| 股东总数（个） | 49918.1 | 31673 | 65345.95 | 1224363 | 3459 |

注：根据《中华人民共和国公司法》第一百零八条规定，"股份有限公司设董事会，其成员为五人至十九人"。由于同一年度有董事变更情况发生导致董事在职和离任可能重复计算，因此，CSMAR数据库所列董事会规模最高为20人。

资料来源：CSMAR数据库（2019年）。

表5-2a列出了上市公司最高前三名高管薪酬总额决定因素的实证分析结果。

表5-2a　上市公司最高前三名高管薪酬总额决定因素的实证结果

| 被解释变量：高管前三名薪酬总额 | 模型（1） | 模型（2） | 模型（3） | 模型（4） | 模型（5） |
|---|---|---|---|---|---|
| 公司治理（CGI） | 60573.03*** (13594.08) | 60612.09*** (13596.35) | 51442.26*** (13503.74) | 53062.38*** (13502.7) | 55114.31*** (13476.08) |
| 董事长总经理兼任（CEOChair） | 295044.1** (125792.1) | 294535.5** (125817.5) | 302461.7** (124069.4) | 305033.0** (124156.6) | 305727.2** (124219.4) |
| 董事会规模（Bsize） | -6356.381 (42211.92) | -69880.9 (189984.4) | 3923.544 (41662.79) | -93824.57 (188216.2) | -93459.47 (188346.4) |
| 董事会规模平方（Bsize²） | | 3327.288 (9702.206) | | 5177.664 (9622.87) | 5162.26 (9628.41) |
| 董事独立性（Independ） | -1481397 (1203138) | -1638102 (1287137) | -1611849 (1186898) | -1835509 (1269695) | -1826099.0 (1270293.0) |
| 股东总数 | 1.3069 (1.0946) | 1.3038 (1.0948) | 1.9039* (1.1123) | 1.7224 (1.1099) | 1.5018 (1.1039) |

续表

| 被解释变量：高管前三名薪酬总额 | 模型（1） | 模型（2） | 模型（3） | 模型（4） | 模型（5） |
|---|---|---|---|---|---|
| 市值 | | | −3.53e−07*** (6.40e−08) | −3.56e−07*** (6.43e−08) | −3.58e−07*** (6.43e−08) |
| 托宾Q | | | 358963.3*** (47202.2) | 367936*** (47012.89) | 376789.9*** (46765.87) |
| 资产负债率（lev） | −1130464*** (331500.9) | −1129570*** (331555) | −553730.9 (357472.2) | −726299** (348106.6) | −892596.8*** (338506.3) |
| 资产规模（size） | 1051612*** (60890.86) | 1051345*** (60903.89) | 1168240*** (64646.17) | 1184874*** (64370.81) | 1208213*** (63185.55) |
| 净资产收益率（ROE） | | | | | 83110.41 (141826.5) |
| 资产报酬率 | | | | 1120699* (603085.2) | |
| 总资产净利润率（ROA） | | | 2013096*** (736430.3) | | |
| 常数项 | −2.27e+07*** (1455063) | −2.24e+07*** (1773379) | −2.59e+07*** (1545646) | −2.58e+07*** (1841762) | −2.63e+07*** (1829321) |
| 行业固定效应 | 是 | 是 | 是 | 是 | 是 |
| 观测值 | 3362 | 3362 | 3362 | 3362 | 3362 |
| 拟合优度 $R^2$ | 0.2215 | 0.2215 | 0.2442 | 0.2433 | 0.2426 |

注：括号中是回归系数标准差；＊表示 $p<0.1$，＊＊表示 $p<0.05$，＊＊＊表示 $p<0.01$。

模型（1）至模型（5）分别对应不同的解释变量。可以看出，对应模型（1）至模型（5），公司治理（CGI）的相关系数都为正值且显著，这表明对于公司治理分数越高（公司治理质量越高）的上市公司其最高前三名高管获得的薪酬总额越多。换句话说，上市公司提升其公司治理水平是有利于高管获得更高水平薪酬的。对应模型（1）至模型（5），董事长总经理兼任（CEOChair）的相关系数也都为正值且显著，这意味着上市公司中如果董事长兼任总经理是有利于提升最高前三名高管薪酬总额的（实证结果表明，如果董事长兼任总经理，那么平均而言，上市公司最高前三名高管薪酬总额可以提升约 30 万元）。另外，对应模型（1）至模型（5），公司资产规模的相关系数也都为正值且显著，这意味着上市公司资产规模越大其最高前三名高管薪酬总额也越大。

模型（3）、模型（4）和模型（5）表明，上市公司市值的相关系数均为负值且显著，这个结果与一般认为上市公司市值和高管薪酬正相关的预期不尽一致。

模型（3）、模型（4）和模型（5）表明，上市公司托宾 Q 的相关系数均为正值且显著，这说明上市公司的托宾 Q 越高其高管前三名薪酬总额也越高，由于托宾 Q 一定程度代表了公司创造的价值。因此，这表明公司创造的价值越高其高管前三名的薪酬总额也越高。模型（3）、模型（4）和模型（5）表明，公司的净资产收益率、资产报酬率、总资产净利润率的相关系数均为正值，但只有资产报酬率、总资产净利润率的相关系数显著，这表明上市公司高管前三名薪酬总额与其同期资产报酬率、总资产净利润率等业绩指标正相关。

模型（1）至模型（5）表明，董事会规模、董事会规模平方、董事独立性、股东总数的相关系数均不显著。

从稳健性考虑，以最高前三名董事薪酬总额、最高前三名董事监事高管薪酬总额为被解释变量的实证分析结果分别如表 5 - 2b、表 5 - 2c 所示。可以看出，不论是以最高前三名高管薪酬总额为被解释变量，还是以最高前三名董事薪酬总额、最高前三名董事监事高管薪酬总额为被解释变量，其实证分析结论基本一致。但有所不同的是，从表 5 - 2b 可以看出，董事独立性的相关系数均为负且显著，这意味着董事会中独立董事占比越高，最高前三名董事薪酬总额反而越低，这说明董事会独立性越高越可能给予较低的最高前三名董事薪酬总额。从表 5 - 2c 可以看出，与最高前三名高管薪酬总额、最高前三名董事薪酬总额的实证分析结果不同，最高前三名董事监事高管薪酬总额实证分析结果中董事长总经理兼任的相关系数为正但不显著。

总的来看，上述实证分析结果与管理者权力理论（Managerial Power Hypothesis）的假设（假设 2）相矛盾，从而支持管理者能力理论（Managerial Talent Hypothesis）的假设（假设1）。

表5－2b　上市公司最高前三名董事薪酬总额决定因素的实证结果

| 被解释变量：董事前三名薪酬总额 | 模型（1） | 模型（2） | 模型（3） | 模型（4） | 模型（5） |
|---|---|---|---|---|---|
| 公司治理（CGI） | 51395.88 ***<br>（13957.74） | 51622.71 ***<br>（13952.45） | 43299.7 ***<br>（13944.02） | 45144.11 ***<br>（13933.87） | 47379.98 ***<br>（13905.53） |
| 董事长总经理兼任（CEOChair） | 223420.8 *<br>（129157.3） | 220466.9 *<br>（129112.8） | 226622.2 *<br>（128114.7） | 227372.9 *<br>（128121.2） | 227659.9 *<br>（128177.9） |
| 董事会规模（Bsize） | 49716.26<br>（43341.17） | －319207.7<br>（194960.3） | 56717.52<br>（43021.19） | －331818.4 *<br>（194226.4） | －330123.2 *<br>（194348.5） |
| 董事会规模平方（Bsize²） | | 19323.5 *<br>（9956.313） | | 20422.34 **<br>（9930.149） | 20359.57 **<br>（9935.243） |
| 董事独立性（Independ） | －3346949 ***<br>（1235324） | －4257027 ***<br>（1320848） | －3479774 ***<br>（1225597） | －4415069 ***<br>（1310239） | －4403669 ***<br>（1310774） |
| 股东总数 | －0.5109864<br>（1.123904） | －0.5292059<br>（1.123477） | －0.0876667<br>（1.14862） | －0.2466617<br>（1.145407） | －0.4731255<br>（1.1390） |
| 市值 | | | －2.50e－07 ***<br>（6.60e－08） | －2.63e－07 ***<br>（6.64e－08） | －2.65e－07 ***<br>（6.64e－08） |
| 托宾 Q | | | 296013.4 ***<br>（48741.21） | 301800.1 ***<br>（48514.11） | 310435.2 ***<br>（48256.16） |
| 资产负债率（lev） | －1122007 ***<br>（340369.2） | －1116813 ***<br>（340238.7） | －589785.2<br>（369127.4） | －759716 **<br>（359222.3） | －938076.8 ***<br>（349293.5） |
| 资产规模（size） | 903951.3 ***<br>（62519.81） | 902402.3 ***<br>（62498.99） | 991293.8 ***<br>（66753.93） | 1006663 ***<br>（66426.31） | 1031002 ***<br>（65199.09） |
| 净资产收益率（ROE） | | | | | 31346.58<br>（146346.1） |
| 资产报酬率 | | | | 1029336 *<br>（622343） | |
| 总资产净利润率（ROA） | | | 1911324 **<br>（760441.3） | | |

续表

| 被解释变量：董事前三名薪酬总额 | 模型（1） | 模型（2） | 模型（3） | 模型（4） | 模型（5） |
|---|---|---|---|---|---|
| 常数项 | − 1.89e + 07 *** (1493989) | − 1.68e + 07 *** (1819825) | − 2.13e + 07 *** (1596041) | − 1.96e + 07 *** (1900573) | − 2.01e + 07 *** (1887616) |
| 行业固定效应 | 是 | 是 | 是 | 是 | 是 |
| 观测值 | 3362 | 3362 | 3362 | 3362 | 3362 |
| 拟合优度 $R^2$ | 0.1497 | 0.1506 | 0.1650 | 0.1652 | 0.1645 |

注：括号中是回归系数标准差；＊表示 $p < 0.1$，＊＊表示 $p < 0.05$，＊＊＊表示 $p < 0.01$。

表5 –2c  上市公司最高前三名董事、监事及高管薪酬总额决定因素的实证结果

| 被解释变量：董事、监事及高管前三名薪酬总额 | 模型（1） | 模型（2） | 模型（3） | 模型（4） | 模型（5） |
|---|---|---|---|---|---|
| 公司治理（CGI） | 60437.28 *** (15848.65) | 60620.9 *** (15847.04) | 50335.46 *** (15782.11) | 52321.45 *** (15775.31) | 54888.98 *** (15744.44) |
| 董事长总经理兼任（CEOChair） | 109400.2 (146654.8) | 107009 (146644.9) | 116224.8 (145002.6) | 117901.8 (145053.1) | 118517.1 (145128.6) |
| 董事会规模（Bsize） | − 1959.934 (49212.77) | − 300607.8 (221433.8) | 8466.348 (48692.2) | − 325152.6 (219894.4) | − 323995.7 (220049.8) |
| 董事会规模平方（$Bsize^2$） | | 15642.58 (11308.27) | | 17551.37 (11242.47) | 17507.28 (11249.11) |
| 董事独立性（Independ） | − 1864884 (1402679) | − 2601601 * (1500205) | − 2014056 (1387154) | − 2812378 * (1483394) | − 2799985 * (1484115) |
| 股东总数 | 0.5047252 (1.276164) | 0.4899764 (1.276033) | 1.134276 (1.30003) | 0.9460737 (1.296779) | 0.6775301 (1.289668) |
| 市值 | | | − 3.36e − 07 *** (7.48e − 08) | − 3.75e − 07 *** (7.51e − 08) | − 3.77e − 07 *** (7.51e − 08) |
| 托宾 Q | | | 383371.5 *** (55166.23) | 391242.9 *** (54925.51) | 401775.2 *** (54637.73) |

续表

| 被解释变量：董事、监事及高管前三名薪酬总额 | 模型（1） | 模型（2） | 模型（3） | 模型（4） | 模型（5） |
|---|---|---|---|---|---|
| 资产负债率（lev） | −1310473 *** <br> (386480.4) | −1306269 *** <br> (386439.4) | −661368.2 <br> (417785.4) | −855749.9 ** <br> (406695.5) | −1062299 *** <br> (395485.3) |
| 资产规模（size） | 1175843 *** <br> (70989.61) | 1174589 *** <br> (70985.68) | 1296070 *** <br> (75553.38) | 1313752 *** <br> (75204.9) | 1342366 *** <br> (73821.24) |
| 净资产收益率（ROE） | | | | | 72041.15 <br> (165699.4) |
| 资产报酬率 | | | | 1298790 * <br> (704588.9) | |
| 总资产净利润率（ROA） | | | 2305824 *** <br> (860682) | | |
| 常数项 | −2.50e + 07 *** <br> (1696385) | −2.33e + 07 *** <br> (2066937) | −2.83e + 07 *** <br> (1806430) | −2.69e + 07 *** <br> (2151744) | −2.75e + 07 *** <br> (2137241) |
| 行业固定效应 | 是 | 是 | 是 | 是 | 是 |
| 观测值 | 3362 | 3362 | 3362 | 3362 | 3362 |
| 拟合优度 $R^2$ | 0.1983 | 0.1988 | 0.2179 | 0.2175 | 0.2168 |

注：括号中是回归系数标准差；* 表示 $p < 0.1$，** 表示 $p < 0.05$，*** 表示 $p < 0.01$。

# 5.3 高管薪酬前三名总额与公司业绩

## 5.3.1 实证模型

为继续实证检验上市公司主要高管是否是凭借其杰出的管理能力获得其薪酬，有必要分析高管薪酬与业绩之间的相关关系。托宾Q是已有研究文献中被广泛采用的衡量公司业绩的变量（Lang and Stulz，1994；Brown and Caylor，2006）。为此，使用以下实证模型进行实证分析：

$$Tobin'Q_{i,t+1} = \beta_0 + \beta_1 TOP_{it} + \beta_2 Cgidum_{it} + \beta_3 Interaction_{it} + \gamma CGVD_{it} + \lambda\ Controls_{it} + \varepsilon_{it} \qquad (5-2)$$

式（5-2）中，$Tobin'Q$ 是指上市公司的托宾 $Q$ 值，这里以 $t+1$ 年的托宾 $Q$ 代表公司的未来业绩；$TOP$ 指最高前三名高管薪酬总额（从稳健性考虑，实证分析中仍分别使用薪酬最高前三名高管薪酬总额，薪酬最高前三名董事薪酬总额，董事、监事及高管前三名薪酬总额作为 $TOP$ 的表征指标）。为控制公司业绩与公司治理因素之间可能存在的内生性，这里使用工具变量（Instrumental Variable）来进行检验，方法是新设一个虚拟变量 Cgidum，当上市公司的公司治理分数大于样本均值时该变量为 1，否则为 0。这里的研究期望是 Cgidum 和 $Tobin'Q$ 两者之间存在显著正向相关关系。

Interaction 是 TOP 和 Cgidum 两者之间的交叉项，表示两者之间的相互影响。Interaction 有四种潜在逻辑关系：第一，如果 TOP 和 Cgidum 两者之间存在替代关系（两者代表相同信息），那么 TOP 和 Cgidum 两者的相关系数将相同，而且 Interaction 的相关系数将为负值同时其绝对值等于 TOP 或 Cgidum 相关系数。第二，如果 TOP 和 Cgidum 两者代表不相关的信息，那么拥有高水平公司治理 Cgidum 和较低水平 TOP 的公司业绩将好于 TOP 和 Cgidum 两者均为较高水平的公司业绩。这种情况下预期 Interaction 的相关系数将为正值且显著不等于 0。第三，如果 TOP 和 Cgidum 两者之间存在互补关系（两者代表相同补充的信息），这种情况下拥有更好的公司治理水平或者拥有更高的高管薪酬前三名总额的企业倾向于拥有更好的业绩水平，因此预期 Interaction 的相关系数将为显著大于 0，并且如果 Interaction 的相关系数为正值，预期 TOP、Cgidum 和 Interaction 的相关系数之和将显著大于 TOP 和 Cgidum 的相关系数之和。第四，如果 TOP 和 Cgidum 两者之间存在相关信息但是其中部分信息是相同的（TOP 和 Cgidum 两者之间存在部分替代关系），那么拥有较高水平公司治理 Cgidum 和较低 TOP 的公司业绩将好于那些 TOP 和 Cgidum 两者均较高的公司，这种情况下预期 Interaction 的相关系数将显著小于 0。换句话说，TOP、Cgidum 和 Interaction 的相关系数之和将显著小于 TOP 和 Cgidum 的相关系数之和。

CGVD 代表企业公司治理相关变量，包括董事会规模、董事会独立性、股东人数。同时，控制了公司的风险程度（资产负债率）、净资产收益率（ROE）、企业规模（资产总额的对数值）。

这里最重要的相关系数是 $\beta_1$ 和 $\beta_3$。

从稳健性考虑，对于式（5-2），分别使用净资产收益率、资产报酬率、总资产净利润率作为托宾 Q 的替代变量进行实证分析。

### 5.3.2　高管薪酬前三名总额与托宾 Q 的实证分析结果

对应式（5-2），以上市公司下年度托宾 Q 作为未来业绩变量进行实证分析。描述性统计结果如表 5-3 所示。

表 5-3　上市公司高管薪酬前三名总额与未来公司业绩（托宾 Q）描述性统计结果

| 观测变量 | 均值 | 中位数 | 标准差 | 最大值 | 最小值 |
|---|---|---|---|---|---|
| 托宾 Q（Tobin's Q, 2020 年） | 2.0432 | 1.5064 | 1.7762 | 29.1669 | 0.6735 |
| 托宾 Q（Tobin's Q） | 1.7935 | 1.4341 | 1.1781 | 12.6195 | 0.6924 |
| 高管前三名薪酬总额（对数值） | 14.7946 | 14.7207 | 0.7175 | 17.8996 | 13.0212 |
| 董事前三名薪酬总额（对数值） | 14.6197 | 14.5764 | 0.7701 | 18.1892 | 11.0821 |
| 董事、监事及高管前三名薪酬总额（对数值） | 14.8701 | 14.7898 | 0.7193 | 18.1892 | 13.0776 |
| 公司治理（CGI） | 51.2181 | 51.4072 | 4.2520 | 63.6059 | 37.1033 |
| 公司治理（Cgidum） | 0.5163 | 1 | 0.4999 | 1 | 0 |
| 净资产收益率（ROE） | 0.0596 | 0.0782 | 0.2959 | 0.6039 | -9.1791 |
| 资产报酬率 | 0.0533 | 0.0528 | 0.0903 | 0.5278 | -1.3046 |
| 总资产净利润率（ROA） | 0.0437 | 0.0417 | 0.0746 | 0.6754 | -0.7944 |
| 资产规模（对数值）（size） | 22.6906 | 22.3875 | 1.6831 | 31.0359 | 19.4135 |

续表

| 观测变量 | 均值 | 中位数 | 标准差 | 最大值 | 最小值 |
|---|---|---|---|---|---|
| 董事会规模（Bsize） | 8.6050 | 9 | 1.8202 | 18 | 4 |
| 董事独立性（Independ） | 0.3787 | 0.3636 | 0.0579 | 0.80 | 0.25 |
| 董事长总经理兼任（CEOChair） | 0.2717 | 0 | 0.4449 | 1 | 0 |
| 所有制性质<br>（国有或非国有控股） | 0.6203 | 1 | 0.4896 | 1 | 0 |
| 资产负债率（lev） | 0.4395 | 0.4262 | 0.2100 | 1.6981 | 0.0145 |
| 股东总数（个） | 56777.7 | 34018 | 79505.68 | 1224363 | 4333 |

注：样本总数为 1476 个上市公司。所有制性质为虚拟变量，1 代表非国有控股，0 代表国有控股。表中市值、净资产收益率（ROE）、资产报酬率、总资产净利润率（ROA）、托宾 Q 均为公司下年度值（相对其他指标，以表征公司未来业绩）。

资料来源：CSMAR 数据库（2019 年、2020 年）。

表 5 - 4a 列出了上市公司最高前三名高管薪酬总额与未来公司业绩（以下年度托宾 Q 为指标变量）相互关系的实证分析结果。

表 5 - 4a　上市公司最高前三名高管薪酬总额与托宾 Q 的实证结果

| 被解释变量：托宾 Q | 模型（1） | 模型（2） | 模型（3） | 模型（4） | 模型（5） |
|---|---|---|---|---|---|
| 最高前三名高管薪酬总额（对数值） | 0.2315 **<br>（0.09863） | 0.2260 **<br>（0.09828） | 0.1628 *<br>（0.09624） | 0.1743 *<br>（0.09628） | 0.2592 ***<br>（0.0990） |
| 董事独立性（Independ） | 1.3532<br>（0.8807） | 1.7447<br>（0.9425） | 1.2219<br>（0.8574） | 1.2459<br>（0.8586） | 1.8315<br>（0.9524） |
| 董事会规模（Bsize） | 0.02970<br>（0.03120） | 0.1633<br>（0.1489） | 0.0266<br>（0.03036） | 0.02369<br>（0.03042） | 0.1998<br>（0.1496） |
| 董事会规模平方（Bsize$^2$） | | - 0.006889<br>（0.007554） | | | - 0.008388<br>（0.007593） |
| 所有制性质 | 0.01378<br>（0.08788） | 0.01531<br>（0.08781） | 0.009362<br>（0.08555） | 0.01168<br>（0.08567） | 0.007979<br>（0.08788） |

续表

| 被解释变量：托宾Q | 模型（1） | 模型（2） | 模型（3） | 模型（4） | 模型（5） |
|---|---|---|---|---|---|
| 公司治理（Cgidum） | -0.8939<br>(1.7915) | -17.5754<br>(15.5136) | -1.4859<br>(1.7451) | -1.2965<br>(1.7469) | -17.4901<br>(15.6632) |
| 交叉项（Interaction） | 0.06319<br>(0.1212) | 2.2727<br>(2.0462) | 0.09969<br>(0.1181) | 0.08680<br>(0.1181) | 2.2619<br>(2.0668) |
| 交叉项平方<br>（Interaction$^2$） | | -0.07296<br>(0.06751) | | | -0.07254<br>(0.06822) |
| 董事长总经理兼任<br>（CEOChair） | 0.2190 **<br>(0.09669) | 0.2190 **<br>(0.09670) | 0.2132 **<br>(0.09413) | 0.2210 **<br>(0.09426) | 0.2308 **<br>(0.09731) |
| 股东总数 | 4.30e-07<br>(6.92e-07) | | 8.97e-07<br>(6.76e-07) | 8.51e-07<br>(6.76e-07) | 7.05e-07<br>(7.06e-07) |
| 资产负债率（lev） | -1.2593 ***<br>(0.2545) | -1.2861 ***<br>(0.2529) | -0.9424 ***<br>(0.2503) | -0.7929 ***<br>(0.2545) | -0.9890 ***<br>(0.2733) |
| 资产规模（size） | -0.2791 ***<br>(0.04651) | -0.2619 ***<br>(0.04064) | -0.2859 ***<br>(0.04529) | -0.2866 ***<br>(0.04536) | -0.3194 ***<br>(0.04807) |
| 净资产收益率<br>（ROE） | 1.8266 ***<br>(0.3141) | 1.7930 ***<br>(0.3141) | | | |
| 资产报酬率 | | | 7.0567 ***<br>(0.6562) | | 2.0681 ***<br>(0.5125) |
| 总资产净利润率<br>（ROA） | | | | 7.6050 ***<br>(0.7213) | |
| 常数项 | 4.4751 ***<br>(1.5667) | 3.4467 **<br>(1.7413) | 5.3995 ***<br>(1.5269) | 5.2304 ***<br>(1.5278) | 3.7247 ***<br>(1.8068) |
| 行业固定效应 | 是 | 是 | 是 | 是 | 是 |
| 观测值 | 1475 | 1476 | 1475 | 1475 | 1475 |
| 拟合优度 R$^2$ | 0.2177 | 0.2187 | 0.2587 | 0.2566 | 0.2100 |

注：括号中是回归系数标准差；* 表示 p<0.1，** 表示 p<0.05，*** 表示 p<0.01。

　　表5-4a中模型（1）至模型（5）分别对应不同的解释变量。从表5-4a中可以得出以下结论：第一，对应模型（1）至模型（5），最高前三名高管薪酬总额的相关系数均为正值且显著，这表明以托宾Q衡量的上市公司未来业绩与最高

前三名高管薪酬总额之间存在正向关系。第二，公司治理虚拟变量（Cgidum）以及公司治理虚拟变量和最高前三名高管薪酬总额两者的交叉项均不显著。由于交叉项的相关系数为正值（显著不等于 0），因此公司治理虚拟变量和最高前三名高管薪酬总额两者之间存在不相关信息。第三，资产负债率（lev）、资产规模（size）两者的相关系数均为负值且显著，这说明资产负债率、资产规模对企业未来的业绩（以托宾 Q 衡量）存在负面影响。第四，净资产收益率（ROE）、资产报酬率、总资产净利润率（ROA）三者的相关系数均为正值且显著，这说明上市公司当期的业绩表现与未来业绩之间存在正向关系。第五，董事长总经理兼任（CEOChair）变量的相关系数均为正值且显著，这意味着董事长与总经理兼任对公司未来业绩产生正向影响。第六，模型（1）至模型（5）表明，董事会规模、董事会规模平方、董事独立性、所有制性质、股东总数的相关系数均不显著。

总的来看，表 5 - 4a 的实证分析结果支持假设 2a（即管理者能力假设），上市公司高管薪酬来源于其管理能力和技能，这些管理能力和技能对上市公司未来的更好业绩产生积极贡献。

从稳健性考虑，再以最高前三名董事薪酬总额、最高前三名董事监事高管薪酬总额为被解释变量进行分析，其实证分析结果分别如表 5 - 4b、表 5 - 4c 所示。可以看出，不论是以最高前三名高管薪酬总额为被解释变量，还是以最高前三名董事薪酬总额、最高前三名董事监事高管薪酬总额为被解释变量，其实证分析结论基本一致，主要结论仍然是最高前三名董事薪酬总额、最高前三名董事监事高管薪酬总额与托宾 Q 之间存在显著正向相关性，即上市公司高管薪酬的提高是有利于企业未来业绩增长的，实证分析结果也支持高管管理者能力假设。

表 5 - 4b　上市公司最高前三名董事薪酬总额与托宾 Q 的实证结果

| 被解释变量：托宾 Q | 模型（1） | 模型（2） | 模型（3） | 模型（4） | 模型（5） |
|---|---|---|---|---|---|
| 最高前三名董事薪酬总额（对数值） | 0.2123 *** (0.07569) | 0.2119 *** (0.07550) | 0.1886 ** (0.07555) | 0.1719 ** (0.07533) | 0.1927 ** (0.07564) |

续表

| 被解释变量：托宾 Q | 模型（1） | 模型（2） | 模型（3） | 模型（4） | 模型（5） |
|---|---|---|---|---|---|
| 董事独立性<br>（Independ） | 1.1081<br>(0.8987) | 1.5985 *<br>(0.9659) | 1.0889<br>(0.8943) | 1.0187<br>(0.8903) | 1.4806<br>(0.9648) |
| 董事会规模（Bsize） | 0.03632<br>(0.03142) | 0.2065<br>(0.1499) | 0.03644<br>(0.03127) | 0.03491<br>(0.03113) | 0.1855<br>(0.1494) |
| 董事会规模平方<br>（Bsize$^2$） | | -0.008805<br>(0.007609) | | | -0.007739<br>(0.007585) |
| 所有制性质 | -0.006629<br>(0.08859) | -0.005338<br>(0.08852) | -0.01696<br>(0.0882) | -0.01825<br>(0.08778) | -0.01802<br>(0.08828) |
| 公司治理（Cgidum） | -1.9693<br>(1.5774) | -18.0017<br>(15.5556) | -2.2933<br>(1.5724) | -2.3408<br>(1.5643) | -17.6732<br>(15.5652) |
| 交叉项（Interaction） | 0.1379<br>(0.1068) | 2.2671<br>(2.0561) | 0.1582<br>(0.1064) | 0.1605<br>(0.1058) | 2.2053<br>(2.0583) |
| 交叉项平方<br>（Interaction$^2$） | | -0.07051<br>(0.06793) | | | -0.06794<br>(0.06803) |
| 董事长总经理兼任<br>（CEOChair） | 0.2436 **<br>(0.09757) | 0.2437 **<br>(0.09750) | 0.2440 **<br>(0.09711) | 0.2459 **<br>(0.09666) | 0.2469 **<br>(0.09720) |
| 股东总数 | 4.46e-07<br>(7.11e-07) | | 7.90e-07<br>(7.13e-07) | 9.75e-07<br>(7.10e-07) | 8.64e-07<br>(7.16e-07) |
| 资产负债率（lev） | -1.2216 ***<br>(0.2627) | -1.2528 ***<br>(0.2607) | -0.9060 ***<br>(0.2734) | -0.6912 **<br>(0.2773) | -0.9191 ***<br>(0.2735) |
| 资产规模（size） | -0.3033 ***<br>(0.04756) | -0.2848 ***<br>(0.04161) | -0.3374 ***<br>(0.04783) | -0.3483 ***<br>(0.04737) | -0.3363 ***<br>(0.04785) |
| 净资产收益率<br>（ROE） | 0.1442<br>(0.1452) | 0.1328<br>(0.1445) | | | |
| 资产报酬率 | | | 1.9390 ***<br>(0.5095) | | 1.9041 ***<br>(0.5101) |
| 总资产净利润率<br>（ROA） | | | | 3.3216 ***<br>(0.6274) | |
| 常数项 | 5.4175 ***<br>(1.4251) | 4.0771 **<br>(1.6248) | 6.1914 ***<br>(1.4315) | 6.4388 ***<br>(1.4216) | 5.2798 ***<br>(1.6843) |

续表

| 被解释变量：托宾Q | 模型（1） | 模型（2） | 模型（3） | 模型（4） | 模型（5） |
|---|---|---|---|---|---|
| 行业固定效应 | 是 | 是 | 是 | 是 | 是 |
| 观测值 | 1458 | 1458 | 1457 | 1457 | 1457 |
| 拟合优度 $R^2$ | 0.2045 | 0.2045 | 0.2108 | 0.2181 | 0.2119 |

注：括号中是回归系数标准差；＊表示 $p<0.1$，＊＊表示 $p<0.05$，＊＊＊表示 $p<0.01$。

**表5－4c 上市公司最高前三名董事、监事和高管薪酬总额与托宾Q的实证结果**

| 被解释变量：托宾Q | 模型（1） | 模型（2） | 模型（3） | 模型（4） | 模型（5） |
|---|---|---|---|---|---|
| 最高前三名董事、监事、高管薪酬总额（对数值） | 0.3683＊＊＊<br>(0.0962) | 0.3652＊＊＊<br>(0.0957) | 0.3339＊＊＊<br>(0.0959) | 0.3132＊＊＊<br>(0.0957) | 0.3377＊＊＊<br>(0.0960) |
| 董事独立性（Independ） | 1.4962＊<br>(0.8891) | 2.0244＊＊<br>(0.9509) | 1.4819＊<br>(0.8843) | 1.4193<br>(0.8802) | 1.9108＊＊<br>(0.9511) |
| 董事会规模（Bsize） | 0.0397<br>(0.0314) | 0.2354<br>(0.1499) | 0.0393<br>(0.0313) | 0.03742<br>(0.0311) | 0.2115<br>(0.1494) |
| 董事会规模平方（$Bsize^2$） | | -0.0101<br>(0.0076) | | | -0.0089<br>(0.0076) |
| 所有制性质 | 0.02116<br>(0.08865) | 0.0212<br>(0.0886) | 0.0088<br>(0.0882) | 0.006761<br>(0.08779) | 0.0068<br>(0.0882) |
| 公司治理（Cgidum） | 0.3113<br>(1.7614) | -17.3306<br>(15.6364) | -0.1620<br>(1.7560) | -0.2620<br>(1.7470) | -16.7688<br>(15.6198) |
| 交叉项（Interaction） | -0.01562<br>(0.1191) | 2.3253<br>(2.0634) | 0.01465<br>(0.1188) | 0.02035<br>(0.1182) | 2.2239<br>(2.0622) |
| 交叉项平方（$Interaction^2$） | | -0.0775<br>(0.0681) | | | -0.0733<br>(0.0681) |
| 董事长总经理兼任（CEO Chair） | 0.2414＊＊<br>(0.09750) | 0.2428＊＊<br>(0.0975) | 0.2401＊＊<br>(0.09699) | 0.2406＊＊<br>(0.09654) | 0.2431＊＊<br>(0.0971) |
| 股东总数 | 3.40e-07<br>(7.01e-07) | | 7.07e-07<br>(7.02e-07) | 8.87e-07<br>(7.00e-07) | 7.68e-07<br>(7.05e-07) |

| 被解释变量：托宾 Q | 模型（1） | 模型（2） | 模型（3） | 模型（4） | 模型（5） |
|---|---|---|---|---|---|
| 资产负债率（lev） | −1.3024 *** (0.2621) | −1.3282 *** (0.2599) | −0.9665 *** (0.2728) | −0.7529 *** (0.2766) | −0.9791 *** (0.2728) |
| 资产规模（size） | −0.2968 *** (0.04791) | −0.2818 *** (0.0416) | −0.3318 *** (0.0481) | −0.3413 *** (0.04761) | −0.3310 *** (0.0481) |
| 净资产收益率（ROE） | 0.1511 (0.1462) | 0.1419 (0.1453) | | | |
| 资产报酬率 | | | 2.0638 *** (0.5113) | | 2.0254 *** (0.5117) |
| 总资产净利润率（ROA） | | | | 3.4544 *** (0.6291) | |
| 常数项 | 2.8010 * (1.5558) | 1.4421 (1.7382) | 3.7472 *** (1.5655) | 4.0382 *** (1.5554) | 2.7313 (1.7923) |
| 行业固定效应 | 是 | 是 | 是 | 是 | 是 |
| 观测值 | 1475 | 1476 | 1475 | 1475 | 1475 |
| 拟合优度 $R^2$ | 0.2033 | 0.2049 | 0.2116 | 0.2190 | 0.2130 |

注：括号中是回归系数标准差；＊表示 $p<0.1$，＊＊表示 $p<0.05$，＊＊＊表示 $p<0.01$。

### 5.3.3 高管薪酬前三名总额与净资产收益率的实证分析结果

对应式（5−2），从稳健性考虑，分别以净资产收益率（ROE）、资产报酬率、总资产净利润率为被解释变量进行实证分析。描述性统计结果如表 5−5 所示。

表 5−5 上市公司高管薪酬前三名总额与未来公司业绩（ROE 等）描述性统计结果

| 观测变量 | 均值 | 中位数 | 标准差 | 最大值 | 最小值 |
|---|---|---|---|---|---|
| 净资产收益率（ROE，2020 年度） | 0.0717 | 0.0799 | 0.1378 | 0.7418 | −1.8438 |
| 资产报酬率（2020 年度） | 0.0588 | 0.0530 | 0.0666 | 0.6658 | −0.0519 |
| 总资产净利润率（2020 年度） | 0.0438 | 0.0392 | 0.0612 | 0.5415 | −0.5419 |

| 观测变量 | 均值 | 中位数 | 标准差 | 最大值 | 最小值 |
|---|---|---|---|---|---|
| 高管前三名薪酬总额（对数值） | 14.7946 | 14.7207 | 0.7175 | 17.8996 | 13.0212 |
| 公司治理（CGI） | 51.2181 | 51.4072 | 4.2520 | 63.6059 | 37.1033 |
| 公司治理（Cgidum） | 0.5163 | 1 | 0.4999 | 1 | 0 |
| 市值（对数值） | 23.1445 | 22.8238 | 1.4987 | 31.0208 | 20.5680 |
| 净资产收益率（ROE） | 0.0596 | 0.0782 | 0.2959 | 0.6039 | −9.1792 |
| 资产报酬率 | 0.0533 | 0.0528 | 0.0903 | 0.5278 | −1.3046 |
| 总资产净利润率（ROA） | 0.0437 | 0.0417 | 0.0746 | 0.6754 | −0.7944 |
| 资产规模（对数值）（size） | 22.6906 | 22.3875 | 1.6831 | 31.0359 | 19.4135 |
| 董事会规模（Bsize） | 8.6050 | 9 | 1.8202 | 18 | 4 |
| 董事独立性（Independ） | 0.3787 | 0.3636 | 0.0579 | 0.80 | 0.25 |
| 董事长总经理兼任（CEOChair） | 0.2717 | 0 | 0.4449 | 1 | 0 |
| 所有制性质（国有控股或非国有控股） | 0.6203 | 1 | 0.4896 | 1 | 0 |
| 资产负债率（lev） | 0.4395 | 0.4262 | 0.2100 | 1.6981 | 0.0145 |
| 股东总数（个） | 56777.7 | 34018 | 79505.68 | 1224363 | 4333 |

注：样本总数为1476个上市公司。所有制性质为虚拟变量，1代表非国有控股，0代表国有控股。表中未标明2020年的均为2019年数值。

资料来源：CSMAR数据库（2019年、2020年）。

表5-6a列出了上市公司最高前三名高管薪酬总额与未来公司业绩（以下年度净资产收益率为变量）相互关系的实证分析结果。

表5-6a 上市公司最高前三名高管薪酬总额与净资产收益率的实证结果

| 被解释变量：净资产收益率 | 模型（1） | 模型（2） | 模型（3） | 模型（4） | 模型（5） |
|---|---|---|---|---|---|
| 最高前三名高管薪酬总额（对数值） | 0.0336*** (0.0082) | 0.0339*** (0.0082) | 0.0284*** (0.0081) | 0.0257*** (0.0081) | 0.0287*** (0.0081) |
| 董事独立性（Independ） | 0.0395 (0.0733) | 0.1094 (0.0788) | 0.0543 (0.0729) | 0.0470 (0.0721) | 0.1172 (0.0783) |

续表

| 被解释变量:<br>净资产收益率 | 模型（1） | 模型（2） | 模型（3） | 模型（4） | 模型（5） |
|---|---|---|---|---|---|
| 董事会规模<br>（Bsize） | 0.0044 *<br>（0.0026） | 0.0332 ***<br>（0.0124） | 0.0047 *<br>（0.0026） | 0.0045 *<br>（0.0026） | 0.0308 **<br>（0.0123） |
| 董事会规模平方<br>（Bsize$^2$） | | −0.0015 **<br>（0.0006） | | | −0.0014 **<br>（0.0006） |
| 所有制性质 | 0.0039<br>（0.0074） | 0.0033<br>（0.0074） | 0.0028<br>（0.0073） | 0.0025<br>（0.0072） | 0.0022<br>（0.0073） |
| 公司治理<br>（Cgidum） | 0.2202<br>（0.1495） | −0.4217<br>（1.2986） | 0.1394<br>（0.1486） | 0.1237<br>（0.1469） | −0.0841<br>（1.2883） |
| 交叉项<br>（Interaction） | −0.0130<br>（0.0101） | 0.0728<br>（0.1713） | −0.0078<br>（0.0101） | −0.0068<br>（0.0099） | 0.0226<br>（0.1700） |
| 交叉项平方<br>（Interaction$^2$） | | −0.0028<br>（0.0057） | | | −0.0010<br>（0.0056） |
| 董事长总经理<br>兼任（CEOChair） | 0.0055<br>（0.0081） | 0.0062<br>（0.0081） | 0.0050<br>（0.0080） | 0.0052<br>（0.0079） | 0.0057<br>（0.0080） |
| 股东总数 | | | −7.68e−08<br>（5.79e−08） | −5.34e−08<br>（5.73e−08） | −7.62e−08<br>（5.80e−08） |
| 资产负债率（lev） | −0.0567 ***<br>（0.0216） | −0.0574 ***<br>（0.0216） | −0.0195<br>（0.0225） | 0.0077<br>（0.0227） | −0.0205<br>（0.0225） |
| 资产规模（size） | −0.0023<br>（0.0034） | −0.0021<br>（0.0034） | −0.0029<br>（0.0040） | −0.0042<br>（0.0039） | −0.0027<br>（0.0039） |
| 净资产收益<br>率（ROE） | 0.0098<br>（0.0121） | 0.0098<br>（0.0121） | | | |
| 资产报酬率 | | | 0.2393 ***<br>（0.0422） | | 0.2357 ***<br>（0.0421） |
| 总资产净利润率<br>（ROA） | | | | 0.4140 ***<br>（0.0516） | |
| 常数项 | −0.4267 ***<br>（0.1270） | −0.5936 **<br>（0.1451） | −0.3782 ***<br>（0.1309） | −0.3381 ***<br>（0.1293） | −0.5312 ***<br>（0.1486） |
| 行业固定效应 | 是 | 是 | 是 | 是 | 是 |

续表

| 被解释变量：净资产收益率 | 模型（1） | 模型（2） | 模型（3） | 模型（4） | 模型（5） |
|---|---|---|---|---|---|
| 观测值 | 1476 | 1476 | 1475 | 1475 | 1475 |
| 拟合优度 $R^2$ | 0.0871 | 0.0908 | 0.1096 | 0.1286 | 0.1125 |

注：括号中是回归系数标准差；＊表示 $p<0.1$，＊＊表示 $p<0.05$，＊＊＊表示 $p<0.01$。

表 5-6a 中模型（1）至模型（5）分别对应不同的解释变量。从表 5-6a 中可以得出以下结论：第一，对应模型（1）至模型（5），最高前三名高管薪酬总额的相关系数均为正值且显著，这表明以净资产收益率衡量的上市公司未来业绩与最高前三名高管薪酬总额之间也存在正向关系。第二，公司治理虚拟变量（Cgidum）以及公司治理虚拟变量和最高前三名高管薪酬总额两者的交叉项均不显著。但由于交叉项的相关系数有正值也有负值（显著不等于0），因此公司治理虚拟变量和最高前三名高管薪酬总额两者之间的关系不能判定。第三，对应模型（1）至模型（5），董事会规模的相关系数均为正值且显著，这说明董事会规模对企业未来的业绩（以净资产收益率衡量）存在正向影响，其隐含的原因可能是董事会成员越多元化则对资产收益的要求越高。第四，资产报酬率、总资产净利润率（ROA）两者的相关系数均为正值且显著，这说明上市公司当期的业绩表现与未来业绩之间存在正向关系。第五，模型（1）至模型（5）表明，资产规模、董事独立性、所有制性质、股东总数的相关系数均不显著。

总的来看，表 5-6a 的实证分析结果也支持假设 1（管理者能力假设），即上市公司高管薪酬来源于其管理能力和技能，这些管理能力和技能对上市公司未来的更好业绩产生积极贡献。

### 5.3.4 高管薪酬前三名总额与资产报酬率的实证分析结果

以资产报酬率为被解释变量进行实证分析的结果如表 5-6b 所示。从表 5-6b 中可以看出：对应模型（1）至模型（5），最高前三名高管薪酬总额的相关系数均为正值且显著，这表明以资产报酬率衡量的上市公司未来业绩与最高前三名高管薪酬总额之间也存在正向关系。

表 5 – 6b　上市公司最高前三名高管薪酬总额与资产报酬率的实证结果

| 被解释变量：资产报酬率 | 模型（1） | 模型（2） | 模型（3） | 模型（4） | 模型（5） |
|---|---|---|---|---|---|
| 最高前三名高管薪酬总额（对数值） | 0.0194 *** | 0.0196 *** | 0.0151 *** | 0.0137 *** | 0.0154 *** |
| | (0.0038) | (0.0038) | (0.0037) | (0.0037) | (0.0037) |
| 董事独立性（Independ） | 0.0189 | 0.0668 * | 0.0308 | 0.0263 | 0.0732 ** |
| | (0.0341) | (0.0366) | (0.0332) | (0.0328) | (0.0356) |
| 董事会规模（Bsize） | 0.0015 | 0.0210 *** | 0.0016 | 0.0015 | 0.0191 *** |
| | (0.0012) | (0.0058) | (0.0012) | (0.0012) | (0.0056) |
| 董事会规模平方（$Bsize^2$） | | − 0.0010 *** | | | − 0.0009 *** |
| | | (0.0003) | | | (0.0003) |
| 所有制性质 | 0.0016 | 0.0012 | 0.0007 | 0.0006 | 0.0003 |
| | (0.0034) | (0.0034) | (0.0033) | (0.0033) | (0.0033) |
| 公司治理（Cgidum） | 0.1526 ** | − 0.6098 | 0.0904 | 0.0861 | − 0.3736 |
| | (0.0695) | (0.6023) | (0.0677) | (0.0667) | (0.5861) |
| 交叉项（Interaction） | − 0.0094 ** | 0.0922 | − 0.0053 | − 0.0051 | 0.0567 |
| | (0.0047) | (0.0794) | (0.0046) | (0.0045) | (0.0773) |
| 交叉项平方（$Interaction^2$） | | − 0.0034 | | | − 0.0021 |
| | | (0.0026) | | | (0.0026) |
| 董事长总经理兼任（CEOChair） | 0.0024 | 0.0029 | 0.0021 | 0.0022 | 0.0025 |
| | (0.0038) | (0.0038) | (0.0036) | (0.0036) | (0.0036) |
| 股东总数 | | | − 5.86e − 08 ** | − 4.86e − 08 * | − 5.70e − 08 ** |
| | | | (2.64e − 08) | (2.60e − 08) | (2.64e − 08) |
| 资产负债率（lev） | − 0.0500 *** | − 0.0506 *** | − 0.0253 ** | − 0.0121 | − 0.0261 ** |
| | (0.0100) | (0.0100) | (0.0018) | (0.0103) | (0.0102) |
| 资产规模（size） | − 0.0027 * | − 0.0025 | − 0.0026 | − 0.0029 | − 0.0025 |
| | (0.0016) | (0.0016) | (0.0018) | (0.0018) | (0.0018) |

续表

| 被解释变量：<br>资产报酬率 | 模型（1） | 模型（2） | 模型（3） | 模型（4） | 模型（5） |
|---|---|---|---|---|---|
| 净资产收益率<br>（ROE） | 0.0220***<br>（0.0056） | 0.0219***<br>（0.0056） | | | |
| 资产报酬率 | | | 0.1909***<br>（0.0192） | | 0.1882***<br>（0.0192） |
| 总资产净利润率<br>（ROA） | | | | 0.2820***<br>（0.0234） | |
| 常数项 | −0.1921***<br>（0.0591） | −0.3056***<br>（0.0673） | −0.1618***<br>（0.0597） | −0.1490**<br>（0.0587） | −0.2638***<br>（0.0676） |
| 行业固定效应 | 是 | 是 | 是 | 是 | 是 |
| 观测值 | 1476 | 1476 | 1475 | 1475 | 1475 |
| 拟合优度 $R^2$ | 0.1540 | 0.1621 | 0.2069 | 0.2300 | 0.2129 |

注：括号中是回归系数标准差；＊表示 $p<0.1$，＊＊表示 $p<0.05$，＊＊＊表示 $p<0.01$。

### 5.3.5 高管薪酬前三名总额与总资产净利润率的实证分析结果

以总资产净利润率为被解释变量进行实证分析的结果如表5-6c所示。从表5-6c中可以看出：对应模型（1）至模型（5），最高前三名高管薪酬总额的相关系数均为正值且显著，这表明以总资产净利润率衡量的上市公司未来业绩与最高前三名高管薪酬总额之间也存在正向关系。

**表5-6c 上市公司最高前三名高管薪酬总额与总资产净利润率的实证结果**

| 被解释变量：<br>总资产净利润率 | 模型（1） | 模型（2） | 模型（3） | 模型（4） | 模型（5） |
|---|---|---|---|---|---|
| 最高前三名高管<br>薪酬总额（对数值） | 0.0164***<br>（0.0035） | 0.0155***<br>（0.0035） | 0.0128***<br>（0.0034） | 0.0114***<br>（0.0033） | 0.0130***<br>（0.0034） |
| 董事独立性<br>（Independ） | 0.0156<br>（0.0312） | 0.0730**<br>（0.0335） | 0.0257<br>（0.0305） | 0.0215<br>（0.0299） | 0.0682**<br>（0.0326） |

续表

| 被解释变量：总资产净利润率 | 模型（1） | 模型（2） | 模型（3） | 模型（4） | 模型（5） |
|---|---|---|---|---|---|
| 董事会规模（Bsize） | 0.0018 (0.0011) | 0.0211*** (0.0053) | 0.0019* (0.0011) | 0.0018* (0.0011) | 0.0195*** (0.0051) |
| 董事会规模平方（Bsize$^2$） | | -0.0010*** (0.0003) | | | -0.0009*** (0.0003) |
| 所有制性质 | 0.0012 (0.0031) | 0.0010 (0.0031) | 0.0004 (0.0030) | 0.0003 (0.0030) | 0.0000 (0.0030) |
| 公司治理（Cgidum） | 0.1163* (0.0635) | -0.4003 (0.5501) | 0.0634 (0.0621) | 0.0568 (0.0609) | -0.3206 (0.5367) |
| 交叉项（Interaction） | -0.0070 (0.0043) | 0.0610 (0.0726) | -0.0035 (0.0042) | -0.0031 (0.0041) | 0.0479 (0.0708) |
| 交叉项平方（Interaction$^2$） | | -0.0022 (0.0024) | | | -0.0017 (0.0023) |
| 董事长总经理兼任（CEOChair） | 0.0012 (0.0034) | 0.0014 (0.0034) | 0.0009 (0.0033) | 0.0010 (0.0033) | 0.0014 (0.0033) |
| 股东总数 | | -7.85e-08*** (2.46e-08) | -5.23e-08** (2.42e-08) | -4.09e-08* (2.38e-08) | -5.11e-08** (2.42e-08) |
| 资产负债率（lev） | -0.0690*** (0.0092) | -0.0731*** (0.0092) | -0.0468*** (0.0094) | -0.0328*** (0.0094) | -0.0476*** (0.0094) |
| 资产规模（size） | -0.0018 (0.0015) | 0.0009 (0.0017) | -0.0019 (0.0017) | -0.0024 (0.0016) | -0.0018 (0.0016) |
| 净资产收益率（ROE） | 0.0128** (0.0051) | 0.0112** (0.0051) | | | |
| 资产报酬率 | | | 0.1580*** (0.0176) | | 0.1553*** (0.0176) |
| 总资产净利润率（ROA） | | | | 0.2511*** (0.0214) | |
| 常数项 | -0.1646*** (0.0540) | -0.3200*** (0.0628) | -0.1379** (0.0547) | -0.1202** (0.0536) | -0.2403*** (0.0619) |
| 行业固定效应 | 是 | 是 | 是 | 是 | 是 |

续表

| 被解释变量：总资产净利润率 | 模型（1） | 模型（2） | 模型（3） | 模型（4） | 模型（5） |
|---|---|---|---|---|---|
| 观测值 | 1476 | 1475 | 1475 | 1475 | 1475 |
| 拟合优度 $R^2$ | 0.1654 | 0.1799 | 0.2125 | 0.2411 | 0.2195 |

注：括号中是回归系数标准差；＊表示 $p < 0.1$，＊＊表示 $p < 0.05$，＊＊＊表示 $p < 0.01$。

# 5.4 基于高管薪酬前三名总额的强激励有利于提高未来业绩

从上述关于最高前三名高管薪酬总额、公司治理和公司业绩之间的实证分析结果可以看出，总的来看，目前我国沪深上市公司高管薪酬（不论是最高前三名高管薪酬总额，还是以最高前三名董事薪酬总额、最高前三名董事监事高管薪酬总额）主要来源于其管理能力，而这些管理能力对上市公司未来的业绩产生正向影响；从一般意义上而言，更高的薪酬总额意味着更强的激励，因此，从这个实证分析结果来讲，强激励是有利于提高企业未来业绩的。

# 6  首席执行官薪酬占比（CPS）与激励强度

大公司的高管得到高工资并不是因为工资应该反映威望或者大公司能承担得起高薪酬，而是因为对于大企业来说，雇用一个非常有能力的高管、支付其潜在能力之上的工资是其最优的选择。

　　——吉列尔莫·A. 卡尔沃，斯坦尼斯劳·威利兹《科层制、能力与收入分布》（2019 年）[①]

## 6.1  首席执行官薪酬占比（CPS）、公司治理与企业业绩

### 6.1.1  高管薪酬、公司治理与企业业绩的相互关系

近年来，首席执行官薪酬占比（CEO Pay Slice，CPS）成为研究分析企业高管薪酬激励有效性的重要指标。CPS 通常是指公司薪酬最高的五名高管中首席执

---

　　① 转引自乔治·A. 阿克洛夫、珍妮特·L. 耶伦编著：《劳动力市场的效率工资模型》，王天宇译，中国人民大学出版社 2019 年第 1 版，第 216－248 页。

行官薪酬所占比例，它直观反映公司 CEO 在公司高管团队中的相对重要程度。CPS 的大小一方面反映出公司董事会或股东对其首席执行官管理能力、经营业绩贡献的认可程度；另一方面也可能反映出首席执行官对其薪酬决定的影响力。一般认为，更好的公司治理意味着来自董事会和股东的更好的监督，更好的监督导致了 CEO 的最优薪酬水平会有所提高，这是因为，当公司治理更加健全、CEO 受到的监督更多时，CEO 会更加努力地工作，但同时意味着 CEO 面临的被解雇的风险也会更大，为了抵消高管更大程度努力工作和更大程度被解聘所带来的更多负效用，必须向 CEO 等企业高管支付更高的薪酬。

Basil Al – Najjar、Rong Ding 和 Khaled Hussainey（2016）对 2003~2009 年英国上市公司 CPS 与公司业绩之间的关系进行了实证分析，在控制了企业特征和公司治理变量之后，他们发现英国上市公司更高的 CPS 与公司业绩呈现显著正相关性，同时公司治理评价得分更高以及董事会更独立的英国上市公司倾向于拥有更高的 CPS。总的来看，研究结果表明，英国上市公司 CEO 的 CPS 的确反映了公司主要高管的管理能力（Top Managerial Talent），反映出英国上市公司首席执行官薪酬与业绩的较好匹配程度而不是首席执行官的管理权力（Managerial Power，反映公司治理程度的好坏）。

本章主要借鉴 Basil Al – Najjar、Rong Ding and Khaled Hussainey（2016）的研究方法，对我国沪深上市公司首席执行官的 CPS 及相关指标进行实证研究分析。

需要说明的是，本章数据来源为 CSMAR 数据库中关于沪深 A 股上市公司的相关数据。与英国不同，由于 CSMAR 数据库中没有我国上市公司薪酬最高的五名高管薪酬数据，而只有上市公司高管前三名薪酬总额、董事前三名薪酬总额，以及董事、监事及高管前三名薪酬总额数据，此外还有董事、监事及高管年薪总额。为此，本章使用高管前三名薪酬总额平均值（作为 CEO 薪酬的替代指标，主要考虑是目前上市公司尤其是国有控股上市公司高管前三名 CEO、董事长或薪酬最高副总经理三者之间的薪酬水平一般差距不大）、董事前三名薪酬总额平均值以及董事、监事及高管前三名薪酬总额平均值分别占董事、监事及高管年薪总额的比值作为首席执行官薪酬占比（CPS）的替代指标，对 CPS 与公司治理、企业绩效的关系进行实证分析。

本章中衡量上市公司治理水平的数据采用 CGI 数据（上市公司治理指数，代表公司治理分数），分数高低对应公司治理水平高低（本章使用北京师范大学公司治理与企业发展研究中心高明华等发布的 2019 年"中国上市公司治理总指数"作为 CGI 分数）。

除公司治理分数数据外，本章其他数据来源为 CSMAR 数据库中关于沪深 A 股上市公司的相关数据。

### 6.1.2　理论假设

为检验 CPS、公司治理与托宾 Q 之间的相互关系，这里提出以下三个理论假设：

假设 1（管理能力假设，Managerial Talent Hypothesis）：更高水平的 CPS 与公司未来的业绩表现正相关。

假设 2（管理权力假设，Managerial Power Hypothesis）：更高水平的 CPS 与企业未来的业绩表现负相关。

假设 3：更高水平的公司治理水平（对应公司治理分数更高）与企业未来的业绩表现正相关。

如果管理能力假设（即假设 1）成立，那么 CPS 与企业未来业绩之间应该显著正相关，理由是更高的公司治理分数意味着更好的公司治理程度，更好的公司治理水平下高管薪酬与公司业绩同向联动更为匹配。

如果管理权力假设（即假设 2）成立，那么 CPS 与公司治理水平之间应该显著负相关，理由是当董事会治理水平较弱（如董事独立性较低）而高管层影响力更大时，高管薪酬与公司业绩之间的同向联动不显著甚至可能呈反向关系。

# 6.2  CPS 与公司治理

### 6.2.1  实证模型

为实证检验 CPS 是否是凭借其杰出的管理能力获得高薪，首先使用以下实证模型进行实证分析：

$$CPS_{i,t} = \alpha_0 + \alpha_1 CGI_{it} + \alpha_2 CEOCharact_{it} + \beta\, BoardCharact_{it} + \gamma\, Controls_{it} + \varepsilon_{it}$$

$$(6-1)$$

式（6-1）中，CPS 是指上市公司薪酬最高前三名高管薪酬总额占同期董事、监事及高管薪酬总额的比率（从稳健性考虑，实证分析中分别使用薪酬最高前三名高管薪酬总额，薪酬最高前三名董事薪酬总额，董事、监事及高管前三名薪酬总额占比作为 CPS 表征指标，方便起见分别定义为 CPS1、CPS2、CPS3）。

CGI 是公司治理分数，分数高低对应公司治理水平高低（以北京师范大学公司治理与企业发展研究中心高明华等发布的 2019 年 "中国上市公司治理总指数" 作为 CGI 分数）。

CEOCharact 指公司 CEO 个性特征，以董事长与 CEO 是否兼任为指标。

BoardCharact 指公司董事会及股东个性特征，包括董事的独立性（董事会中独立董事占全部董事人数之比）、董事会规模（董事会人数）、股东人数以及董事会规模平方值。

Controls 指上市公司的个性特征变量，包括企业规模（总资产的对数值）、资产负债率（lev，负债合计/资产合计）、市值、Tobin's Q、净资产收益率（ROE，净利润/股东权益余额）、资产报酬率 [（利润总额＋财务费用）/资产总额]、总资产净利润率（ROA）[净利润/总资产平均余额；总资产平均余额＝（资产合计期末余额＋资产合计期初余额)/2]，以及行业虚拟变量。

同时，使用市值、净资产收益率（ROE）、资产报酬率、总资产净利润率（ROA）作为解释变量，主要表征公司的业绩表现。

### 6.2.2 实证分析结果

对应式（6-1），描述性统计结果如表6-1所示。

表6-1 2019年沪深上市公司CPS相关指标描述性统计结果

| 观测变量 | 均值 | 中位数 | 标准差 | 最大值 | 最小值 |
|---|---|---|---|---|---|
| CPS1（薪酬最高前三名高管薪酬平均值占比） | 0.1397 | 0.1333 | 0.0423 | 0.3333 | 0.0406 |
| CPS2（薪酬最高前三名董事薪酬平均值占比） | 0.1199 | 0.1174 | 0.0465 | 0.2897 | 0 |
| CPS3（薪酬最高前三名董事、监事、高管薪酬平均值占比） | 0.1502 | 0.1435 | 0.0436 | 0.3333 | 0.0458 |
| 托宾Q（Tobin's Q）2019 | 1.7935 | 1.4341 | 1.1781 | 12.6195 | 0.6924 |
| 托宾Q（Tobin's Q）2020 | 2.0432 | 1.5064 | 1.7762 | 29.1670 | 0.6735 |
| 公司治理（CGI） | 51.2181 | 51.4072 | 4.2520 | 63.6059 | 37.1033 |
| 净资产收益率（ROE）2019 | 0.0596 | 0.0782 | 0.2960 | 0.6039 | -9.1791 |
| 资产报酬率2019 | 0.0533 | 0.0528 | 0.0903 | 0.5278 | -1.3046 |
| 总资产净利润率（ROA）2019 | 0.0437 | 0.0417 | 0.0746 | 0.6754 | -0.7944 |
| 净资产收益率（ROE）2020 | 0.0717 | 0.0800 | 0.1378 | 0.7418 | -1.8438 |
| 资产报酬率2020 | 0.0588 | 0.0530 | 0.0666 | 0.6658 | -0.5188 |
| 总资产净利润率（ROA）2020 | 0.0438 | 0.0392 | 0.0612 | 0.5415 | -0.5419 |
| 资产规模（对数值）（size） | 10.49 | 10.43 | 0.8899 | 14.0179 | 8.3740 |
| 董事会规模（Bsize） | 8.6050 | 9 | 1.8202 | 18 | 4 |
| 董事独立性（Independ） | 0.3787 | 0.3636 | 0.0580 | 0.80 | 0.25 |
| 董事长总经理兼任（CEOChair） | 0.2717 | 0 | 0.4450 | 1 | 0 |
| 资产负债率（lev） | 0.4395 | 0.4262 | 0.2100 | 1.6981 | 0.0145 |
| 股东总数（个） | 56777.7 | 79505.68 | 34018 | 1224363 | 4333 |

资料来源：CSMAR数据库（2019年、2020年）。

表6-2a列出了上市公司CPS1决定因素的实证分析结果。

### 表6-2a 上市公司 CPS1 决定因素的实证结果

| 被解释变量：CPS1 | 模型（1） | 模型（2） | 模型（3） | 模型（4） | 模型（5） |
|---|---|---|---|---|---|
| 公司治理（CGI） | -0.0005* | -0.0005* | -0.0005* | -0.0005* | -0.0005* |
| | (0.0003) | (0.0003) | (0.0003) | (0.0003) | (0.0003) |
| 董事长总经理兼任（CEOChair） | 0.0123*** | 0.0124*** | 0.0123*** | 0.0122*** | 0.0123*** |
| | (0.0024) | (0.0024) | (0.0024) | (0.0024) | (0.0024) |
| 董事会规模（Bsize） | -0.0037*** | | -0.0037*** | -0.0037*** | |
| | (0.0008) | | (0.0008) | (0.0008) | |
| 董事会规模平方（$Bsize^2$） | | -0.0002*** | | | -0.0002*** |
| | | (0.0000) | | | (0.0000) |
| 董事独立性（Independ） | 0.0025 | 0.0138 | 0.0018 | 0.0021 | 0.0129 |
| | (0.0220) | (0.0209) | (0.0220) | (0.0220) | (0.0209) |
| 股东总数 | -0.0026 | -0.0026 | -0.0029* | -0.0030* | -0.0030* |
| | (0.0017) | (0.0017) | (0.0017) | (0.0017) | (0.0017) |
| 托宾Q | 0.0027*** | 0.0027*** | 0.0028*** | 0.0029*** | 0.0028*** |
| | (0.0010) | (0.0010) | (0.0010) | (0.0010) | (0.0010) |
| 资产负债率（lev） | -0.0111* | -0.0111* | -0.0129* | -0.0130* | -0.0131* |
| | (0.0066) | (0.0066) | (0.0069) | (0.0070) | (0.0069) |
| 资产规模（size） | -0.0006 | -0.0007 | -0.0004 | -0.0004 | -0.0005 |
| | (0.0012) | (0.0012) | (0.0012) | (0.0012) | (0.0012) |
| 净资产收益率（ROE） | -0.0063* | -0.0063* | | | |
| | (0.0036) | (0.0036) | | | |
| 资产报酬率 | | | -0.0217* | | -0.0222* |
| | | | (0.0129) | | (0.0129) |
| 总资产净利润率（ROA） | | | | -0.0244 | |
| | | | | (0.0161) | |
| 常数项 | 0.2282*** | 0.2074*** | 0.2285*** | 0.2296*** | 0.2077*** |
| | (0.0247) | (0.0244) | (0.0247) | (0.0247) | (0.0244) |
| 行业固定效应 | 是 | 是 | 是 | 是 | 是 |
| 观测值 | 1475 | 1475 | 1475 | 1475 | 1475 |
| 拟合优度 $R^2$ | 0.1351 | 0.1345 | 0.1350 | 0.1347 | 0.1344 |

注：括号中是回归系数标准差； *表示 p<0.1， **表示 p<0.05， ***表示 p<0.01。

模型（1）至模型（5）分别对应不同的解释变量。可以看出，对应模型（1）至模型（5），公司治理（CGI）的相关系数都为负值且显著，这表明对于公司治理分数越高（公司治理质量越高）的上市公司 CPS（其 CEO 所获得的薪酬总额相对值）越少，这个实证结果正好与 Basil Al – Najjar、Rong Ding 和 Khaled Hussainey（2016）关于英国上市公司 CPS 的实证结果截然相反，换句话说，目前我国沪深上市公司的公司治理水平提高反而是不利于高管获得更高水平薪酬的。

对应模型（1）至模型（5），董事长总经理兼任（CEOChair）的相关系数也都为正值且显著，这意味着上市公司中如果董事长兼任总经理是有利于提升 CPS 的。

对应模型（1）至模型（5），上市公司托宾 Q 的相关系数均为正值且显著，这说明上市公司的托宾 Q 越高其 CPS 也越高，由于托宾 Q 代表了公司创造的价值，因此，这表明公司创造的价值越高其 CPS 也越高。

对应模型（1）至模型（5），表征风险程度的上市公司资产负债率的相关系数均为负值且显著，这说明上市公司的资产负债率越高其 CPS 越低，上市公司的经营风险制约了其 CPS 的提高，这一定程度反映了资本市场对 CEO 的主导公司运营的制衡约束机制。

模型（1）、模型（3）和模型（4）表明，公司的董事会规模的相关系数均为负值且显著，说明公司董事会中董事人数增加不利于 CPS 的提高，潜在原因可能是董事会人数增加强化了公司治理、提高了对公司高管的监督制衡；另外，模型（2）和模型（5）表明，董事会规模的平方值的相关系数也为负值且显著。

除模型（4）中总资产净利润率的相关系数为负值但不显著外，模型（1）、模型（2）、模型（3）和模型（5）表明，公司的净资产收益率、资产报酬率、总资产净利润率的相关系数均为负值且显著，这说明上市公司 CPS 与反映上市公司经营业绩的收益率相对指标之间负相关。

从稳健性考虑，以 CPS2、CPS3 为被解释变量的实证分析结果分别如表 6 – 2b、表 6 – 2c 所示。

### 表 6-2b 上市公司 CPS2 决定因素的实证结果

| 被解释变量：CPS2 | 模型（1） | 模型（2） | 模型（3） | 模型（4） | 模型（5） |
|---|---|---|---|---|---|
| 公司治理（CGI） | 0.0002 | 0.0002 | 0.0002 | 0.0002 | 0.0002 |
| | (0.0003) | (0.0003) | (0.0003) | (0.0003) | (0.0003) |
| 董事长总经理兼任（CEOChair） | 0.0132*** | 0.0133*** | 0.0132*** | 0.0132*** | 0.0133*** |
| | (0.0026) | (0.0026) | (0.0026) | (0.0026) | (0.0026) |
| 董事会规模（Bsize） | -0.0020** | | -0.0020** | -0.0020** | |
| | (0.0008) | | (0.0008) | (0.0008) | |
| 董事会规模平方（$Bsize^2$） | | -0.0001* | | | -0.0001* |
| | | (0.0000) | | | (0.0000) |
| 董事独立性（Independ） | -0.0826*** | -0.0721*** | -0.0835*** | -0.0835*** | 0.0731*** |
| | (0.0238) | (0.0226) | (0.0239) | (0.0239) | (0.0209) |
| 股东总数 | -0.0039** | -0.0040** | -0.0036* | -0.0034* | -0.0036** |
| | (0.0018) | (0.0018) | (0.0019) | (0.0019) | (0.0019) |
| 托宾 Q | -0.0001 | -0.0002 | -0.0001 | -0.0001 | -0.0001 |
| | (0.0011) | (0.0011) | (0.0011) | (0.0011) | (0.0011) |
| 资产负债率（lev） | -0.0143** | -0.0143** | -0.0116 | -0.0104 | -0.0117 |
| | (0.0071) | (0.0071) | (0.0075) | (0.0076) | (0.0075) |
| 资产规模（size） | -0.0044*** | -0.0046*** | -0.0049*** | -0.0050*** | -0.0050*** |
| | (0.0013) | (0.0013) | (0.0013) | (0.0013) | (0.0013) |
| 净资产收益率（ROE） | -0.0091** | -0.0091** | | | |
| | (0.0039) | (0.0039) | | | |
| 资产报酬率 | | | -0.0042 | | -0.0045 |
| | | | (0.0140) | | (0.0140) |
| 总资产净利润率（ROA） | | | | 0.0026 | |
| | | | | (0.0175) | |
| 常数项 | 0.3018*** | 0.2909*** | 0.3078*** | 0.3090*** | 0.2969*** |
| | (0.0268) | (0.0264) | (0.0269) | (0.0269) | (0.0265) |
| 行业固定效应 | 是 | 是 | 是 | 是 | 是 |
| 观测值 | 1475 | 1475 | 1475 | 1475 | 1475 |
| 拟合优度 $R^2$ | 0.1575 | 0.1564 | 0.1545 | 0.1544 | 0.1533 |

注：括号中是回归系数标准差；*表示 $p<0.1$，**表示 $p<0.05$，***表示 $p<0.01$。

## 表 6 – 2c 上市公司 CPS3 决定因素的实证结果

| 被解释变量：CPS3 | 模型（1） | 模型（2） | 模型（3） | 模型（4） | 模型（5） |
|---|---|---|---|---|---|
| 公司治理（CGI） | – 0.0005 ** | – 0.0005 ** | – 0.0005 ** | – 0.0005 ** | – 0.0005 ** |
| | (0.0003) | (0.0003) | (0.0003) | (0.0003) | (0.0003) |
| 董事长总经理兼任（CEOChair） | 0.0060 ** | 0.0062 ** | 0.0060 ** | 0.0060 ** | 0.0062 ** |
| | (0.0025) | (0.0025) | (0.0025) | (0.0025) | (0.0025) |
| 董事会规模（Bsize） | – 0.0048 *** | | – 0.0048 *** | – 0.0048 *** | |
| | (0.0008) | | (0.0008) | (0.0008) | |
| 董事会规模平方（$Bsize^2$） | | – 0.0002 *** | | | – 0.0002 *** |
| | | (0.0000) | | | (0.0000) |
| 董事独立性（Independ） | – 0.0126 | 0.0037 | – 0.0137 | – 0.0135 | 0.0025 |
| | (0.0227) | (0.0215) | (0.0227) | (0.0227) | (0.0216) |
| 股东总数 | – 0.0044 ** | – 0.0044 ** | – 0.0044 ** | – 0.0045 ** | – 0.0045 ** |
| | (0.0017) | (0.0017) | (0.0018) | (0.0018) | (0.0018) |
| 托宾 Q | 0.0029 *** | 0.0029 *** | 0.0030 *** | 0.0031 *** | 0.0029 *** |
| | (0.0010) | (0.0010) | (0.0010) | (0.0010) | (0.0010) |
| 资产负债率（lev） | – 0.0160 ** | – 0.0161 ** | – 0.0157 ** | – 0.0158 ** | – 0.0159 ** |
| | (0.0068) | (0.0068) | (0.0071) | (0.0072) | (0.0071) |
| 资产规模（size） | 0.0003 | 0.0002 | 0.0002 | 0.0001 | 0.0001 |
| | (0.0012) | (0.0012) | (0.0013) | (0.0013) | (0.0013) |
| 净资产收益率（ROE） | – 0.0102 *** | – 0.0102 *** | | | |
| | (0.0037) | (0.0037) | | | |
| 资产报酬率 | | | – 0.0185 * | | – 0.0192 |
| | | | (0.0133) | | (0.0133) |
| 总资产净利润率（ROA） | | | | – 0.0209 | |
| | | | | (0.0167) | |
| 常数项 | 0.2610 *** | 0.2344 *** | 0.2649 *** | 0.2658 *** | 0.2382 *** |
| | (0.0255) | (0.0252) | (0.0255) | (0.0255) | (0.0252) |
| 行业固定效应 | 是 | 是 | 是 | 是 | 是 |
| 观测值 | 1475 | 1475 | 1475 | 1475 | 1475 |
| 拟合优度 $R^2$ | 0.1359 | 0.1336 | 0.1327 | 0.1324 | 0.1305 |

注：括号中是回归系数标准差；* 表示 p < 0.1，** 表示 p < 0.05，*** 表示 p < 0.01。

从表 6 - 2b 可以看出，CPS2 与 CPS1 的实证结果大不相同，公司治理的相关系数为正值但均不显著，同时，上市公司托宾 Q 的相关系数为负值且不显著。但是，对于 CPS2，模型（1）、模型（2）、模型（3）和模型（5）表明，董事长总经理兼任的相关系数为正值且显著，董事会规模以及董事会规模的平方值的相关系数均为负值且显著，董事独立性、股东总数、资产规模三个解释变量的相关系数均为负值且显著。

从表 6 - 2c 可以看出，CPS3 与 CPS1 的实证结果基本相同，对应模型（1）至模型（5），公司治理（CGI）的相关系数都为负值且显著，这表明对于公司治理分数越高（公司治理质量越高）的上市公司 CPS3 越小。对应模型（1）至模型（5），董事长总经理兼任（CEOChair）的相关系数也都为正值且显著，这意味着上市公司中如果董事长兼任总经理是有利于提升 CPS3 的。对应模型（1）至模型（5），上市公司托宾 Q 的相关系数均为正值且显著，这说明上市公司的托宾 Q 越高其 CPS3 也越高，由于托宾 Q 代表了公司创造的价值，因此，这表明公司创造的价值越高其 CPS3 也越高。对应模型（1）至模型（5），表征风险程度的上市公司资产负债率的相关系数均为负值且显著，这说明上市公司的资产负债率越高其 CPS3 越低，上市公司的经营风险制约了其 CPS3 的提高。模型（1）、模型（3）和模型（4）表明，公司董事会规模的相关系数均为负值且显著，说明公司董事会中董事人数增加不利于 CPS3 的提高；模型（2）和模型（5）表明，董事会规模平方值的相关系数也为负值且显著。与 CPS1 略有不同，CPS3 的实证结果中对应模型（1）至模型（5），其股东总数的相关系数均为负值且显著，表明股东总数的规模对 CPS3 有限制约束作用。除模型（4）、模型（5）外，模型（1）、模型（2）、模型（3）表明，公司的净资产收益率、资产报酬率的相关系数均为负值且显著，这说明上市公司 CPS3 与反映上市公司经营业绩的收益率相对指标之间存在负相关关系。

总的来看，上述实证分析结果与假设 1 即管理者能力理论的假设相矛盾，从而支持管理者权力理论即假设 2。

# 6.3 CPS 与公司业绩

### 6.3.1 实证模型

为继续实证检验上市公司 CEO 是否是凭借其杰出的管理能力获得相应薪酬，有必要分析 CEO 薪酬与业绩之间的相关关系。为此，使用以下实证模型进行实证分析：

$$Tobin'Q_{i,t+1} = \beta_0 + \beta_1 CPS_{it} + \beta_2 Cgidum_{it} + \beta_3 Interaction_{it} + \gamma CGVD_{it} + \lambda\ Controls_{it} + \varepsilon_{it} \tag{6-2}$$

式（6-2）中，Tobin'Q 是指上市公司的托宾 Q 值，这里以 $t+1$ 年的托宾 Q 代表公司的未来业绩（相对于 $t$ 年）；CPS 指 CEO 薪酬占比（从稳健性考虑，实证分析中分别使用薪酬最高前三名高管薪酬总额平均值，薪酬最高前三名董事薪酬总额平均值，董事、监事及高管前三名薪酬总额平均值占董事、监事和高管薪酬总额的比值作为表征指标，分别为 CPS1、CPS2、CPS3）。为控制公司业绩与公司治理因素之间可能存在的内生性，这里使用工具变量（Instrumental Variable）来进行检验，方法是新设一个虚拟变量 Cgidum，当上市公司的公司治理分数大于样本均值时该变量为 1，否则为 0。这里的研究期望是 Cgidum 和 Tobin'Q 两者之间存在显著正向相关关系。

Interaction 是 CPS 和 Cgidum 两者之间的交叉项，表示两者之间的相互影响。Interaction 有四种潜在逻辑关系：第一，如果 CPS 和 Cgidum 两者之间存在替代关系（两者代表相同信息），那么 CPS 和 Cgidum 两者的相关系数将相同，而且 Interaction 的相关系数将为负值同时其绝对值等于 CPS 或 Cgidum 相关系数。第二，如果 CPS 和 Cgidum 两者代表不相关的信息，那么拥有高水平公司治理 Cgidum 和较低水平 CPS 的公司业绩将好于 CPS 和 Cgidum 两者均为较高水平的公司业绩。

这种情况下，预期 Interaction 的相关系数将为正值且显著不等于 0。第三，如果 CPS 和 Cgidum 两者之间存在互补关系（两者代表相同补充的信息），这种情况下拥有更好的公司治理水平或者拥有更高的高管前三名薪酬总额的企业倾向于拥有更好的业绩水平，因此预期 Interaction 的相关系数将为显著大于 0，并且如果 Interaction 的相关系数为正值，预期 CPS、Cgidum 和 Interaction 的相关系数之和将显著大于 CPS 和 Cgidum 的相关系数之和。第四，如果 CPS 和 Cgidum 两者之间存在相关信息但是其中部分信息是相同的（CPS 和 Cgidum 两者之间存在部分替代关系），那么拥有较高水平公司治理 Cgidum 和较低 TOP 的公司业绩将好于那些 CPS 和 Cgidum 两者均较高的公司，这种情况下预期 Interaction 的相关系数将显著小于 0。换句话说，CPS、Cgidum 和 Interaction 的相关系数之和将显著小于 CPS 和 Cgidum 的相关系数之和。

CGVD 代表企业公司治理相关变量，包括董事会规模、董事会独立性、股东人数。同时，控制了公司的风险程度（资产负债率）、净资产收益率（ROE）、企业规模（资产总额的对数值）。

这里最重要的相关系数是 $\beta_1$ 和 $\beta_2$。

从稳健性考虑，对于式（6-2），分别使用净资产收益率、资产报酬率、总资产净利润率作为托宾 Q 的替代变量进行实证分析。

### 6.3.2 CPS 与托宾 Q 的实证分析结果

对应式（6-2），以上市公司下年度托宾 Q 作为未来业绩变量进行实证分析。描述性统计结果如表 6-3 所示。

表 6-3 上市公司 CPS 与未来公司业绩（托宾 Q）描述性统计结果

| 观测变量 | 均值 | 中位数 | 标准差 | 最大值 | 最小值 |
|---|---|---|---|---|---|
| 托宾 Q（Tobin's Q, 2020） | 2.0432 | 1.5064 | 1.7762 | 29.1669 | 0.6735 |
| 净资产收益率（ROE, 2020） | 0.0717 | 0.0800 | 0.1378 | 0.7418 | -1.8438 |

续表

| 观测变量 | 均值 | 中位数 | 标准差 | 最大值 | 最小值 |
|---|---|---|---|---|---|
| 资产报酬率（2020） | 0.0588 | 0.0530 | 0.0666 | 0.6658 | −0.5188 |
| 总资产净利润率（ROA，2020） | 0.0438 | 0.0392 | 0.0612 | 0.5415 | −0.5419 |
| CPS1（薪酬最高前三名高管薪酬平均值占比） | 0.1397 | 0.1333 | 0.0423 | 0.3333 | 0.0405 |
| CPS2（薪酬最高前三名董事薪酬平均值占比） | 0.1199 | 0.1174 | 0.0465 | 0.2897 | 0 |
| CPS3（薪酬最高前三名董事、监事、高管薪酬平均值占比） | 0.1502 | 0.1435 | 0.0437 | 0.3333 | 0.0458 |
| 公司治理（CGI） | 51.2181 | 51.4072 | 4.2520 | 63.6059 | 37.1033 |
| 公司治理（Cgidum） | 0.5163 | 1 | 0.4999 | 1 | 0 |
| 净资产收益率（ROE，2019） | 0.0596 | 0.0782 | 0.2959 | 0.6039 | −9.1791 |
| 资产报酬率2019 | 0.0533 | 0.0528 | 0.0903 | 0.5278 | −1.3046 |
| 总资产净利润率（ROA，2019） | 0.0437 | 0.0417 | 0.0746 | 0.6754 | −0.7944 |
| 资产规模（对数值）（size） | 22.6906 | 22.3875 | 1.6831 | 31.0359 | 19.4135 |
| 董事会规模（Bsize） | 8.6050 | 9 | 1.8202 | 18 | 4 |
| 董事独立性（Independ） | 0.3787 | 0.3636 | 0.0579 | 0.80 | 0.25 |
| 董事长总经理兼任（CEOChair） | 0.2717 | 0 | 0.4449 | 1 | 0 |
| 所有制性质（国有或非国有控股） | 0.6203 | 1 | 0.4896 | 1 | 0 |
| 资产负债率（lev） | 0.4395 | 0.4262 | 0.2100 | 1.6981 | 0.0145 |
| 股东总数（个） | 56777.7 | 34018 | 79505.68 | 1224363 | 4333 |

注：样本总数为1476个上市公司。所有制性质为虚拟变量，1代表非国有控股，0代表国有控股。
资料来源：CSMAR数据库（2019年、2020年）。

表6-4a列出了上市公司CPS1与未来公司业绩（以下年度托宾Q为指标变量）相互关系的实证分析结果。

### 表 6-4a　上市公司 CPS1 与托宾 Q 的实证结果

| 被解释变量：托宾 Q | 模型（1） | 模型（2） | 模型（3） | 模型（4） | 模型（5） |
|---|---|---|---|---|---|
| CPS1（薪酬最高前三名高管薪酬平均值占比） | -0.3870<br>(1.4422) | -0.3174<br>(1.4423) | -0.0446<br>(1.4362) | 0.0632<br>(1.4285) | 0.0124<br>(1.4367) |
| 董事独立性（Independ） | 1.4296<br>(0.8901) | 1.8841*<br>(0.9584) | 1.4468<br>(0.8858) | 1.3992<br>(0.8815) | 1.8469*<br>(0.9540) |
| 董事会规模（Bsize） | 0.0456<br>(0.0318) | 0.2459<br>(0.1509) | 0.0462<br>(0.0317) | 0.0446<br>(0.0315) | 0.2232<br>(0.1504) |
| 董事会规模平方（$Bsize^2$） | | -0.0104<br>(0.0077) | | | -0.0092<br>(0.0076) |
| 所有制性质 | 0.0093<br>(0.0891) | 0.0105<br>(0.0893) | -0.0000<br>(0.0887) | -0.0014<br>(0.0883) | 0.0016<br>(0.0889) |
| 公司治理虚拟变量（Cgidum） | -0.3788<br>(0.2956) | -0.9242<br>(0.5758) | -0.3474<br>(0.2943) | -0.3372<br>(0.2928) | -0.8551<br>(0.5734) |
| 交叉项（Interaction） | 3.5733*<br>(2.0234) | 11.1362<br>(7.1261) | 3.1668<br>(2.0154) | 2.9720<br>(2.0058) | 10.2047<br>(7.0968) |
| 交叉项平方（$Interaction^2$） | | -24.1605<br>(21.6956) | | | -22.4516<br>(21.6005) |
| 董事长总经理兼任（CEOChair） | 0.2073**<br>(0.0994) | 0.2096**<br>(0.0994) | 0.2109**<br>(0.0989) | 0.2156**<br>(0.0984) | 0.2127**<br>(0.0990) |
| 股东总数 | -0.1308*<br>(0.0678) | | -0.0764<br>(0.0688) | -0.0370<br>(0.0692) | -0.0812<br>(0.0689) |
| 资产负债率（lev） | -1.4651***<br>(0.2631) | -1.4696***<br>(0.2630) | -1.1118***<br>(0.2756) | -0.8701***<br>(0.2806) | -1.1229***<br>(0.2757) |
| 资产规模（size） | -0.1452***<br>(0.0471) | -0.1366***<br>(0.0475) | -0.1940***<br>(0.0482) | -0.2187***<br>(0.0481) | -1.9262***<br>(0.5216) |
| 净资产收益率（ROE） | 0.0894<br>(0.1475) | 0.0868<br>(0.1474) | | | |
| 资产报酬率 | | | 1.9662***<br>(0.5211) | | 7.1323***<br>(0.6629) |
| 总资产净利润率（ROA） | | | | 3.4429***<br>(0.6458) | |

续表

| 被解释变量：托宾 Q | 模型（1） | 模型（2） | 模型（3） | 模型（4） | 模型（5） |
|---|---|---|---|---|---|
| 常数项 | 6.2619 *** (0.9770) | 5.0006 *** (1.2838) | 6.3833 *** (0.9707) | 6.2583 *** (0.9650) | 5.2597 *** (1.2783) |
| 行业固定效应 | 是 | 是 | 是 | 是 | 是 |
| 观测值 | 1475 | 1475 | 1475 | 1475 | 1475 |
| 拟合优度 $R^2$ | 0.1939 | 0.1956 | 0.2015 | 0.2092 | 0.2029 |

注：括号中是回归系数标准差；＊表示 $p < 0.1$，＊＊表示 $p < 0.05$，＊＊＊表示 $p < 0.01$。

表6-4a 中模型（1）至模型（5）分别对应不同的解释变量。从表6-4a 中可以得出以下结论：

第一，对应模型（1）至模型（5），CPS1 的相关系数均不显著（前三个模型相关系数为正值，但后两个模型相关系数为负值），这表明以托宾 Q 衡量的上市公司未来业绩与 CPS1 之间不存在相关关系。Basil Al－Najjar、Rong Ding 和 Khaled Hussainey（2016）对英国上市公司的研究中，CPS 与托宾 Q 之间相关系数为正值且显著。从这个角度而言，目前我国沪深上市公司中 CEO 的薪酬水平并非来自企业未来业绩，这是需要通过公司治理等机制加以改进的重要内容。

第二，除模型（1）外，公司治理虚拟变量（Cgidum）及其与 CPS1 的交叉项均不显著。由于交叉项的相关系数为正值（显著大于0），因此公司治理虚拟变量和 CPS1 两者之间存在不相关信息。

第三，资产负债率（lev）、资产规模（size）两者的相关系数均为负值且显著，这说明资产负债率、资产规模对企业未来的业绩（以托宾 Q 衡量）存在负面影响。

第四，除净资产收益率（ROE）外，资产报酬率、总资产净利润率（ROA）三者的相关系数均为正值且显著，这说明上市公司当期的业绩表现与未来业绩之间存在正向关系。

第五，董事长总经理兼任（CEOChair）变量的相关系数均为正值且显著，这意味着董事长与总经理兼任对公司未来业绩产生正向影响。

第六，除模型（1）外，模型（2）至模型（5）表明，董事会规模、董事会规模平方、董事独立性、所有制性质、股东总数的相关系数均不显著。

总的来看，单从表6－4a的实证分析结果来看，研究结果不支持假设1（管理者能力假设），上市公司CEO的薪酬并非来源其管理能力和技能，而可能来源于管理权力。

从稳健性考虑，再以CPS2、CPS3作为被解释变量进行分析，其实证分析结果分别如表6－4b、表6－4c所示。

表6－4b　上市公司CPS2与托宾Q的实证结果

| 被解释变量：托宾Q | 模型（1） | 模型（2） | 模型（3） | 模型（4） | 模型（5） |
|---|---|---|---|---|---|
| CPS2（薪酬最高前三名董事薪酬平均值占比） | 0.1115 (1.0289) | 0.1631 (1.0308) | 0.1259 (1.0220) | 0.0954 (1.0170) | 0.1701 (1.0241) |
| 董事独立性（Independ） | 1.4440 (0.8949) | 1.9067** (0.9653) | 1.4590 (0.8906) | 1.4073 (0.8863) | 1.8661* (0.9609) |
| 董事会规模（Bsize） | 0.0464 (0.0318) | 0.2484 (0.1512) | 0.0464 (0.0316) | 0.0446 (0.0315) | 0.2248 (0.1506) |
| 董事会规模平方（$Bsize^2$） | | -0.0105 (0.0077) | | | -0.0093 (0.0076) |
| 所有制性质 | 0.0091 (0.0892) | 0.0102 (0.0894) | -0.0004 (0.0888) | -0.0017 (0.0883) | 0.0009 (0.0889) |
| 公司治理虚拟变量（Cgidum） | -0.3201 (0.2310) | -0.8726 (0.5522) | -0.3339 (0.2299) | -0.3451 (0.2288) | -0.8442 (0.5497) |
| 交叉项（Interaction） | 3.1564** (1.5600) | 10.7729 (7.0612) | 3.0682** (1.5524) | 2.9895 (1.5451) | 10.1052 (7.0303) |
| 交叉项平方（$Interaction^2$） | | -24.1949 (21.6966) | | | -22.3405 (21.6012) |
| 董事长总经理兼任（CEOChair） | 0.2042** (0.0996) | 0.2064** (0.0996) | 0.2094** (0.0991) | 0.2151** (0.0986) | 0.2111** (0.0991) |
| 股东总数 | -0.1305* (0.0678) | -0.1345** (0.0678) | -0.0761 (0.0689) | -0.0368 (0.0692) | -0.0807 (0.0689) |

续表

| 被解释变量：托宾 Q | 模型（1） | 模型（2） | 模型（3） | 模型（4） | 模型（5） |
|---|---|---|---|---|---|
| 资产负债率（lev） | −1.4595*** | −1.4642*** | −1.1099*** | −0.8700*** | −1.1212*** |
| | (0.2630) | (0.2629) | (0.2752) | (0.2801) | (0.2752) |
| 资产规模（size） | −0.1439*** | −0.1352*** | −0.1933*** | −0.2183*** | −0.1843*** |
| | (0.0472) | (0.0476) | (0.0484) | (0.0483) | (0.0488) |
| 净资产收益率（ROE） | 0.0930 | 0.0904 | | | |
| | (0.1474) | (0.1474) | | | |
| 资产报酬率 | | | 1.9684*** | | 1.9270*** |
| | | | (0.5197) | | (0.5203) |
| 总资产净利润率（ROA） | | | | 3.4413*** | |
| | | | | (0.6444) | |
| 常数项 | 6.1489*** | 4.8766*** | 6.3362*** | 6.2428*** | 5.2036*** |
| | (0.9789) | (1.2941) | (0.9734) | (0.9671) | (1.2900) |
| 行业固定效应 | 是 | 是 | 是 | 是 | 是 |
| 观测值 | 1475 | 1475 | 1475 | 1475 | 1475 |
| 拟合优度 $R^2$ | 0.1938 | 0.1956 | 0.2015 | 0.2092 | 0.2030 |

注：括号中是回归系数标准差；* 表示 $p<0.1$，** 表示 $p<0.05$，*** 表示 $p<0.01$。

**表 6-4c 上市公司 CPS3 与托宾 Q 的实证结果**

| 被解释变量：托宾 Q | 模型（1） | 模型（2） | 模型（3） | 模型（4） | 模型（5） |
|---|---|---|---|---|---|
| CPS3（薪酬最高前三名董事监事高管薪酬平均值占比） | 2.2399* | 2.3689* | 2.4364* | 2.5041** | 2.5490** |
| | (1.2878) | (1.2890) | (1.2780) | (1.2713) | (1.2793) |
| 董事独立性（Independ） | 1.4894* | 1.9713** | 1.5104* | 1.4624* | 1.9372** |
| | (0.8896) | (0.9581) | (0.8851) | (0.8808) | (0.9536) |
| 董事会规模（Bsize） | 0.0531* | 0.2647* | 0.0536* | 0.0520 | 0.2418 |
| | (0.0319) | (0.1510) | (0.0318) | (0.0316) | (0.1504) |
| 董事会规模平方（$Bsize^2$） | | −0.0110 | | | −0.0098 |
| | | (0.0077) | | | (0.0076) |
| 所有制性质 | 0.0078 | 0.0091 | −0.0024 | −0.0038 | −0.0008 |
| | (0.0890) | (0.0892) | (0.0886) | (0.0882) | (0.0888) |

| 被解释变量：托宾 Q | 模型（1） | 模型（2） | 模型（3） | 模型（4） | 模型（5） |
|---|---|---|---|---|---|
| 公司治理虚拟变量（Cgidum） | -0.0491 | -0.6240 | -0.0392 | -0.0351 | -0.5758 |
| | (0.2739) | (0.5645) | (0.2724) | (0.2710) | (0.5618) |
| 交叉项（Interaction） | 1.2598 | 9.2716 | 1.0052 | 0.8531 | 8.4831 |
| | (1.8628) | (7.0756) | (1.8525) | (1.8436) | (7.0435) |
| 交叉项平方（Interaction$^2$） | | -25.7279 | | | -23.9826 |
| | | (21.6755) | | | (21.5762) |
| 董事长总经理兼任（CEOChair） | 0.2063 ** | 0.2091 ** | 0.2118 ** | 0.2172 ** | 0.2140 ** |
| | (0.0990) | (0.0990) | (0.0985) | (0.0980) | (0.0986) |
| 股东总数 | -0.1267 | -0.1308 * | -0.0715 | -0.0319 | -0.0763 |
| | (0.0677) | (0.0677) | (0.0688) | (0.0692) | (0.0688) |
| 资产负债率（lev） | -1.4262 *** | -1.4298 *** | -1.0719 *** | -0.8302 *** | -1.0826 *** |
| | (0.2632) | (0.2631) | (0.2754) | (0.2803) | (0.2754) |
| 资产规模（size） | -0.1421 *** | -0.1330 *** | -0.1914 *** | -0.2161 *** | -0.1819 *** |
| | (0.0470) | (0.0474) | (0.0481) | (0.0480) | (0.0485) |
| 净资产收益率（ROE） | 0.1157 | 0.1138 | | | |
| | (0.1476) | (0.1476) | | | |
| 资产报酬率 | | | 2.0252 *** | | 1.9836 *** |
| | | | (0.5199) | | (0.5204) |
| 总资产净利润率（ROA） | | | | 3.5066 *** | |
| | | | | (0.6443) | |
| 常数项 | 5.6488 *** | 4.3005 *** | 5.7852 *** | 5.6617 *** | 4.5767 *** |
| | (0.9787) | (1.2907) | (0.9729) | (0.9671) | (1.2858) |
| 行业固定效应 | 是 | 是 | 是 | 是 | 是 |
| 观测值 | 1475 | 1475 | 1475 | 1475 | 1475 |
| 拟合优度 R$^2$ | 0.1955 | 0.1975 | 0.2035 | 0.2113 | 0.2051 |

注：括号中是回归系数标准差；* 表示 $p<0.1$，** 表示 $p<0.05$，*** 表示 $p<0.01$。

从表 6-4b 可以看出，与 CPS1 实证结果不同的是，CPS2 的实证结果中，CPS2 的相关系数虽然不显著但是均为正值。其他实证结果与 CPS1 基本一致，资产负债率（lev）、资产规模（size）两者的相关系数均为负值且显著；董事长总经理兼任（CEOChair）变量的相关系数均为正值且显著；除净资产收益率（ROE）外，资产报酬率、总资产净利润率（ROA）三者的相关系数均为正值且显著。

从表6-4c可以看出，与CPS1、CPS2实证结果不同的是，CPS3的实证结果中，CPS3的相关系数均为正值且显著。其他实证结果与CPS1、CPS2基本一致，资产负债率（lev）、资产规模（size）两者的相关系数均为负值且显著；董事独立性、董事长总经理兼任（CEOChair）变量的相关系数均为正值且显著；除净资产收益率（ROE）外，资产报酬率、总资产净利润率（ROA）三者的相关系数均为正值且显著。

由于CPS3平均值大于CPS1、CPS2，因此，从上述实证分析得出的一个合理推断是，提高CPS整体而言有利于CPS与企业未来业绩的匹配性，或者说，目前CPS偏低是造成上市公司CEO与企业未来业绩之间正相关性不够显著的重要原因。

综上所述，目前上市公司CPS1、CPS2、CPS3的实证分析结果中，CPS3的实证结果支持CEO的管理者能力假设，但CPS1、CPS2的实证结果不支持。

### 6.3.3 CPS与净资产收益率的实证分析结果

对应式（6-2），从稳健性考虑，分别以净资产收益率（ROE）、资产报酬率、总资产净利润率为被解释变量进行实证分析。描述性统计结果如表6-5所示。

表6-5 上市公司CPS与未来公司业绩（ROE等）描述性统计结果

| 观测变量 | 均值 | 中位数 | 标准差 | 最大值 | 最小值 |
|---|---|---|---|---|---|
| 净资产收益率（ROE）2020 | 0.0717 | 0.0800 | 0.1378 | 0.7418 | -1.8438 |
| 资产报酬率2020 | 0.0588 | 0.0530 | 0.0666 | 0.6658 | -0.5188 |

| 观测变量 | 均值 | 中位数 | 标准差 | 最大值 | 最小值 |
|---|---|---|---|---|---|
| 总资产净利润率（ROA）2020 | 0.0438 | 0.0392 | 0.0612 | 0.5415 | −0.5419 |
| CPS1（薪酬最高前三名高管薪酬平均值占比） | 0.1397 | 0.1333 | 0.0423 | 0.3333 | 0.0405 |
| CPS2（薪酬最高前三名董事薪酬平均值占比） | 0.1199 | 0.1174 | 0.0465 | 0.2897 | 0 |
| CPS3（薪酬最高前三名董事、监事、高管薪酬平均值占比） | 0.1502 | 0.1435 | 0.0437 | 0.3333 | 0.0458 |
| 公司治理（CGI） | 51.2181 | 51.4072 | 4.2520 | 63.6059 | 37.1033 |
| 公司治理（Cgidum） | 0.5163 | 1 | 0.4999 | 1 | 0 |
| 净资产收益率（ROE）2019 | 0.0596 | 0.0782 | 0.2959 | 0.6039 | −9.1791 |
| 资产报酬率 2019 | 0.0533 | 0.0528 | 0.0903 | 0.5278 | −1.3046 |
| 总资产净利润率（ROA）2019 | 0.0437 | 0.0417 | 0.0746 | 0.6754 | −0.7944 |
| 资产规模（对数值）（size） | 22.6906 | 22.3875 | 1.6831 | 31.0359 | 19.4135 |
| 董事会规模（Bsize） | 8.6050 | 9 | 1.8202 | 18 | 4 |
| 董事独立性（Independ） | 0.3787 | 0.3636 | 0.0579 | 0.80 | 0.25 |
| 董事长总经理兼任（CEOChair） | 0.2717 | 0 | 0.4449 | 1 | 0 |
| 所有制性质（国有或非国有控股） | 0.6203 | 1 | 0.4896 | 1 | 0 |
| 资产负债率（lev） | 0.4395 | 0.4262 | 0.2100 | 1.6981 | 0.0145 |
| 股东总数（个） | 56777.7 | 34018 | 79505.68 | 1224363 | 4333 |

注：样本总数为 1476 个上市公司。所有制性质为虚拟变量，1 代表非国有控股，0 代表国有控股。表中未标明 2020 年的均为 2019 年数值。

资料来源：CSMAR 数据库（2019 年、2020 年）。

表 6-6a 列出了上市公司 CPS 与未来公司业绩（以下年度净资产收益率为变量）相互关系的实证分析结果（限于篇幅，在 CPS1、CPS2、CPS3 中仅列出 CPS1 的分析结果）。

表 6-6a　上市公司 CPS 与净资产收益率的实证结果

| 被解释变量：净资产收益率 | 模型（1） | 模型（2） | 模型（3） | 模型（4） | 模型（5） |
|---|---|---|---|---|---|
| CPS1（薪酬最高前三名高管薪酬平均值占比） | 0.0334 (0.1188) | 0.0371 (0.1187) | 0.0774 (0.1178) | 0.0908 (0.1166) | 0.0795 (0.1177) |
| 董事独立性（Independ） | 0.0491 (0.0733) | 0.1236 (0.0789) | 0.0503 (0.0726) | 0.0449 (0.0719) | 0.1186 (0.0782) |
| 董事会规模（Bsize） | 0.0048* (0.0026) | 0.0358*** (0.0124) | 0.0049* (0.0026) | 0.0047* (0.0026) | 0.0332*** (0.0123) |
| 董事会规模平方（Bsize$^2$） | | -0.0016** (0.0006) | | | -0.0015** (0.0006) |
| 所有制性质 | 0.0024 (0.0073) | 0.0017 (0.0073) | 0.0015 (0.0073) | 0.0013 (0.0072) | 0.0008 (0.0073) |
| 公司治理虚拟变量（Cgidum） | 0.0285 (0.0244) | 0.0275 (0.0474) | 0.0325 (0.0241) | 0.0337 (0.0239) | 0.0361 (0.0470) |
| 交叉项（Interaction） | 0.0093 (0.1667) | 0.0262 (0.5864) | -0.0418 (0.1653) | -0.0654 (0.1637) | -0.0891 (0.5815) |
| 交叉项平方（Interaction$^2$） | | -0.0763 (1.7854) | | | 0.1327 (1.7698) |
| 董事长总经理兼任（CEOChair） | 0.0029 (0.0082) | 0.0036 (0.0082) | 0.0033 (0.0081) | 0.0039 (0.0080) | 0.0040 (0.0081) |
| 股东总数 | -0.0297*** (0.0056) | -0.0302*** (0.0056) | -0.0231*** (0.0056) | -0.0184*** (0.0056) | -0.0237*** (0.0056) |
| 资产负债率（lev） | -0.0756*** (0.0217) | -0.0762*** (0.0216) | -0.0326 (0.0226) | -0.0037 (0.0229) | -0.0339 (0.0226) |
| 资产规模（size） | 0.0158*** (0.0039) | 0.0161*** (0.0039) | -0.0098** (0.0040) | 0.0068* (0.0039) | 0.0101** (0.0040) |
| 净资产收益率（ROE） | 0.0020 (0.0121) | 0.0019 (0.0121) | | | |
| 资产报酬率 | | | 0.2225*** (0.0427) | | 0.2182*** (0.0427) |
| 总资产净利润率（ROA） | | | | 0.3980*** (0.0527) | |

续表

| 被解释变量：净资产收益率 | 模型（1） | 模型（2） | 模型（3） | 模型（4） | 模型（5） |
|---|---|---|---|---|---|
| 常数项 | −0.0331<br>(0.0805) | −0.2066*<br>(0.1056) | −0.0154<br>(0.0796) | −0.0294<br>(0.0787) | −0.1732*<br>(0.1047) |
| 行业固定效应 | 是 | 是 | 是 | 是 | 是 |
| 观测值 | 1475 | 1475 | 1475 | 1475 | 1475 |
| 拟合优度 $R^2$ | 0.0914 | 0.0955 | 0.1081 | 0.1259 | 0.1115 |

注：括号中是回归系数标准差；＊表示 $p < 0.1$，＊＊表示 $p < 0.05$，＊＊＊表示 $p < 0.01$。

表6－6a 中模型（1）至模型（5）分别对应不同的解释变量。从表6－6a 中可以得出以下结论：

第一，对应模型（1）至模型（5），CPS1 的相关系数均为正值但不显著。

第二，公司治理虚拟变量（Cgidum）及其与 CPS1 的交叉项均不显著。但由于交叉项的相关系数有正值也有负值（显著不等于0），因此公司治理虚拟变量和 CPS1 两者之间的关系不能判定。

第三，对应模型（1）至模型（5），董事会规模的相关系数均为正值且显著，这说明董事会规模对企业未来的业绩（以净资产收益率衡量）存在正向影响，其隐含的原因可能是董事会成员越多元化则对公司资产收益的要求越高，董事会规模对公司业绩产生正向激励约束作用。同时，资产规模的相关系数也均为正值且显著。

第四，对应模型（1）至模型（5），股东总数、资产负债率的相关系数均为负值且显著。

第五，除净资产收益率外，资产报酬率、总资产净利润率（ROA）两者的相关系数均为正值且显著，这说明上市公司当期的业绩表现与未来业绩之间存在正向关系。

第六，模型（1）至模型（5）表明，董事独立性、所有制性质的相关系数均不显著。

总的来看，表6－6a 的实证分析结果也不支持假设1（管理者能力假设）。

### 6.3.4 CPS 与资产报酬率的实证分析结果

以资产报酬率为被解释变量进行实证分析的结果如表 6 – 6b 所示。从表 6 – 6b 中可以看出：对应模型（1）至模型（5），CPS1 的相关系数均为正值但不显著，这表明以资产报酬率衡量的上市公司未来业绩与 CPS1 之间也不存在显著正向关系，这个实证分析结果也不支持管理者能力假设。

表 6 – 6b　上市公司 CPS 与资产报酬率的实证结果

| 被解释变量：资产报酬率 | 模型（1） | 模型（2） | 模型（3） | 模型（4） | 模型（5） |
|---|---|---|---|---|---|
| CPS1（薪酬最高前三名高管薪酬平均值占比） | 0.0219 (0.0551) | 0.0248 (0.0549) | 0.0480 (0.0537) | 0.0512 (0.0529) | 0.0498 (0.0536) |
| 董事独立性（Independ） | 0.0239 (0.0340) | 0.0737** (0.0365) | 0.0263 (0.0331) | 0.0224 (0.0327) | 0.0711** (0.0356) |
| 董事会规模（Bsize） | 0.0018 (0.0012) | 0.0226*** (0.0057) | 0.0018 (0.0012) | 0.0017 (0.0012) | 0.0205*** (0.0056) |
| 董事会规模平方（$Bsize^2$） | | –0.0011*** (0.0003) | | | –0.0010*** (0.0003) |
| 所有制性质 | 0.0009 (0.0034) | 0.0004 (0.0034) | –0.0001 (0.0033) | 0.0001 (0.0033) | 0.0005 (0.0033) |
| 公司治理虚拟变量（Cgidum） | 0.0119 (0.0113) | 0.0064 (0.0219) | 0.0144 (0.0110) | 0.0147 (0.0109) | 0.0120 (0.0214) |
| 交叉项（Interaction） | 0.0219 (0.0773) | 0.1004 (0.2713) | –0.0104 (0.0754) | –0.0197 (0.0743) | 0.0245 (0.2646) |
| 交叉项平方（$Interaction^2$） | | –0.2646 (0.8261) | | | –0.1224 (0.8053) |
| 董事长总经理兼任（CEOChair） | 0.0007 (0.0038) | 0.0012 (0.0038) | 0.0010 (0.0037) | 0.0014 (0.0036) | 0.0015 (0.0037) |
| 股东总数 | –0.0172*** (0.0026) | –0.0175*** (0.0026) | –0.0126*** (0.0026) | –0.0102* (0.0026) | –0.0130*** (0.0026) |
| 资产负债率（lev） | –0.0607*** (0.0101) | –0.0611*** (0.0100) | –0.0312*** (0.0103) | –0.0171* (0.0104) | –0.0321** (0.0103) |

| 被解释变量：资产报酬率 | 模型（1） | 模型（2） | 模型（3） | 模型（4） | 模型（5） |
|---|---|---|---|---|---|
| 资产规模（size） | -0.0075*** | 0.0078*** | 0.0036** | 0.0023 | 0.0038** |
| | (0.0018) | (0.0018) | (0.0018) | (0.0018) | (0.0018) |
| 净资产收益率（ROE） | 0.0175*** | 0.0175*** | | | |
| | (0.0056) | (0.0056) | | | |
| 资产报酬率 | | | 0.1837*** | | 0.1808*** |
| | | | (0.0195) | | (0.0194) |
| 总资产净利润率（ROA） | | | | 0.0175*** | |
| | | | | (0.0239) | |
| 常数项 | 0.0404 | -0.0776 | 0.0472 | 0.0349 | -0.0580 |
| | (0.0373) | (0.04888) | (0.0363) | (0.0358) | (0.0477) |
| 行业固定效应 | 是 | 是 | 是 | 是 | 是 |
| 观测值 | 1475 | 1475 | 1475 | 1475 | 1475 |
| 拟合优度 $R^2$ | 0.1622 | 0.1701 | 0.2054 | 0.2272 | 0.2117 |

注：括号中是回归系数标准差；*表示 p<0.1，**表示 p<0.05，***表示 p<0.01。

### 6.3.5 CPS 与总资产净利润率的实证分析结果

以总资产净利润率为被解释变量进行实证分析的结果如表 6-6c 所示。从表 6-6c 中可以看出：对应模型（1）至模型（5），CPS1 的相关系数均为正值但不显著，这表明以总资产净利润率衡量的上市公司未来业绩与 CPS1 之间也不存在正向关系，这个实证分析结果也不支持上述管理者能力假设。

表 6-6c　上市公司 CPS 与总资产净利润率的实证结果

| 被解释变量：总资产净利润率 | 模型（1） | 模型（2） | 模型（3） | 模型（4） | 模型（5） |
|---|---|---|---|---|---|
| CPS1（薪酬最高前三名高管薪酬平均值占比） | 0.0202 | 0.0231 | 0.0450 | 0.0504 | 0.0470 |
| | (0.0502) | (0.0500) | (0.0491) | (0.0483) | (0.0489) |
| 董事独立性（Independ） | 0.0208 | 0.0697** | 0.0222 | 0.0188 | 0.0671** |
| | (0.0310) | (0.0332) | (0.0303) | (0.0298) | (0.0325) |

| 被解释变量：总资产净利润率 | 模型（1） | 模型（2） | 模型（3） | 模型（4） | 模型（5） |
|---|---|---|---|---|---|
| 董事会规模（Bsize） | 0.0020 * | 0.0225 *** | 0.0021 * | 0.0019 * | 0.0208 *** |
| | (0.0011) | (0.0052) | (0.0011) | (0.0011) | (0.0051) |
| 董事会规模平方（Bsize$^2$） | | − 0.0011 *** | | | − 0.0010 *** |
| | | (0.0003) | | | (0.0003) |
| 所有制性质 | 0.0005 | 0.0001 | − 0.0002 | − 0.0003 | − 0.0006 |
| | (0.0031) | (0.0031) | (0.0030) | (0.0030) | (0.0030) |
| 公司治理虚拟变量（Cgidum） | 0.0104 | 0.0034 | 0.0127 | 0.0132 | 0.0085 |
| | (0.0103) | (0.0200) | (0.0101) | (0.0099) | (0.0195) |
| 交叉项（Interaction） | 0.0274 | 0.1265 | − 0.0024 | − 0.0135 | 0.0581 |
| | (0.0705) | (0.2470) | (0.0689) | (0.0678) | (0.2418) |
| 交叉项平方（Interaction$^2$） | | − 0.3296 | | | − 0.2036 |
| | | (0.7521) | | | (0.7359) |
| 董事长总经理兼任（CEOChair） | − 0.0005 | − 0.0001 | − 0.0003 | 0.0001 | 0.0002 |
| | (0.0035) | (0.0034) | (0.0034) | (0.0033) | (0.0034) |
| 股东总数 | − 0.0163 *** | − 0.0166 *** | − 0.0123 *** | − 0.0098 *** | − 0.0127 *** |
| | (0.0024) | (0.0023) | (0.0024) | (0.0023) | (0.0023) |
| 资产负债率（lev） | − 0.0789 *** | − 0.0793 *** | − 0.0528 *** | − 0.0379 *** | − 0.0538 *** |
| | (0.0092) | (0.0091) | (0.0094) | (0.0095) | (0.0094) |
| 资产规模（size） | 0.0077 *** | 0.0079 *** | 0.0041 ** | 0.0026 | 0.0044 |
| | (0.0016) | (0.0016) | (0.0016) | (0.0016) | (0.0017) |
| 净资产收益率（ROE） | 0.0086 * | 0.0085 * | | | |
| | (0.0051) | (0.0051) | | | |
| 资产报酬率 | | | 0.1493 *** | | 0.1463 *** |
| | | | (0.0178) | | (0.0178) |
| 总资产净利润率（ROA） | | | | 0.2424 *** | |
| | | | | (0.0218) | |
| 常数项 | 0.0308 | − 0.0857 * | 0.0391 | 0.0294 ** | − 0.0670 |
| | (0.0340) | (0.0445) | (0.0332) | (0.0326) | (0.0435) |
| 行业固定效应 | 是 | 是 | 是 | 是 | 是 |
| 观测值 | 1476 | 1475 | 1475 | 1475 | 1475 |
| 拟合优度 R$^2$ | 0.1775 | 0.1867 | 0.2141 | 0.2408 | 0.2217 |

注：括号中是回归系数标准差；* 表示 $p < 0.1$，** 表示 $p < 0.05$，*** 表示 $p < 0.01$。

# 6.4　公司治理与未来公司业绩

### 6.4.1　实证模型

为实证检验上市公司治理与企业未来业绩之间的关系（对应假设3），使用以下实证模型进行实证分析：

$$ROE_{i,t+1} = \beta_0 + \beta_1 CGI_{it} + \beta_2 CGVD + \lambda\ Controls_{it} + \varepsilon_{it} \tag{6-3}$$

式（6-3）中，$ROE$ 是指上市公司的净资产收益率，这里以 $t+1$ 年的净资产收益率代表公司的未来业绩（相对于 $t$ 年）；$CGI$ 指上市公司的公司治理分数。$CGVD$ 代表企业公司治理相关变量，包括董事会规模、董事会独立性、股东人数。$Coutrols$ 代表控制的公司的风险程度（资产负债率）、企业规模（资产总额的对数值）、行业性质特征。

这里最重要的相关系数是 $\beta_1$。

从稳健性考虑，对于式（6-3），分别使用资产报酬率、总资产净利润率、托宾 Q 作为替代变量进行实证分析。

### 6.4.2　公司治理与净资产收益率的实证分析结果

对应式（6-3），以上市公司下年度净资产收益率作为未来业绩变量进行实证分析。描述性统计结果如表6-7所示。

表6-7　上市公司的公司治理与未来公司业绩（ROE）描述性统计结果

| 观测变量 | 均值 | 中位数 | 标准差 | 最大值 | 最小值 |
|---|---|---|---|---|---|
| 净资产收益率（ROE）2020 | 0.0717 | 0.0800 | 0.1378 | 0.7418 | -1.8438 |
| 资产报酬率 2020 | 0.0588 | 0.0530 | 0.0666 | 0.6658 | -0.5188 |

续表

| 观测变量 | 均值 | 中位数 | 标准差 | 最大值 | 最小值 |
|---|---|---|---|---|---|
| 总资产净利润率（ROA）2020 | 0.0438 | 0.0392 | 0.0612 | 0.5415 | −0.5419 |
| 托宾Q（Tobin's Q，2020年） | 2.0432 | 1.5064 | 1.7762 | 29.1669 | 0.6735 |
| 公司治理（CGI） | 51.2181 | 51.4072 | 4.2520 | 63.6059 | 37.1033 |
| 资产规模（对数值）（size） | 22.6906 | 22.3875 | 1.6831 | 31.0359 | 19.4135 |
| 董事会规模（Bsize） | 8.6050 | 9 | 1.8202 | 18 | 4 |
| 董事独立性（Independ） | 0.3787 | 0.3636 | 0.0579 | 0.80 | 0.25 |
| 董事长总经理兼任（CEOChair） | 0.2717 | 0 | 0.4449 | 1 | 0 |
| 所有制性质（国有或非国有控股） | 0.6203 | 1 | 0.4896 | 1 | 0 |
| 资产负债率（lev） | 0.4395 | 0.4262 | 0.2100 | 1.6981 | 0.0145 |
| 股东总数（个） | 56777.7 | 34018 | 79505.68 | 1224363 | 4333 |

注：样本总数为1476个上市公司。所有制性质为虚拟变量，1代表非国有控股，0代表国有控股。
资料来源：CSMAR数据库（2019年、2020年）。

表6-8a列出了上市公司的公司治理与未来公司业绩（以下年度净资产收益率为指标变量）相互关系的实证分析结果。

**表6-8a 上市公司的公司治理与净资产收益率的实证结果**

| 被解释变量：净资产收益率 | 模型（1） | 模型（2） |
|---|---|---|
| CGI（公司治理分数） | 0.0037*** | 0.0037*** |
| | (0.0009) | (0.0009) |
| 董事独立性（Independ） | 0.0462 | 0.1214 |
| | (0.0732) | (0.0786) |
| 董事会规模（Bsize） | 0.0046* | 0.0359*** |
| | (0.0026) | (0.0124) |
| 董事会规模平方（Bsize$^2$） | — | −0.0016*** |
| | | (0.0006) |
| 所有制性质 | 0.0028 | 0.0020 |
| | (0.0073) | (0.0073) |
| 董事长总经理兼任（CEOChair） | 0.0035 | 0.0043 |
| | (0.0081) | (0.0081) |

续表

| 被解释变量：净资产收益率 | 模型（1） | 模型（2） |
|---|---|---|
| 股东总数 | − 0. 0296 *** | − 0. 0301 *** |
| | (0. 0055) | (0. 0055) |
| 资产负债率（lev） | − 0. 0717 *** | − 0. 0722 *** |
| | (0. 0213) | (0. 0212) |
| 资产规模（size） | 0. 0146 *** | 0. 0149 *** |
| | (0. 0038) | (0. 0038) |
| 常数项 | − 0. 1669 ** | − 0. 3402 *** |
| | (0. 0803) | (0. 1046) |
| 行业固定效应 | 是 | 是 |
| 观测值 | 1475 | 1475 |
| 拟合优度 $R^2$ | 0. 0918 | 0. 0959 |

注：括号中是回归系数标准差；* 表示 $p < 0.1$，** 表示 $p < 0.05$，*** 表示 $p < 0.01$。

表 6 – 8a 中模型（1）、模型（2）分别对应不同的解释变量。从表 6 – 8a 中可以得出以下结论：第一，对应模型（1）和模型（2），公司治理的相关系数为正值且均显著，这表明以净资产收益率衡量的上市公司未来业绩与上年度公司治理水平之间存在正相关关系，因此，提升上市公司治理水平有利于公司业绩的持续提升，这进一步验证了公司治理的重要性。第二，公司董事会规模的相关系数均为正值且显著，说明董事会规模的增加有利于强化对公司业绩的正向激励。第三，资产规模的相关系数为正值且显著，说明公司规模的扩大有利于持续提升公司业绩，其深层次原因可能在于公司规模扩大提升了公司的抵抗经营风险的能力，从而有利于公司业绩的稳定提升。第四，资产负债率的相关系数为负值且显著，说明公司经营风险的提高不利于公司业绩的提升，这与公司规模扩大的作用正好相反。第五，公司股东总数的相关系数为负值且显著，表明股东人数与公司业绩之间存在负相关关系，其背后原因可能在于股东总数扩大意味着多数中小股东"搭便车"的行为淡化了对大股东的正向激励作用。

总的来看，单从表 6 – 8a 的实证分析结果来看，研究结果支持假设 3，即更高水平的公司治理水平（对应公司治理分数更高）与企业未来的业绩表现正相关。

### 6.4.3 公司治理与资产报酬率的实证分析结果

表6-8b列出了上市公司的公司治理与未来公司业绩（以下年度资产报酬率为指标变量）相互关系的实证分析结果。

表6-8b 上市公司的公司治理与资产报酬率的实证结果

| 被解释变量：资产报酬率 | 模型（1） | 模型（2） |
|---|---|---|
| CGI（公司治理分数） | 0.0016*** | 0.0016*** |
| | (0.0004) | (0.0004) |
| 董事独立性（Independ） | 0.0247 | 0.0754** |
| | (0.0342) | (0.0366) |
| 董事会规模（Bsize） | 0.0016 | 0.0227*** |
| | (0.0012) | (0.0026) |
| 董事会规模平方（Bsize$^2$） | — | -0.0011*** |
| | | (0.0003) |
| 所有制性质 | 0.0009 | 0.0004 |
| | (0.0034) | (0.0034) |
| 董事长总经理兼任（CEOChair） | 0.0009 | 0.0014 |
| | (0.0038) | (0.0038) |
| 股东总数 | -0.0182*** | -0.0185*** |
| | (0.0026) | (0.0026) |
| 资产负债率（lev） | -0.0660*** | -0.0664*** |
| | (0.0099) | (0.0099) |
| 资产规模（size） | 0.0083*** | 0.0085*** |
| | (0.0018) | (0.0018) |
| 常数项 | -0.0281** | -0.1450*** |
| | (0.0375) | (0.0487) |
| 行业固定效应 | 是 | 是 |

| 被解释变量：资产报酬率 | 模型（1） | 模型（2） |
|---|---|---|
| 观测值 | 1475 | 1475 |
| 拟合优度 $R^2$ | 0.1526 | 0.1607 |

注：括号中是回归系数标准差；＊表示 $p<0.1$，＊＊表示 $p<0.05$，＊＊＊表示 $p<0.01$。

表6-8b中模型（1）、模型（2）分别对应不同的解释变量。从表6-8b中可以得出以下结论：第一，对应模型（1）和模型（2），公司治理的相关系数为正值且均显著，这表明以资产报酬率衡量的上市公司未来业绩与上年度公司治理水平之间存在正相关关系。因此，提升上市公司治理水平有利于公司业绩的持续提升。第二，对于模型（2），公司董事会规模的相关系数为正值且显著，说明董事会规模的增加有利于强化对公司业绩的正向激励。第三，对于模型（1）和模型（2），资产规模的相关系数均为正值且显著。第四，对于模型（1）和模型（2），股东总数、资产负债率的相关系数均为负值且显著。

与表6-8a描述的研究结果相似，表6-8b的实证分析结果也支持假设3，即更高水平的公司治理水平（对应公司治理分数更高）与企业未来的业绩表现正相关。

### 6.4.4 公司治理与总资产净利润率的实证分析结果

表6-8c列出了上市公司的公司治理与未来公司业绩（以下年度总资产净利润率为指标变量）相互关系的实证分析结果。

表6-8c　上市公司的公司治理与总资产净利润率的实证结果

| 被解释变量：总资产净利润率 | 模型（1） | 模型（2） |
|---|---|---|
| CGI（公司治理分数） | 0.0015＊＊＊<br>(0.0004) | 0.0015＊＊＊<br>(0.0004) |
| 董事独立性（Independ） | 0.0209<br>(0.0311) | 0.0707＊＊<br>(0.0333) |

续表

| 被解释变量：总资产净利润率 | 模型（1） | 模型（2） |
|---|---|---|
| 董事会规模（Bsize） | 0.0019 * | 0.0226 *** |
|  | (0.0011) | (0.0052) |
| 董事会规模平方（Bsize$^2$） | — | − 0.0011 *** |
|  |  | (0.0003) |
| 所有制性质 | 0.0006 | 0.0001 |
|  | (0.0031) | (0.0031) |
| 董事长总经理兼任（CEOChair） | − 0.0002 | 0.0002 |
|  | (0.0034) | (0.0034) |
| 股东总数 | − 0.0168 *** | − 0.0171 *** |
|  | (0.0023) | (0.0023) |
| 资产负债率（lev） | − 0.0810 *** | − 0.0813 *** |
|  | (0.0090) | (0.0090) |
| 资产规模（size） | 0.0078 *** | 0.0080 *** |
|  | (0.0016) | (0.0016) |
| 常数项 | − 0.0282 | − 0.1431 *** |
|  | (0.0340) | (0.0442) |
| 行业固定效应 | 是 | 是 |
| 观测值 | 1475 | 1475 |
| 拟合优度 R$^2$ | 0.1718 | 0.1811 |

注：括号中是回归系数标准差；＊表示 $p < 0.1$，＊＊表示 $p < 0.05$，＊＊＊表示 $p < 0.01$。

表 6 – 8c 中模型（1）、模型（5）分别对应不同的解释变量。从表 6 – 8c 中可以看出，表 6 – 8c 与上述表 6 – 8a、表 6 – 8b 的实证结果基本相同：第一，对应模型（1）和模型（2），公司治理的相关系数为正值且均显著。第二，公司董事会规模的相关系数均为正值且显著。第三，资产规模的相关系数为正值且显著。第四，资产负债率的相关系数为负值且显著。第五，公司股东总数的相关系数为负值且显著。与上述表 6 – 8a、表 6 – 8b 的研究结果相似，表 6 – 8c 的实证

分析结果也支持假设 3。

总的来看，从表 6 - 8a、表 6 - 8b、表 6 - 8c 的实证分析结果来看，研究结果支持假设 3，即更高水平的公司治理水平（对应公司治理分数更高）与企业未来的业绩表现正相关。

# 6.5　CPS 与公司业绩的研究结论

长期以来，国有企业高管之间以及高管与职工之间、职工与职工之间平均主义"大锅饭"的分配是国有企业工资分配的突出问题，从激励强度角度来看，平均主义分配意味着对本应实行强激励的群体实践中反而采取弱激励，而对本应实行弱激励的群体反而采取强激励，这种激励错位使企业整体的薪酬激励未必不充分，但最终激励效果较差。

国有企业高管团队内部的薪酬差距偏小过小尤为突出。根据 Frydman and Jenter（2010）的研究结果，自 20 世纪 80 年代以来，相对于其他管理层薪酬的增长，CEO 的薪酬水平增长幅度更大。在 1980 年之前，CEO 薪酬大约为其他管理层最高薪酬的 1.4 倍，而在 2000 年之后，CEO 薪酬大约为其他管理层可获得最高薪酬的 2.6 倍。国有企业主要负责人（企业高管正职）薪酬与其他负责人（企业高管副职）之间薪酬倍数一般为 1.1 ~ 1.6 倍①。国有企业高管团队内部薪酬差距偏小过小，意味着对 CEO 等国有企业主要负责人的薪酬激励强度偏弱而同时对其他负责人的薪酬激励强度过强。

从本章的实证分析结果来看，对于首席执行官薪酬占比（CPS）与公司治理、公司业绩之间的关系，现有研究结果总体而言不支持管理能力假设。因此，

---

①　这个薪酬倍数是根据国有企业主要负责人与其他负责人基本年薪一般为 1∶0.6 ~ 0.9 推算出来的，事实上，由于国有企业主要负责人与其他负责人之间的绩效年薪以及其他收入差距也不大。因此，薪酬倍数一般为 1.1 ~ 1.3 倍。

沪深上市公司首席执行官薪酬与其管理能力之间的匹配程度尚不高，或者说沪深上市公司首席执行官薪酬受其管理权力等方面的影响较大，公司治理水平尚未对首席执行官薪酬的确定形成有效激励约束机制，这从侧面反映出我国沪深上市公司的治理水平有待进一步提高。

但是，即使在现有上市公司治理水平情况下，实证研究结果也支持更高水平的公司治理（对应公司治理分数更高）与企业未来的业绩表现正相关的假设，这说明沪深上市公司的公司治理对企业业务的持续提升已经发挥了显著正向激励作用。

# 7 两次国有企业高管薪酬"限薪令"短期效果的实证分析

是非疑，则度之以远事，验之以近物，参之以平心，流言止焉，恶言死焉。

—— ［战国］荀子《荀子·大略》

## 7.1 数据来源与研究设计

### 7.1.1 研究对象

本部分的基准研究对象为 2008 年国际金融危机爆发以来两次影响较大的国有企业薪酬管控政策：即"限薪令 2009""限薪令 2015"。需要特别指出的是，"限薪令 2009"属于党的十八大召开之前，而"限薪令 2015"属于党的十八大召开之后，"限薪令 2009"实施之后仅间隔五年左右时间，"限薪令 2015"即出台实施，这使对这两次影响较大的国有企业薪酬管控政策的实证分析及比较分析更有意义。本书把所谓"限薪"政策的效果区分为短期效果（直接效果）和长期效果（深层次效果）两个层面，本章重点实证检验政策的短期效果，第 8 章则重点实证检验长期效果。由于多数实证研究实际上主要局限于政策短期效果研究，因此，本书同时检验政策的短期效果和长期效果既使得研究结果更为稳健，也更为全面深入。

以 2009 年为政策实施冲击时点，本部分首先构造准自然实验条件（2005 ~ 2012 年），考察"限薪令 2009"政策的短期效果，即是否对当时国有企业高管薪酬过快增长产生显著直接抑制作用，并且分析国有企业与非国有企业、中央企业与地方国有企业的政策效果差异。计量模型主要分为高管企业层面和高管个人层面两个维度的研究，其中前者主要指上市公司董监高薪酬水平前三名高管，后者主要指上市公司总经理。计量模型区分高管企业层面和高管个人层面的主要考虑是，所谓"限薪"政策的直接对象是国有企业高管群体，主要包括董事会成员、高管经营团队成员、监事会成员，为便于实证分析同时又确保研究的稳健性，因此，高管企业层面选取上市公司董监高人员薪酬水平最高前三名人均薪酬，高管个人层面则选择国有上市公司总经理年度薪酬为考察变量。另外，由于"八项规定"政策恰好在这一期间出台并实施，为区分"限薪令"政策与"八项规定"政策的差异，因此也引入对"八项规定"政策进行实证研究，其中"八项规定"政策的实证分析时间区间设定为 2010 ~ 2014 年。

本部分"限薪令 2015"的实证分析研究时间设定为 2014 ~ 2015 年。

### 7.1.2 高管（企业层面）数据说明

高管企业层面数据中，本部分的研究数据均为我国沪深 A 股上市公司数据。按沪深上市公司代码和报表年度为基准，依次剔除金融业上市公司、ST 股、高管年薪低于普通员工年薪以及最高和最低 5% 的样本，整理取得 2005 ~ 2015 年共 2351 家上市公司 14349 个观测值，这是一个非平衡面板数据。其中，整个样本期均存续的企业有 170 家，持续时间长达 5 年以上的企业有 1682 家，占整体企业数的 72%，一定程度上保证了面板数据的稳定性。本部分以下所有上市公司薪酬、资产规模、税前利润、企业所得税和税后净利润数据均使用 2005 年居民消费价格指数进行调整。

高管企业层面数据的描述性统计量分为以下两部分：①整体样本的描述性统计量，就主要变量提供观测值数、均值、中位数和方差方面的信息；②不同股权性质下高管薪酬的描述统计，重点突出国有上市公司和非国有上市公司在"限薪令"实施前后的薪酬水平。

表7-1提供了企业层面2005~2015年主要变量均值、中位数和方差方面的样本信息，其中，国有上市公司董监高前三名人均薪酬（董监高中薪酬最高三人的平均薪酬，下同）、高管前三名人均薪酬均高于非国有上市公司，董事前三名人均薪酬在管理层中最低，并且非国有上市公司高于国有上市公司。整体来看，高管薪酬水平的差异较小，但是企业特征、公司治理和垄断行业（垄断行业①的定义参考岳希明等，2010）等方面均表明国有上市公司和非国有上市公司存在差异。

表7-1    2005~2015年企业层面上市公司高管薪酬全样本描述性统计结果

| 变量名 | 国有上市公司 | | | 非国有上市公司 | | |
|---|---|---|---|---|---|---|
| | 均值 | 中位数 | 标准差 | 均值 | 中位数 | 标准差 |
| 董监高前三名人均薪酬（元） | 431053 | 365062 | 267268 | 404993 | 330440 | 255978 |
| 高管前三名人均薪酬（元） | 399646 | 336720 | 249324 | 361913 | 298092 | 229898 |
| 董事前三名人均薪酬（元） | 332545 | 268806 | 230277 | 355498 | 292665 | 226423 |
| 企业特征 | | | | | | |
| 资产规模（万元） | 697619 | 227620 | 3160480 | 199395 | 116147 | 334891 |
| 税前利润（万元） | 37469 | 7194 | 268754 | 10363 | 5025 | 25126 |
| 企业所得税（万元） | 6128 | 620 | 59935 | 1411 | 617 | 3758 |
| 税后净利润（万元） | 31812 | 6565 | 205886 | 9266 | 4441 | 23327 |
| 净资产收益率 | 0.031 | 0.026 | 0.152 | 0.038 | 0.034 | 0.090 |
| 资产负债率 | 0.364 | 0.357 | 0.232 | 0.266 | 0.236 | 0.260 |
| 资本密集度 | 634.631 | 2.169 | 25979.106 | 437.694 | 2.128 | 19834.589 |
| 财务杠杆 | 1.610 | 0.934 | 25.710 | 1.243 | 0.831 | 16.526 |

---

①  垄断行业主要指石油和天然气开采、烟草制品、石油加工炼焦及核燃料加工、电力燃气和水的生产与供应、铁路运输、水上运输、航空运输、邮政、电信和其他信息传输服务业、金融业10个行业。其他行业则界定为竞争行业。

续表

| 变量名 | 国有上市公司 | | | 非国有上市公司 | | |
|---|---|---|---|---|---|---|
| | 均值 | 中位数 | 标准差 | 均值 | 中位数 | 标准差 |
| 公司治理 | | | | | | |
| 董事会独立性 | 0.360 | 0.333 | 0.050 | 0.372 | 0.333 | 0.053 |
| 董事、监事规模（个） | 13.703 | 14.000 | 2.636 | 11.760 | 12.000 | 1.845 |
| 管理层持股数量（股） | 270.007 | 1.625 | 2658.209 | 6373.888 | 2464.727 | 12032.253 |
| 董事长总经理兼任比重 | 0.101 | 0.000 | 0.302 | 0.349 | 0.000 | 0.477 |
| 垄断行业 | | | | | | |
| 是否垄断行业比重 | 0.134 | 0.000 | 0.341 | 0.027 | 0.000 | 0.161 |
| 观测值个数 | 6087 | | | 8262 | | |

注：资本密集度 = 总资产/营业收入；财务杠杆 = （净利润 + 所得税费用 + 财务费用）/ （净利润 + 所得税费用）；董事会独立性 = 独立董事人数/董事会总人数。

资料来源：笔者计算。

图 7 - 1、图 7 - 2 展示了 2005 ~ 2015 年不同年份、不同所有制性质（国有上市公司与非国有上市公司）高管薪酬实际增长率的变化趋势。

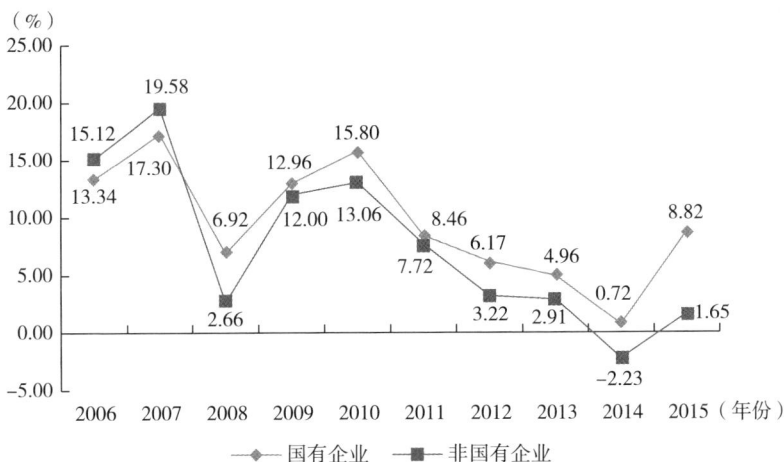

图 7 - 1　国有企业和非国有企业高管薪酬实际增长率（2006 ~ 2015 年）

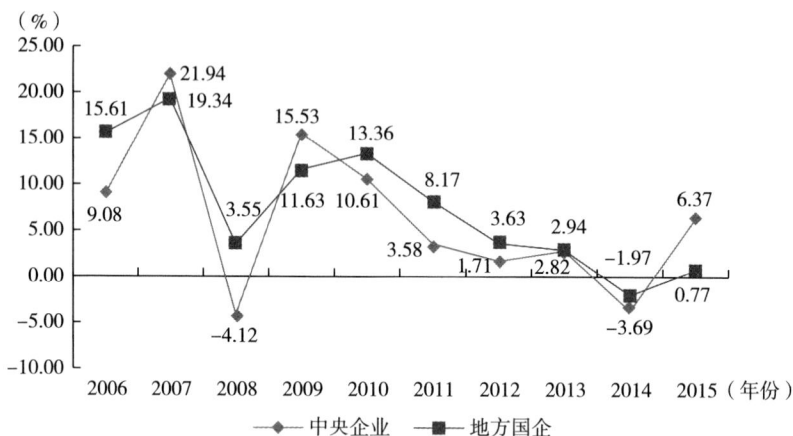

图7－2　中央企业和地方国有企业高管薪酬实际增长率（2006～2015年）

可以看出，2005～2015年，国有上市公司和非国有上市公司高管薪酬增长率变化趋势类似，先后经历三次上升两次下降，其中，2007年高管平均薪酬增长率最高，2008年高管薪酬增长率为10年来最低。此外，国有企业中的中央企业高管薪酬的波动幅度最大，其原因可能是与地方国有企业相比中央企业受到的政治约束更多。"限薪令2009"出台实施后，国有上市公司高管薪酬实际增长率有所下降，2014年后又有所回升。尽管"限薪令2009"主要针对中央企业高管，但是结合中央企业与地方国有企业同步的政治架构（政策实施的"上行下效"），在以下实证分析中将所有国有企业（中央企业和地方国有企业）均视为薪酬管控政策调控的对象，借此实证检验"限薪"政策对地方国有企业是否也具有同步限制作用。

表7－2、表7－3展示了2005～2015年不同年份区分国有上市公司、非国有上市公司以及中央企业、地方国有企业高管薪酬水平变化情况。

图7－3、图7－4直观展示了2006～2015年不同年份区分国有上市公司、非国有上市公司以及中央企业、地方国有企业高管薪酬名义增长率变化情况。从图7－3可以看出，2009年后第一年即2010年，与非国有上市公司相比，国有上市公司高管薪酬水平增长率更高；而2014年后第一年即2015年，与非国有上市公

司相比,国有上市公司高管薪酬水平增长率更低。依据双重差分法,一定程度可直观反映出"限薪令2009"与"限薪令2015"有效性差异。

表7-2 2005~2015年国有上市公司与非国有上市公司高管薪酬描述性统计结果

单位:万元

| | | 上市公司高管薪酬水平 | | | |
|---|---|---|---|---|---|
| | 年份 | 观测值 | 均值 | 中位数 | 标准差 |
| 非国有上市公司 | 2005 | 138 | 27.598 | 21.243 | 20.983 |
| 非国有上市公司 | 2006 | 211 | 29.754 | 23.499 | 21.593 |
| 非国有上市公司 | 2007 | 349 | 32.044 | 25.068 | 23.208 |
| 非国有上市公司 | 2008 | 391 | 33.508 | 26.039 | 23.397 |
| 非国有上市公司 | 2009 | 478 | 36.899 | 29.014 | 25.734 |
| 非国有上市公司 | 2010 | 735 | 38.737 | 32.024 | 25.421 |
| 非国有上市公司 | 2011 | 969 | 39.784 | 33.099 | 24.555 |
| 非国有上市公司 | 2012 | 1189 | 41.627 | 34.418 | 25.325 |
| 非国有上市公司 | 2013 | 1201 | 42.665 | 34.974 | 25.334 |
| 非国有上市公司 | 2014 | 1247 | 42.446 | 34.754 | 25.361 |
| 非国有上市公司 | 2015 | 1354 | 45.722 | 37.64 | 27.151 |
| 国有上市公司 | 2005 | 349 | 27.657 | 22.572 | 19.239 |
| 国有上市公司 | 2006 | 437 | 29.237 | 24.464 | 19.427 |
| 国有上市公司 | 2007 | 537 | 36.691 | 29.852 | 25.181 |
| 国有上市公司 | 2008 | 544 | 37.747 | 31.398 | 24.574 |
| 国有上市公司 | 2009 | 470 | 40.601 | 33.209 | 25.946 |
| 国有上市公司 | 2010 | 483 | 46.335 | 38.593 | 28.132 |
| 国有上市公司 | 2011 | 512 | 48.851 | 42.676 | 27.752 |
| 国有上市公司 | 2012 | 740 | 47.241 | 42.017 | 26.303 |
| 国有上市公司 | 2013 | 701 | 48.918 | 42.962 | 27.316 |
| 国有上市公司 | 2014 | 660 | 48.359 | 42.022 | 26.766 |
| 国有上市公司 | 2015 | 654 | 49.044 | 43.122 | 27.174 |
| 合计 | | 14349 | 41.605 | 34.372 | 26.114 |

注:表中高管薪酬数据为上市公司董监高前三名人均薪酬数据。

表 7 - 3　2005～2015 年中央企业与地方国有企业高管薪酬描述性统计结果

单位：万元

| | 上市公司高管薪酬水平 | | | |
|---|---|---|---|---|
| | 年份 | 观测值 | 均值 | 中位数 | 标准差 |
| 地方国有企业 | 2005 | 320 | 26.827 | 21.848 | 18.689 |
| 地方国有企业 | 2006 | 400 | 28.6 | 24.3 | 19.131 |
| 地方国有企业 | 2007 | 484 | 35.989 | 28.674 | 24.863 |
| 地方国有企业 | 2008 | 484 | 36.937 | 30.806 | 24 |
| 地方国有企业 | 2009 | 422 | 40.31 | 32.803 | 26.25 |
| 地方国有企业 | 2010 | 432 | 45.996 | 37.932 | 28.342 |
| 地方国有企业 | 2011 | 464 | 48.761 | 42.676 | 27.875 |
| 地方国有企业 | 2012 | 577 | 46.48 | 40.923 | 26.36 |
| 地方国有企业 | 2013 | 559 | 47.863 | 42.427 | 27.139 |
| 地方国有企业 | 2014 | 561 | 47.74 | 41.216 | 26.946 |
| 地方国有企业 | 2015 | 547 | 47.491 | 40.521 | 26.602 |
| 中央企业 | 2005 | 29 | 36.817 | 32.413 | 22.937 |
| 中央企业 | 2006 | 37 | 36.131 | 29.081 | 21.48 |
| 中央企业 | 2007 | 53 | 43.103 | 33.566 | 27.345 |
| 中央企业 | 2008 | 60 | 44.28 | 35.711 | 28.169 |
| 中央企业 | 2009 | 48 | 43.16 | 34.547 | 23.195 |
| 中央企业 | 2010 | 51 | 49.206 | 42.456 | 26.381 |
| 中央企业 | 2011 | 48 | 49.719 | 41.129 | 26.797 |
| 中央企业 | 2012 | 163 | 49.937 | 43.911 | 26.004 |
| 中央企业 | 2013 | 142 | 53.071 | 47.19 | 27.708 |
| 中央企业 | 2014 | 99 | 51.868 | 45.188 | 25.57 |
| 中央企业 | 2015 | 107 | 56.983 | 51.684 | 28.772 |
| 合计 | | 6087 | 43.105 | 36.506 | 26.727 |

注：表中高管薪酬数据为上市公司董监高前三名人均薪酬数据。简便起见，为保持对称性，本表中的中央企业指中央企业控股的上市公司；地方国有企业指地方国有控股上市公司。下同。

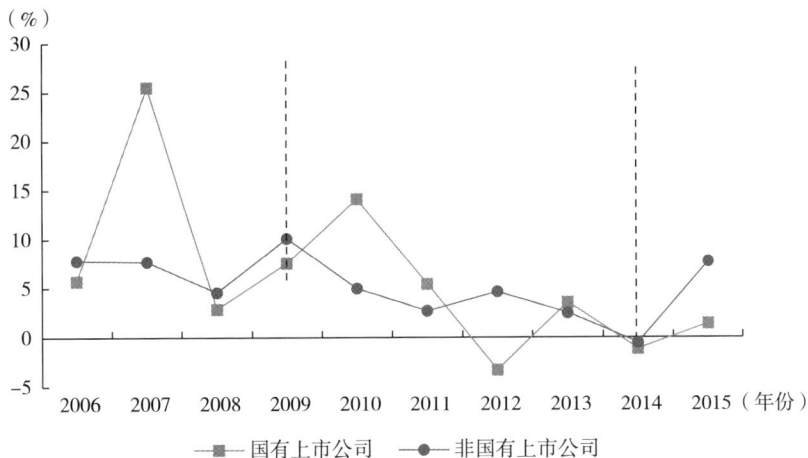

**图 7 – 3  国有上市公司和非国有上市公司高管薪酬名义增长率（2006 ~ 2015 年）**

注：图中两条竖立虚线表示政策实施前一年。

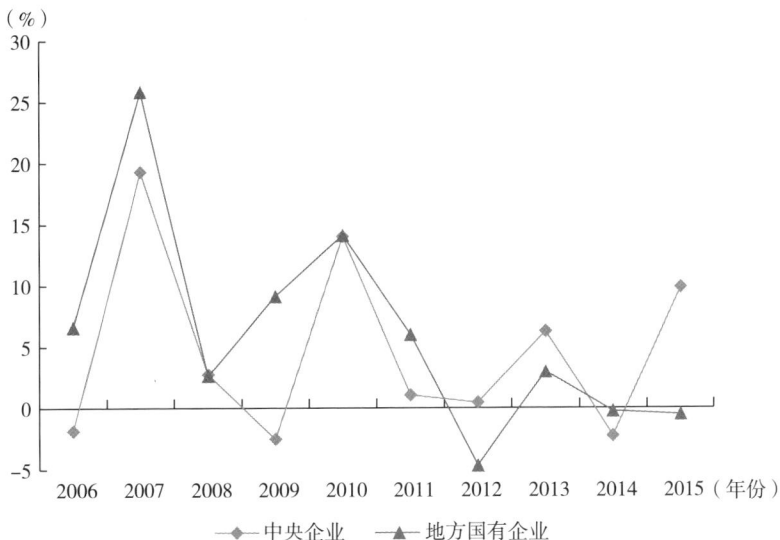

**图 7 – 4  中央企业和地方国有企业高管薪酬名义增长率（2006 ~ 2015 年）**

从图 7 – 4 可以看出，2009 年后第一年即 2010 年，与中央企业相比，地方国有企业高管薪酬水平增长率更低；2014 年后第一年即 2015 年，与中央企业相比，地方国有企业高管薪酬水平增长率更低。依据双重差分法的逻辑内涵，与中央企业相比，一定程度可直观反映出"限薪令 2009"与"限薪令 2015"对地方国有企业更为有效。

### 7.1.3 高管（总经理个人层面）数据说明

高管（总经理个人层面）研究中，匹配上市公司总经理个人信息与企业信息，剔除金融行业、变量缺失值以及报告期高管薪酬低于普通员工平均薪酬的相关上市公司数据，最终获得12811个观测值。

表7-4展示了上市公司总经理个人特征的描述性统计结果。可以发现，总经理年度薪酬在国有上市公司和非国有上市公司之间的差异非常小，国有上市公司总经理平均薪酬为37.87万元，仅高出非国有上市公司0.16万元。国有上市公司总经理年龄、男性比重和有职称证书比重特征均略高于非国有上市公司，但非国有上市公司在受教育年限和持股数量上高于国有上市公司，特别是持股数量非国有上市公司总经理远高于国有上市公司总经理。

表7-4 高管（总经理个人层面）个人特征的描述性统计结果

| 观测变量 | 国有上市公司 | | | 非国有上市公司 | | |
|---|---|---|---|---|---|---|
| | 均值 | 中位数 | 标准差 | 均值 | 中位数 | 标准差 |
| 薪酬（元） | 378660 | 320757 | 240852 | 377044 | 305539 | 245818 |
| 年龄 | 48.446 | 48.000 | 5.849 | 47.176 | 47.000 | 6.811 |
| 年龄的平方 | 2381.240 | 2304.000 | 574.664 | 2272.000 | 2209.000 | 658.617 |
| 受教育年限 | 11.737 | 9.000 | 3.565 | 12.847 | 13.000 | 3.444 |
| 男性比重 | 0.958 | 1.000 | 0.200 | 0.920 | 1.000 | 0.272 |
| 有职称证书比重 | 0.366 | 0.000 | 0.482 | 0.339 | 0.000 | 0.473 |
| 持股数量（股） | 531010 | 0.000 | 5772923 | 19831942 | 353624 | 52267240 |
| 观测值个数 | 5607 | | | 7204 | | |

此外，与图7-1高管企业层面董监高薪酬水平前三名高管的薪酬实际增长变化趋势类似，上市公司总经理薪酬实际增长率也呈现明显波动趋势，"限薪令2009"执行后，薪酬增长率整体有所下降，其中，中央企业控股上市公司高管薪

酬的波动幅度更大（见图7-5和图7-6）。

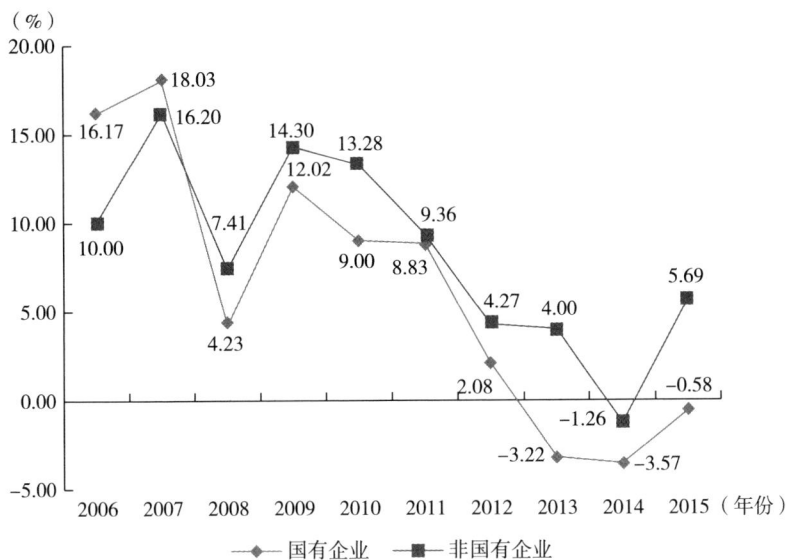

图7-5 国有上市公司和非国有上市公司总经理薪酬实际增长率（2006～2015年）

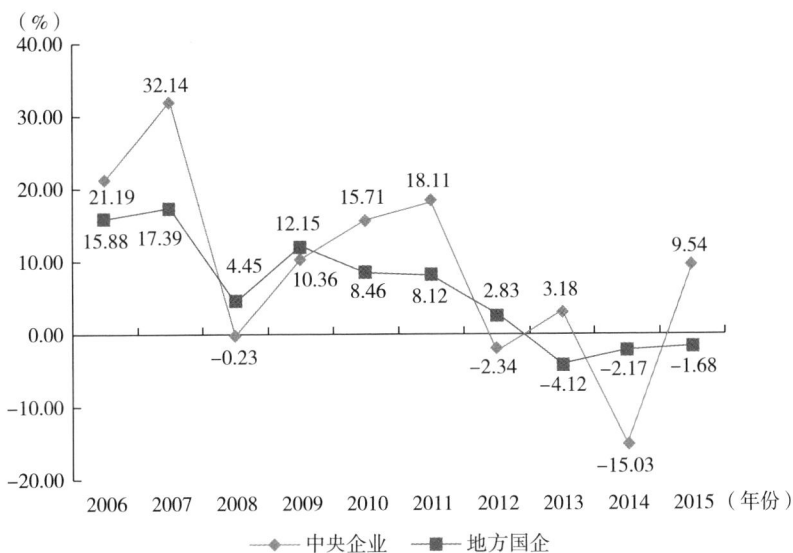

图7-6 中央企业和地方国有企业总经理薪酬实际增长率（2006～2015年）

上述关于董监高前三名平均薪酬和总经理年度薪酬的描述性统计结果表明，尽管不论是高管企业层面还是高管个人层面，一定程度上国有上市公司高管薪酬实际增长率在 2010 年后有所下降，但是否确实受到"限薪令 2009"的政策影响，以及该政策对高管年度薪酬影响系数大小及是否统计上显著需要实证分析进行检验。

# 7.2　实证模型及结果

鉴于"限薪令 2009"是关于中央企业高管的薪酬管控指导意见，因此本部分实证分析首要目的在于考察中央企业高管薪酬增长率在"限薪"前后是否发生明显变化。但是，一方面，高管薪酬的增长变化除了受到"限薪"政策影响外，还可能受到其他同期政策如宏观经济、税收政策变动等的干扰；另一方面，由于高管以及企业自身等异质性，即使是同一个政策，也可能呈现不同的反映，甚至有些政策还可能仅对部分企业有影响。因此，为了更客观准确地衡量政策效应，排除其他共时性因素的干扰，双重差分（DID）方法成为一个较好的评估方法。双重差分的基本思路是找到一个对照组（控制组），对照组在各方面特征上尽量与实验组（即政策实施对象）相似，用对照组的高管薪酬变化衡量除"限薪令"政策之外的其他共性因素的影响，再从实验组高管薪酬变化中剔除对照组的薪酬变化，即可计算出"限薪令"政策对高管薪酬的净影响。

由于"限薪令"政策在部分省市地方国有企业也被参照执行，描述性统计结果也表明地方国有企业与中央企业存在诸多类似特征，因此，构造四个双重差分实验组与对照组进行实证分析：①国有企业与非国有企业；②中央企业与地方国有企业；③中央企业与非国有企业；④地方国有企业与非国有企业。

双重差分法（DID）的适用有严格的平行趋势假设，即要求实验组和对照组在政策出台前的趋势维持一致,因此在进行实证分析后也参考 Bertrand & Mullainathan(2003)方法分别对平行趋势假设条件进行检验。

### 7.2.1 高管(企业层面)平均薪酬模型

本部分构建的高管(企业层面)平均薪酬模型为:

$$\ln\_Wage_{i,t} = \alpha_0 + \alpha_1 Ownership \times Post_{09} + \beta X_{i,t} + U_t + V_i + \varepsilon_{i,t} \qquad (7-1)$$

模型(7-1)中被解释变量为上市公司高管(企业层面)平均薪酬(对数值),基准分析中采用董监高前三名人均薪酬(董事、监事、高管薪酬水平前三名,该前三名通常对应国有上市公司的董事长、监事长、总经理三个岗位,因此作为企业层面高管指标具有较好代表性)代表上市公司高管(企业层面)平均薪酬。对股权性质(Ownership)的处理,根据上市公司实际控制人性质设定虚拟变量 State,如果实际控制人为国有上市公司设定 State 取 1,实际控制人为非国有上市公司则设定为 0。进一步细分,设定虚拟变量 CState,如果实际控制人为中央政府机构(国务院国资委、财政部等政府部门或出资人)、中央事业单位等控股的中央企业上市公司,CState 取值 1,地方国有上市公司则取值 0。对时间虚拟变量 $Post_{09}$ 的处理,以 $Post_{09} = 0$ 表示"限薪令 2009"政策实施前即 2009 年度及以前,$Post_{09} = 1$ 表示"限薪令 2009"政策实施后即 2010 年及之后(具体为 2010~2012 年)。控制变量包括企业特征和公司治理特征两类:企业特征主要有总资产(对数值)、平均净资产收益率、财务杠杆系数、资产负债率、资本密集度;公司治理指标有董事会独立性、管理者持股数量、董事和监事会规模以及董事长与总经理兼任情况。基本描述性统计结果如表 7-1 所示。此外,作为 DID 回归的基本内容,表 7-5 提供了"限薪令 2009"实施前后上市公司高管平均薪酬的绝对值变化情况。可以看出,"限薪"后不论是国有上市公司还是非国有上市公司的高管薪酬均有所增长,并且国有上市公司与非国有上市公司高管薪酬的差距较"限薪"前也有所增加。

表7-5 "限薪令2009"实施前后国有上市公司和非国有上市公司高管平均薪酬及差异

单位：万元

| | 实验组（国有上市公司） | 对照组（非国有上市公司） | 薪酬差异 |
|---|---|---|---|
| "限薪令2009"实施后 | 48.17 | 42.21 | 5.96 |
| "限薪令2009"实施前 | 34.98 | 33.19 | 1.79 |
| 薪酬差异 | 13.19 | 9.02 | — |

注：根据表7-2中国有上市公司与非国有上市公司数据计算。其中，"限薪令2009"实施后具体指2010~2015年，"限薪令2009"实施前具体指2005~2009年。

### 7.2.2 高管（总经理个人层面）平均薪酬模型

在上述高管（企业层面）平均薪酬模型基础上，在模型设定的解释变量中加入高管的个人特征，进一步考察高管（总经理个人层面）薪酬与企业特征、公司治理特征和高管（总经理）个人特征之间的关系。

上市公司总经理平均薪酬模型设定如下：

$$\ln\_ Pay_{i,t} = \alpha_0 + \alpha_1 Ownership \times Post_{09} + \beta X_{i,t} + U_t + V_i + \varepsilon_{i,t} \qquad (7-2)$$

模型（7-2）中被解释变量为上市公司总经理报告期（年度）薪酬总额（Pay）的对数值，控制变量（X）在上述高管（企业层面）的研究基础上新增上市公司总经理的个人特征（年龄、年龄平方、受教育年限、男性比重、有职称比重、持股数量），描述性统计结果如表7-2所示。

模型（7-2）中同时控制企业特征、公司治理特征、行业特征等因素。

### 7.2.3 高管（企业层面）"限薪令2009"政策的短期效果

表7-6展示高管（企业层面）"限薪令2009"的实证结果。可以看出，国有上市公司与非国有上市公司对照、中央企业上市公司与非国有上市公司对照的结果均表明，尽管双重差分的回归系数为负，但该结果在10%的水平上并不显著，因此从统计上来看，"限薪令2009"的短期效果是失效的。实证结果还表明，控制变量中，资产规模对高管薪酬的影响系数最大且为正值，一定程度支持

规模薪酬配置（Size - pay）假说，但控制变量中的财务杠杆、资产负债率和资本密集度对高管的影响较小，回归系数接近于 0，表明上市公司的风险因素对高管薪酬的约束程度有限。高管薪酬与公司治理各因素之间的回归系数不显著，一定程度表明高管薪酬受到的公司内部治理约束有限。

表 7 - 6　高管（企业层面）"限薪令 2009"政策的实证结果

| | 国有上市公司和非国有上市公司（1） | 中央上市公司和地方国有上市公司（2） | 中央上市公司和非国有上市公司（3） | 地方国有上市公司和非国有上市公司（4） |
|---|---|---|---|---|
| $Post_{09}$ ×股权性质 | - 0.025 | - 0.016 | - 0.064 | - 0.025 |
| | (0.028) | (0.045) | (0.052) | (0.030) |
| 资产规模（对数） | 0.147 *** | 0.149 *** | 0.149 *** | 0.146 *** |
| | (0.017) | (0.026) | (0.022) | (0.017) |
| 平均净资产收益率 | 0.010 | 0.362 | 0.084 | 0.008 |
| | (0.029) | (0.265) | (0.076) | (0.028) |
| 财务杠杆 | 0.000 | - 0.000 | - 0.000 | 0.000 |
| | (0.000) | (0.000) | (0.000) | (0.000) |
| 资产负债率 | - 0.006 | - 0.116 | 0.035 | - 0.006 * |
| | (0.004) | (0.095) | (0.038) | (0.004) |
| 资本密集度 | 0.000 | - 0.000 | 0.000 *** | 0.000 |
| | (0.000) | (0.000) | (0.000) | (0.000) |
| 管理层持股数量 | 0.002 | - 0.001 | 0.001 | 0.003 |
| | (0.003) | (0.003) | (0.003) | (0.003) |
| 董事会独立性 | 0.258 | 0.508 * | 0.195 | 0.142 |
| | (0.182) | (0.288) | (0.229) | (0.184) |
| 董事监事规模 | 0.011 | 0.019 ** | 0.009 | 0.006 |
| | (0.007) | (0.009) | (0.010) | (0.008) |
| 董事长总经理兼任 | - 0.041 | - 0.023 | - 0.043 | - 0.044 |
| | (0.030) | (0.058) | (0.035) | (0.030) |
| 是否垄断行业 | 0.076 | 0.104 | 0.392 ** | 0.116 |
| | (0.212) | (0.268) | (0.162) | (0.207) |

续表

| | 国有上市公司和非国有上市公司（1） | 中央上市公司和地方国有上市公司（2） | 中央上市公司和非国有上市公司（3） | 地方国有上市公司和非国有上市公司（4） |
|---|---|---|---|---|
| 常数项 | 8.792***<br>(0.418) | 8.605***<br>(0.619) | 8.705***<br>(0.529) | 8.889***<br>(0.425) |
| 行业固定效应 | 是 | 是 | 是 | 是 |
| 年份固定效应 | 是 | 是 | 是 | 是 |
| 观测值 | 6558 | 2628 | 4277 | 6211 |
| 拟合优度 $R^2$ | 0.384 | 0.417 | 0.366 | 0.383 |
| 企业数（cluster） | 1650 | 573 | 1274 | 1613 |

注：回归方法为固定效应回归；括号中是回归系数标准差；＊表示 $p<0.1$，＊＊表示 $p<0.05$，＊＊＊表示 $p<0.01$。

由于使用双重差分进行计量分析的基本前提是实验组和对照组的长期趋势一致，因此采用年度效应虚拟变量对长期趋势进行检验。分别设置政策执行前和执行后相关年份的虚拟变量，与不同股权性质虚拟变量的交互项即考察年度政策效果的系数，同时，该双重差分系数也可以作为实验组和对照组长期趋势的检验系数（见表7-7）。

表7-7　高管（企业层面）"限薪令2009"政策的年度效应分析

| | 国有上市公司和非国有上市公司（1） | 中央上市公司和地方国有上市公司（2） | 中央上市公司和非国有上市公司（3） | 地方国有上市公司和非国有上市公司（4） |
|---|---|---|---|---|
| 2006年政策效应 | 0.048<br>(0.063) | -0.145*<br>(0.081) | -0.068<br>(0.094) | 0.056<br>(0.064) |
| 2007年政策效应 | 0.048<br>(0.067) | -0.123<br>(0.093) | -0.066<br>(0.114) | 0.057<br>(0.068) |
| 2008年政策效应 | -0.014<br>(0.072) | -0.157*<br>(0.080) | -0.151<br>(0.107) | -0.006<br>(0.074) |

续表

| | 国有上市公司和非国有上市公司（1） | 中央上市公司和地方国有上市公司（2） | 中央上市公司和非国有上市公司（3） | 地方国有上市公司和非国有上市公司（4） |
|---|---|---|---|---|
| 2009 年政策效应 | − 0.016<br>(0.076) | − 0.138 *<br>(0.078) | − 0.126<br>(0.107) | − 0.012<br>(0.078) |
| 2010 年政策效应（基期） | − 0.025<br>(0.028) | − 0.016<br>(0.045) | − 0.064<br>(0.052) | − 0.025<br>(0.030) |
| 2011 年政策效应 | 0.001<br>(0.077) | − 0.172 **<br>(0.080) | − 0.158<br>(0.108) | 0.008<br>(0.079) |
| 2012 年政策效应 | − 0.047<br>(0.076) | − 0.134<br>(0.086) | − 0.191<br>(0.117) | − 0.042<br>(0.079) |
| 行业固定效应 | 是 | 是 | 是 | 是 |
| 年份固定效应 | 是 | 是 | 是 | 是 |
| 观测值 | 6558 | 2628 | 4277 | 6211 |
| 拟合优度 $R^2$ | 0.385 | 0.418 | 0.367 | 0.384 |
| 企业数（cluster） | 1650 | 573 | 1274 | 1613 |

注：回归方法为固定效应回归；括号中是回归系数标准差；＊表示 $p < 0.1$，＊＊表示 $p < 0.05$，＊＊＊表示 $p < 0.01$。2010 年政策效应即为基期。

表 7 - 7 中列（1）、列（3）、列（4）中回归系数在 10% 的水平上均不显著，表明国有上市公司和非国有上市公司长期趋势满足的基本假定是成立的。尽管中央上市公司和地方国有上市公司对照的部分年度效应（2006 年、2008 年、2009年、2011 年）回归系数在 10% 的水平上显著〔列（2）〕，但这只能说明"限薪令 2009"在中央上市公司、地方国有上市公司内部产生了一定局部效果，但整体来看，在与非国有上市公司的对照中是无效的。因此，双重差分实证分析结果表明，"限薪令 2009"不仅整体无效（见表 7 - 6），而且自始无效（见表 7 - 7）。

### 7.2.4 高管（总经理个人层面）限薪效果

按照总经理年度薪酬的回归方程即实证模型（7 - 2），实证分析国有上市公司和非国有上市公司高管（总经理个人层面）薪酬的限薪效果。实证结果如表 7-8 所示。

表 7-8　高管（总经理个人层面）"限薪令 2009"政策的实证结果

| | 国有上市公司和非国有上市公司（1） | 中央上市公司和地方国有上市公司（2） | 中央上市公司和非国有上市公司（3） | 地方国有上市公司和非国有上市公司（4） |
|---|---|---|---|---|
| Post$_{09}$×股权性质 | -0.034<br>(0.030) | -0.040<br>(0.053) | -0.064<br>(0.061) | -0.031<br>(0.031) |
| 年龄 | 0.062***<br>(0.020) | 0.004<br>(0.033) | 0.108***<br>(0.025) | 0.064***<br>(0.021) |
| 年龄的平方 | -0.001**<br>(0.000) | 0.000<br>(0.000) | -0.001***<br>(0.000) | -0.001**<br>(0.000) |
| 受教育年限 | 0.013***<br>(0.004) | 0.008<br>(0.006) | 0.018***<br>(0.006) | 0.013***<br>(0.005) |
| 是否男性 | 0.133**<br>(0.052) | 0.234***<br>(0.069) | 0.085<br>(0.073) | 0.130**<br>(0.054) |
| 是否有职称证书 | 0.033<br>(0.032) | 0.059<br>(0.039) | 0.010<br>(0.046) | 0.042<br>(0.033) |
| 持股数量 | 0.009***<br>(0.003) | 0.020***<br>(0.004) | 0.003<br>(0.003) | 0.009***<br>(0.003) |
| 资产规模（对数） | 0.104***<br>(0.025) | 0.098***<br>(0.037) | 0.129***<br>(0.033) | 0.103***<br>(0.026) |
| 平均净资产收益率 | 0.093***<br>(0.034) | 0.802***<br>(0.240) | 0.076<br>(0.053) | 0.090***<br>(0.033) |
| 财务杠杆 | -0.000***<br>(0.000) | -0.000***<br>(0.000) | -0.000***<br>(0.000) | -0.000***<br>(0.000) |
| 资产负债率 | 0.020***<br>(0.008) | -0.252**<br>(0.104) | 0.022<br>(0.013) | 0.020**<br>(0.008) |
| 资本密集度 | -0.000<br>(0.000) | 0.000<br>(0.000) | -0.000*<br>(0.000) | -0.000<br>(0.000) |

续表

| | 国有上市公司和非国有上市公司（1） | 中央上市公司和地方国有上市公司（2） | 中央上市公司和非国有上市公司（3） | 地方国有上市公司和非国有上市公司（4） |
|---|---|---|---|---|
| 董事会独立性 | 0.231<br>(0.194) | 0.428*<br>(0.243) | -0.131<br>(0.275) | 0.186<br>(0.205) |
| 董事监事规模 | 0.009<br>(0.007) | 0.013<br>(0.008) | 0.001<br>(0.013) | 0.011<br>(0.008) |
| 董事长总经理兼任 | 0.054<br>(0.039) | -0.025<br>(0.067) | 0.125***<br>(0.045) | 0.050<br>(0.040) |
| 是否垄断行业 | 0.027<br>(0.052) | 0.019<br>(0.055) | 0.045<br>(0.105) | 0.031<br>(0.054) |
| 常数项 | 7.619***<br>(0.736) | 9.039***<br>(1.075) | 6.273***<br>(0.964) | 7.593***<br>(0.762) |
| 行业固定效应 | 是 | 是 | 是 | 是 |
| 年份固定效应 | 是 | 是 | 是 | 是 |
| 观测值 | 8038 | 3953 | 4557 | 7566 |
| 拟合优度 $R^2$ | 0.255 | 0.274 | 0.240 | 0.262 |
| 企业数（cluster） | 1944 | 847 | 1357 | 1887 |

注：回归方法为固定效应回归；括号中是回归系数标准差；＊表示 $p<0.1$，＊＊表示 $p<0.05$，＊＊＊表示 $p<0.01$。

表7-8 结果表明，"限薪令2009"对国有上市公司总经理薪酬的双重差分系数在10%水平上不显著，说明即使加入上市公司，总经理个人特征信息的限薪政策仍然无效，年度效应则同样表明对总经理薪酬的限制政策自始无效。总经理个人特征中，高管年龄、是否男性、受教育年限和持股数量与总经理薪酬呈现明显的正相关关系；企业特征中，资产规模、平均净资产收益率和资产负债率对总经理薪酬有显著正影响。

需要指出的是，表7-9揭示的对上市公司总经理限薪效果的研究结果，也与沈艺峰、李培功（2010）[1] 以及刘星、徐光伟（2012）[2] 等国内研究者对"限薪令2009"等关于政府薪酬的管制干预一定程度上降低了高管薪酬业绩敏感性，但不能有效抑制高管薪酬增长的研究结论基本一致。

更重要的，反映上市公司治理特征的三个因素（董事会独立性、董事监事规模、董事长总经理兼任）对总经理薪酬的回归系数在10%水平上均不显著，与上述高管企业层面的实证结果类似。对此可能的解释是，当前上市公司总经理作为实际企业经营管理者，在委托—代理条件下薪酬更多与企业业绩相关而不是与公司治理特征相关，同时也说明我国上市公司的公司治理机制仍要进一步完善。

另外，从表7-8结果还可以看出，无论是国有上市公司与非国有上市公司对比，还是中央上市公司与地方国有上市公司对比，无论是中央上市公司和非国有上市公司对比，还是地方国有上市公司和非国有上市公司对比，我国上市公司资产规模都对高管薪酬产生正向作用而且统计上均显著，这一结果仍基本支持有关规模薪酬配置假说（Size - pay），也表明我国上市公司高管薪酬与公司规模大小之间也存在显著正向相关关系。

# 7.3　稳健性检验

"限薪令2009"是改革开放以来第一个影响深远的关于国有企业高管的带有"限薪"性质的薪酬管控政策，但使用上市公司高管（企业层面）即董监高前三名人均薪酬和高管（总经理个人层面）年度薪酬的双重差分实证分析结果均表明，该政策并未达到控制高管薪酬过快增长的政策短期效果。

---

① 沈艺峰、李培功：《政府限薪令与国有企业高管薪酬、业绩和运气关系的研究》，《中国工业经济》2010年第11期，第130-139页。
② 刘星、徐光伟：《政府管制、管理层权力与国有企业高管薪酬刚性》，《经济科学》2012年第1期，第86-102页。

由于通常法律法规中的上市公司高管指企业法定代表人及（国有）企业领导班子成员或（非国有企业）经营团队成员，学界通常也用董监高成员、总经理、高管副职（副总经理、财务总监、董事会秘书）等作为上市公司高管的代表进行实证研究。因此，本部分进一步使用上市公司高管薪酬的相关替代指标进行"限薪"政策效果的稳健性检验。此外，在上述基准回归方程（7-1）的基础上，加入代表上市公司企业层面异质特征的变量构建三重差分模型，考察"限薪令2009"的执行是否与企业规模相关（由于通常而言资产、市值等规模越大的企业相应的内部治理机构越完善，因此通过实证分析检验限薪效果会不会在规模大的企业相对有效而小企业相对无效）。最后，采用类似方法增加对平衡面板、"八项规定"和"限薪令2015"的限薪效果进行实证分析，以多角度充分保证基准实证结果的稳健有效。

### 7.3.1 使用不同职位高管薪酬指标的稳健性检验

前述使用董监高前三名人均薪酬作为企业层面高管代表，总经理年度薪酬作为高管个人层面代表的"限薪"效果分析认为"限薪令2009"是无效的。为了进一步验证前述结果的稳健有效，分别用高管前三名人均薪酬、董事前三名人均薪酬作为企业层面高管薪酬的替代指标，董事长和副总经理薪酬作为个人层面高管薪酬的替代指标进行稳健性检验。值得一提的是，对上市公司副总经理薪酬的处理。通常情况下，一个上市公司总经理职务只有一个，但上市公司副总经理多数设置两个或以上职数，因此在进行副总经理个人特征与上市公司企业特征匹配时，会出现上市公司企业代码和年份无法完全一一对应的情况。为此，以上市公司年度薪酬最高的副总经理作为副总经理职位的代表进行实证分析，这样做可能一定程度上损失了部分副总经理信息，但如果薪酬最高的副总经理并未受到"限薪令2009"政策的影响，则基本可以合理推测"限薪令"对其余的副总经理也未能产生政策影响。

表7-9的实证结果表明，在控制上市公司企业特征和不同职位高管的个人特征后，无论是高管前三名人均薪酬、董事前三名人均薪酬，还是董事长年度薪

酬、（薪酬水平最高）副总经理年度薪酬，不同职位高管薪酬的双重差分系数虽
然为负值但在10%统计水平上均不显著，即对不同职位高管薪酬而言，"限薪令
2009"短期效果也无效。

表7-9　不同职位高管薪酬的"限薪令2009"政策稳健性检验实证结果

| | 国有企业和<br>非国有企业（1） | 中央企业和地方<br>国有企业（2） | 中央企业和<br>非国有企业（3） | 地方国有企业和<br>非国有企业（4） |
|---|---|---|---|---|
| 高管前三名人均薪酬 | -0.030<br>(0.028) | -0.035<br>(0.037) | -0.066<br>(0.050) | -0.029<br>(0.029) |
| 董事前三名人均薪酬 | -0.031<br>(0.032) | 0.018<br>(0.050) | -0.020<br>(0.065) | -0.033<br>(0.033) |
| 董事长年度薪酬 | -0.025<br>(0.042) | 0.132<br>(0.119) | 0.210<br>(0.136) | -0.031<br>(0.042) |
| 副总经理年度薪酬 | -0.026<br>(0.029) | -0.041<br>(0.046) | -0.052<br>(0.052) | -0.020<br>(0.029) |

注：回归方法为固定效应回归；括号中是回归系数标准差；＊表示 $p<0.1$，＊＊表示 $p<0.05$，＊＊＊表示 $p<0.01$。

### 7.3.2　考虑企业规模异质性特征的稳健性检验

为了考察不同企业异质性特征的影响，以及限薪令政策执行在企业规模上是
否存在明显差异，按照资产规模（及资产负债率、员工人数规模）将上市公司
分类为高、低两组，构造一个三重差分模型进行检验，三重差分方程如下：

$$\ln\_Wage_{i,t} = \alpha_0 + \alpha_1 Ownership \times Post_{09} \times Trait_{i,t} + \alpha_2 Ownership \times Post_{09} +$$
$$\alpha_3 Post_{09} \times Trait_{i,t} + \alpha_4 Ownership \times Trait_{i,t} + \beta X_{i,t} + U_t + V_i + \varepsilon_{i,t}$$

$$(7-3)$$

其中，$Trait_{i,t}$代表上市公司规模的虚拟变量，以样本上市公司规模指标的中
位数为界分为高、低两组，分组变量包括企业资产、资产负债率和员工人数。一
般认为，企业规模越大，需要公司高管统筹协调的管理事务将显著增加，因此企

业规模越大的高管薪酬受企业经营环境影响的程度也越高，从而大企业高管的薪酬高于小企业是显然的。鉴于通常而言大企业的内部治理更完善，如果考虑政府薪酬管控政策的影响，那么大企业对薪酬管控政策的遵循程度或更高，而小企业对薪酬管控政策的遵循程度或更小。

表 7 - 10 的实证结果表明，加入代表企业规模的虚拟变量后，国有上市公司与非国有上市公司对照的三重差分系数同样不显著，与前述高管企业层面、高管个人层面、不同职位高管的实证结论基本一致，因此，无论企业规模大小，"限薪令 2009" 均未达到预期的短期效果。

表 7 - 10　考虑企业规模的"限薪令 2009"政策的三重差分结果

| | 董监高前三名人均薪酬（1） | 高管前三名人均薪酬（2） | 董事前三名人均薪酬（3） |
|---|---|---|---|
| $Post_{09} \times State \times$ 资产规模 | - 0.026 (0.048) | - 0.042 (0.047) | - 0.027 (0.056) |
| $Post_{09} \times State \times$ 资产负债率 | - 0.000 (0.031) | - 0.005 (0.031) | - 0.009 (0.038) |
| $Post_{09} \times State \times$ 员工人数 | 0.011 (0.035) | 0.003 (0.035) | - 0.003 (0.046) |

注：回归方法为固定效应回归；括号中是回归系数标准差；＊表示 $p<0.1$，＊＊表示 $p<0.05$，＊＊＊表示 $p<0.01$。

### 7.3.3　平衡样本限薪效果信息的稳健性检验

上述实证分析结果都是基于非平衡面板的分析，最大限度地使用上市公司高管薪酬信息，试图将所有国有上市公司作为限薪令的研究对象。可能存在的问题是，研究时间超过五年，样本后期上市的新企业更多，尤其是高新技术科技类公司，这类企业的高管薪酬可能更多地与企业上市的股票收益相关，与原有企业高管的薪酬结构存在差异，这样一定程度可能影响"限薪"政策效应的估计。同时，一些经营状况不好的上市公司又可能退市或者重组，这类企业高管薪酬又存在不合理偏低的可能。在这种情况下，原先采用非平衡面板的实证结果则无法排除已有样本的退出和新样本的进入对实证结果可能的干扰，因此有必要使用平衡面板进行分析。分析结果如表7－11所示，采用样本期2005～2012年连续存续的平衡企业面板结果与不平衡面板的"限薪"效果结论基本一致，双重差分系数在10%的水平上仍然是不显著的，因此同样表明"限薪令2009"无效。

表7－11　平衡面板的"限薪令2009"政策的实证结果

| | 国有企业和非国有企业（1） | 中央企业和地方国有企业（2） | 中央企业和非国有企业（3） | 地方国有企业和非国有企业（4） |
|---|---|---|---|---|
| 董监高前三名人均薪酬 | 0.004 (0.073) | 0.040 (0.067) | −0.028 (0.078) | −0.009 (0.078) |
| 高管前三名人均薪酬 | −0.021 (0.076) | 0.071 (0.072) | 0.004 (0.078) | −0.042 (0.081) |
| 董事前三名人均薪酬 | 0.056 (0.085) | 0.119 (0.077) | 0.052 (0.111) | 0.029 (0.085) |
| 行业固定效应 | 是 | 是 | 是 | 是 |
| 年份固定效应 | 是 | 是 | 是 | 是 |
| 观测值 | 888 | 556 | 423 | 797 |
| 拟合优度 $R^2$ | 0.431 | 0.510 | 0.432 | 0.424 |
| 企业数（cluster） | 111 | 75 | 65 | 105 |

注：回归方法为固定效应回归；括号中是回归系数标准差；＊表示 $p<0.1$，＊＊表示 $p<0.05$，＊＊＊表示 $p<0.01$。

### 7.3.4　Placebo 检验

政策执行通常具有滞后性特点。"限薪令2009"是2009年颁布实施的，考虑到政策执行可能存在的滞后效应，前述分析均以2010年作为政策执行第一年，基准结果表明"限薪令2009"在统计上是无效的。但是，上述政策"无效"的结论是否会因政策执行时间而存在差异，以及如何估计国有企业在"限薪令2009"政策发布之前可能"提前"涨薪和政策效果滞后的影响。为此，需要采用 Placebo 检验（即安慰剂检验）进行稳健性检验。

图 7 - 7 是分别假定"限薪令2009"政策在2006～2012 年任何一年作为执行开始年的双重差分系数，回归结果表明，所有年度双重差分系数均不能在10%的水平上显著。Placebo 检验同时发现，政策执行时间设定在 2010 年和 2011 年的执行效果与 2009 年回归系数大小基本一致，表明即使考虑"限薪令"发布前提前涨薪或是政策执行出现滞后等因素，"限薪令2009"仍是无效的。

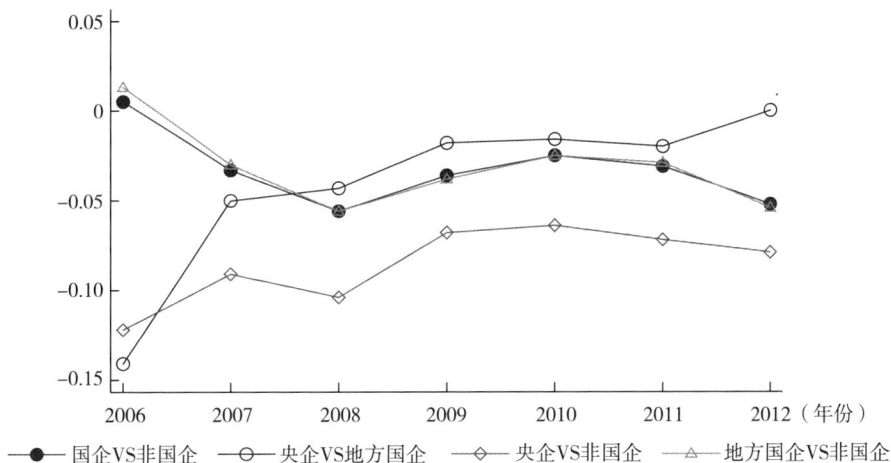

**图 7 - 7    "限薪令 2009"政策的 Placebo 稳健性检验系数**

注：回归中包含表 7 - 1 中所有控制变量，并控制行业和年份虚拟变量固定效应。

### 7.3.5　考虑剔除"八项规定"政策"限薪"效应的稳健性检验

事实上，对企业高管的薪酬管控除了所谓政府"限薪令"、特殊税收政策（如美国对企业高管的"百万美元"个人所得税政策）等限制性政策外，由于国有企业性质以及政治地位的特殊性，一些以抑制腐败、改善政治环境等为主要政策目标的政策规定也可能对高管的薪酬产生间接或直接影响。比如 2012 年 12 月，中央出台关于领导干部改进工作作风、密切联系群众的"八项规定"政策，对高管人员的在职消费进行了严格的控制，使高管人员的"隐性补贴"大幅降少。对"八项规定"政策（样本期间为 2010 ~ 2014 年）的实证结果如表 7 – 12 所示。实证结果显示，"八项规定"政策使国有上市公司高管薪酬（董监高薪酬前三名）平均下降 3.6% 左右且统计上显著（上市公司经营团队高管前三名薪酬平均下降 3.1% 且统计上显著，董事前三名薪酬平均下降 2.9% 但统计上不显著），但是中央企业上市公司与非国有上市公司对照的限薪效果系数在 10% 的统计水平上并不显著，限薪效果主要局限在地方国有上市公司上，平均下降幅度为 4.3% 且统计上显著。

表 7 – 12　"八项规定"政策的稳健性检验实证结果

| | 国有上市公司和非国有上市公司（1） | 中央上市公司和地方国有上市公司（2） | 中央上市公司和非国有上市公司（3） | 地方国有上市公司和非国有上市公司（4） |
|---|---|---|---|---|
| 董监高前三名人均薪酬 | – 0.036 *** (0.013) | 0.020 (0.024) | – 0.030 (0.027) | – 0.043 *** (0.015) |
| 高管前三名人均薪酬 | – 0.031 ** (0.014) | 0.014 (0.023) | – 0.011 (0.028) | – 0.040 *** (0.015) |
| 董事前三名人均薪酬 | – 0.029 (0.018) | 0.086 ** (0.043) | 0.028 (0.047) | – 0.047 ** (0.019) |
| 行业固定效应 | 是 | 是 | 是 | 是 |
| 年份固定效应 | 是 | 是 | 是 | 是 |
| 观测值 | 8437 | 3096 | 5844 | 7934 |
| 拟合优度 $R^2$ | 0.111 | 0.110 | 0.132 | 0.115 |
| 企业数（cluster） | 2179 | 845 | 1578 | 2098 |

注：回归方法为固定效应回归；括号中是回归系数标准差；＊表示 $p < 0.1$，＊＊表示 $p < 0.05$，＊＊＊表示 $p < 0.01$。

需要指出的是，国内研究者梅洁（2015）①的研究结论是"八项规定"政策对于国有企业高管管理层的货币薪酬存在一定政策干预效果但统计上并不显著。陈仕华等（2014）②对国有企业纪委参与公司治理对抑制高管收益进行了研究，其研究结果发现，与纪委未参与公司治理的情况相比，国有企业纪委参与公司治理对高管的非货币性收益有显著的抑制作用，但对高管的货币性收益则无显著影响。

尽管与梅洁、陈仕华等的研究结果有所不同，本书关于"八项规定"政策的实证结果表明"八项规定"对国有企业高管薪酬存在政策效果且统计上显著，但是该研究结果却是强化和支持了对"限薪令2009"无效的研究结论。主要理由是，如果"八项规定"对国有企业高管薪酬确实存在政策效果且统计上显著，那么"八项规定"政策效应会促使"限薪令2009"对国有企业高管薪酬抑制的短期效果更显著而不是相反，但前述实证研究结果表明"限薪令2009"无效。总的来看，由于"八项规定"等相关政策的执行在企业层面主要是国有企业纪委等主导的，其政策制定的目的不是薪酬管控。因此，梅洁、陈仕华等的研究结果也支持了本部分的稳健性检验结果。

### 7.3.6 "限薪令2015"的短期效果

政策间隔仅近五年左右，2015年1月1日，《关于深化中央管理企业负责人薪酬制度改革的意见》（所谓"限薪令2015"）正式实施，明确"中央管理企业负责人薪酬由基本年薪、绩效年薪和任期激励收入"组成，这是进一步深化国有企业高管薪酬制度改革的重要内容，国内有的研究者将其称为"史上最严央企限薪令"。

从表7-13可以看出，采用与"限薪令2009"类似的研究方法发现，"限薪

① 梅洁：《国有控股公司管理层报酬的政策干预效果评估——基于"限薪令"和"八项规定"的拟自然实验》，《证券市场导报》2015年第12期，第36-44页。
② 陈仕华、姜广省、李维安、王春林：《国有企业纪委的治理参与能否抑制高管私有收益?》，《经济研究》2014年第10期，第139-151页。

令2015"平均使国有上市公司高管薪酬下降5.7%。鉴于2015年国有上市公司高管平均薪酬约为50万元（见表7-2），高管薪酬平均下降5.7%即对应降薪约为3万元，由于同期非国有上市公司高管薪酬仍增长约6%，与同期非国有上市公司高管相比，国有上市公司高管薪酬相当于下降了12%左右，因此这个下降幅度是较大的。这与现实中相关国有企业高管对降薪结果的较大反应相一致，也进一步验证了实证分析结果关于"限薪令2015"的短期效果有效性。同样地，这项政策对中央上市公司高管薪酬的抑制薪酬效果不如地方国有上市公司显著，反而是地方国有上市公司对"限薪令2015"遵照执行的力度更大。

表7-13 "限薪令2015"短期效果的实证结果

| | 国有上市公司和非国有上市公司（1） | 中央上市公司和地方国有上市公司（2） | 中央上市公司和非国有上市公司（3） | 地方国有上市公司和非国有上市公司（4） |
|---|---|---|---|---|
| 董监高前三名人均薪酬 | -0.057***<br>(0.014) | 0.055**<br>(0.025) | 0.019<br>(0.029) | -0.065***<br>(0.016) |
| 高管前三名人均薪酬 | -0.061***<br>(0.014) | 0.056**<br>(0.025) | 0.018<br>(0.029) | -0.069***<br>(0.016) |
| 董事前三名人均薪酬 | -0.051***<br>(0.018) | 0.036<br>(0.039) | -0.020<br>(0.043) | -0.055***<br>(0.019) |
| 行业固定效应 | 是 | 是 | 是 | 是 |
| 年份固定效应 | 是 | 是 | 是 | 是 |
| 观测值 | 3915 | 1314 | 2807 | 3709 |
| 拟合优度 $R^2$ | 0.119 | 0.045 | 0.160 | 0.125 |
| 企业数（cluster） | 2131 | 731 | 1550 | 2039 |

注：回归方法为固定效应回归；括号中是回归系数标准差；* 表示 $p < 0.1$，** 表示 $p < 0.05$，*** 表示 $p < 0.01$。

与"限薪令2009"相比，"限薪令2015"对国有企业高管薪酬增长的短期效果显著，哪些因素造成"限薪令2015"政策执行效果更为有效？

可能的原因至少包括以下四个方面：

第一，政策地位不同。"限薪令2015"经国家最高决策层审议通过，因此属于政策文件中带有顶层设计性质、权威性最高的政策规定。但"限薪令2009"属于以人力资源和社会保障部等六部委联合印发实施的政策规定，其政策权威性低于"限薪令2015"。政策地位不同导致政策实际执行过程中国有企业的执行力度不尽相同。

第二，实施机制不同。"限薪令2015"政策中专门明确国务院成立深化国有企业负责人薪酬制度改革工作领导小组，具体负责组织实施中央企业高管薪酬制度改革，指导和协调全国国有企业高管薪酬制度改革工作。"限薪令2009"则没有明确类似规定，政策落实过程中国家层面也没有专门成立相关机构牵头组织实施。

第三，调控机制不同。"限薪令2015"实际上将全部国有企业高管区分为组织任命企业负责人和职业经理人两类，组织任命国有企业负责人主要以所谓"限薪"规范薪酬为特征，但对国有企业职业经理人则明确规定"职业经理人的薪酬结构和水平，由董事会按照市场化薪酬分配机制确定"。可以看出，"限薪令2015"针对不同类型国有企业负责人设计了与负责人选任方式相匹配的差异化薪酬分配方法，一定程度上更适应市场化和国有企业完善现代企业制度改革的内在要求，因此也更容易得到国有企业的认真贯彻落实。而"限薪令2009"对除海外公开招聘的国有企业高管外，事实上对高管薪酬实行"一刀切"。

第四，非物质激励的补偿效应使"限薪"政策可以得到较好执行。国有企业高管除以货币报酬作为物质激励外，事实上还享有政治晋升（如能力较强的中央企业高管晋升或转任省部级领导职位等）、职业稳定性较强、较好福利待遇，以及潜在的更高管理职业生涯通道（比如，由于通常国有企业规模更大以及掌握的商业信息、经营渠道、资本配置等资源优势更强，国有企业中能力较强的中层管理人员可以到非国有企业获得高管等更高职级管理职位，但相反，一般情况下即使非国有企业高管要获得国有企业高管或中层管理职位的难度也较大）。由于存在非物质激励的补偿效应，"限薪令"对国有企业高管总的激励强度（物质激励与非物质激励之和）未必显著降低，因此，"限薪令"在国有企业中可以得到较好的贯彻执行。

### 7.3.7 PSM – DID 方法

为了进一步验证本部分实证结论的稳健性，采用 PSM – DID（倾向性匹配）的方法，对"限薪令2009""八项规定"和"限薪令2015"的执行效果进行进一步扩展分析。倾向得分匹配的基本思想是为了找到最合适的实验组和对照组，保证实验组和对照组的长期趋势一致，从而使双重差分估计的结果更准确。上述表 7 – 7 的结果表明，实验组和对照组的长期趋势检验是通过的，因此采用 DID 估计的结果已经足够可靠，这里增加 PSM – DID 实证结果只是作为实证分析结果的额外辅助支撑。PSM – DID 人为筛选出更匹配的实验组和对照组进行双重差分估计，实证经验表明，采用 PSM – DID 的结果很大程度上取决于 PSM 的方式，包括核匹配、最近邻匹配和半径匹配等，因匹配方式不同，结果或存在很大差异。由于匹配方式不同，PSM – DID 结果或存在较大差异。为此，我们采用多种匹配方式对"限薪令2009""八项规定"和"限薪令2015"三个政策的实施效果进行了研究，部分匹配方式后的实证结果甚至与上述基本结论不尽一致。但是，我们认为，只要实验组和对照组的长期趋势检验一定程度上满足，我们倾向于选择数据本身双重差分的结果。

鉴于上述考虑，根据"限薪令2009""八项规定"和"限薪令2015"的不同数据结构，分不同匹配方式进行研究，限于篇幅，此处仅展示与本部分研究基本相符的结论（见表 7 – 14、表 7 – 15、表 7 – 16）。PSM – DID 的结果表明，"限薪令2009"仍然是整体上无效的，"八项规定"有一定政策效果，而"限薪令2015"效果更为有效、更为稳健。

此外，上述分析结果还说明，倾向得分匹配方法本身对实证结果的影响极大。因此，关于实证中倾向得分匹配方法的运用，本书仍然主张在实验组和控制组个体差异极其明显、样本量相对较大的条件下适用，更应慎重适用，倾向得分的匹配变量（选择哪些变量作为匹配协变量）和匹配方法（核匹配、最近邻匹配）的选择对结果的影响是显而易见的。另外，通过本部分的研究还发现，采用不同的 Stata 命令（Diff、teffects、psmatch 等）估计倾向得分匹配下的项目效果时，差异也很大。因此，从本部分的分析情况来看，使用倾向得分匹配方法的分析结果更应慎重。

表 7 – 14　"限薪令 2009"的 PSM – DID 结果

| | 国有上市公司和非国有上市公司（1） | 中央上市公司和地方国有上市公司（2） | 中央上市公司和非国有上市公司（3） | 地方国有上市公司和非国有上市公司（4） |
|---|---|---|---|---|
| 董监高前三名人均薪酬 | – 0. 015<br>（0. 068） | – 0. 063<br>（0. 076） | 0. 029<br>（0. 183） | 0. 100<br>（0. 078） |
| 高管前三名人均薪酬 | – 0. 012<br>（0. 065） | – 0. 073<br>（0. 076） | – 0. 089<br>（0. 092） | – 0. 033<br>（0. 069） |
| 董事前三名人均薪酬 | – 0. 100<br>（0. 086） | – 0. 058<br>（0. 090） | 0. 140<br>（0. 181） | 0. 016<br>（0. 099） |

注：括号中是回归系数标准差；＊表示 $p < 0.1$，＊＊表示 $p < 0.05$，＊＊＊表示 $p < 0.01$。

表 7 – 15　"八项规定"的 PSM – DID 结果

| | 国有上市公司和非国有上市公司（1） | 中央上市公司和地方国有上市公司（2） | 中央上市公司和非国有上市公司（3） | 地方国有上市公司和非国有上市公司（4） |
|---|---|---|---|---|
| 董监高前三名人均薪酬 | – 0. 083＊＊＊<br>（0. 032） | 0. 029<br>（0. 047） | – 0. 066＊<br>（0. 038） | – 0. 078＊＊<br>（0. 033） |
| 高管前三名人均薪酬 | – 0. 042<br>（0. 032） | 0. 015<br>（0. 048） | – 0. 046<br>（0. 038） | – 0. 080＊＊<br>（0. 033） |
| 董事前三名人均薪酬 | – 0. 078＊＊＊<br>（0. 019） | 0. 049<br>（0. 055） | 0. 015<br>（0. 041） | – 0. 091＊＊＊<br>（0. 019） |

注：括号中是回归系数标准差；＊表示 $p < 0.1$，＊＊表示 $p < 0.05$，＊＊＊表示 $p < 0.01$。

表 7-16　"限薪令 2015" 的 PSM - DID 结果

| | 国有上市公司和非国有上市公司 (1) | 中央上市公司和地方国有上市公司 (2) | 中央上市公司和非国有上市公司 (3) | 地方国有上市公司和非国有上市公司 (4) |
|---|---|---|---|---|
| 董监高前三名人均薪酬 | -0.075*<br>(0.042) | 0.019<br>(0.069) | -0.031<br>(0.055) | -0.079*<br>(0.043) |
| 高管前三名人均薪酬 | -0.075*<br>(0.042) | 0.030<br>(0.069) | -0.027<br>(0.055) | -0.081*<br>(0.044) |
| 董事前三名人均薪酬 | -0.113***<br>(0.025) | -0.095<br>(0.083) | -0.093<br>(0.061) | -0.121***<br>(0.026) |

注：括号中是回归系数标准差；*表示 $p<0.1$，**表示 $p<0.05$，***表示 $p<0.01$。

# 7.4　两次"限薪令"政策短期效果的研究结论

本章首先以"限薪令 2009"政策为基准研究对象，采用双重差分模型分析政府薪酬管控政策对抑制国有上市公司高管薪酬增长的短期效果政策影响。按照实际控制人性质划分为国有企业、非国有企业、中央企业、地方国有企业，并结合是否受到"限薪"政策影响分别构造四组实验条件，基本结论均认为"限薪令 2009"并不能抑制中央企业高管薪酬过快上涨，因此"限薪令 2009"自始无效。高管企业层面，采用董监高前三名人均薪酬的实证结果表明，这项针对中央企业高管薪酬的政府"限薪令"并没有实现显著抑制高管薪酬过快增长的目的，"限薪"效果在 10% 的统计水平上并不显著；高管个人层面，将上市公司总经理年度薪酬作为研究对象，双重差分分析结果也表明，"限薪令"没能抑制总经理个人薪酬过快增长。本部分综合采用多种方法进行稳健性检验，包括细化不同高管职位，用董事薪酬水平前三名人均薪酬、高管薪酬前三名人均薪酬、董事长、上市公司副总经理等作为高管薪酬的替代指标，加入代表企业特征的虚拟变量进行三重差分、平衡面板双重差分分析、Placebo（安慰剂）检验等方法，这些实证结果也基本表明"限薪令2009"是失效的。这里需要特别指出的是，2008年11月至2010年底，为应对国际金融危机的严重冲击，我国推出了"一揽子"重大扩大内需政策即所谓"四万亿计划"。"四万亿计划"总体是有利于恢复和扩张国有企业以及非国有企业的市场需求、促进其经营业绩提升的，在业绩与高管薪酬正向联动的业绩—薪酬敏感性条件下，企业业绩的提升显然是有利于高管薪酬的增长的。这种情况可能也是影响"限薪令2009"的重要因素之一。但是，由于所谓"四万亿计划"不是只针对国有企业实施而是对所有企业实施（当然因为国有性质及"近水楼台"，相比非国有企业，国有企业可能受惠于该计划的更多一些），"四万亿计划"对国有企业高管和非国有企业高管的业绩影响及相应的薪酬影响应当是大体相当的（至少不存在显著差异），因此，可以合理推断"四万亿计划"的存在仍然使对"限薪令2009"的双重差分分析的平行趋势等条件是基本成立的。

同时，采用类似研究方法，本部分还对"限薪令2015"的短期效果进行了对比实证分析，结果发现这项薪酬管控政策显著地抑制了上市公司高管薪酬增长，平均来看下降幅度达到5%～7%。因此，与"限薪令2009"相比，"限薪令2015"的短期效果基本实现。

事实上，对于"限薪令2009"的政策无效，可以基于一个明显的特征事实证据用"反证法"很直观地加以证实。这个事实实际上就是"限薪令2015"政策本身。理由很简单，可以设想，如果"限薪令2009"非常有效或基本有效，那么可能根本不需要在"限薪令2009"实施时隔仅四五年后，再组织制定实施政策管控对象基本一致的"限薪令2015"。换句话说，"限薪令2015"政策的制定实施，反向证明了"限薪令2009"的政策无效性（或者至少反映出"限薪令2009"政策的短期效果不显著，远未达到政策制定者的预期政策目标）。

当然，任何政策都不能保证一定可以实现其预期政策目标，否则实践中就不会存在所谓政策"试点"或政策效果评估等活动。从总结政策经验教训的角度讲，开展政策效果评估研究的理论意义和实践意义不容忽视。

政府出台针对国有企业高管限薪令的短期效果（直接效果）在于尽快抑制国有企业高管薪酬的过快增长，以及通过控制高管薪酬和普通员工薪酬之间的薪酬差距回应公众对社会公平正义的关注。但是，这种政府监管部门的薪酬管控方法无法对业绩表现卓越的企业高管给予足够激励，特别是由于中长期激励不足而难以充分发挥国有企业高管的企业家作用。因此，一方面，在关注"限薪令"短期效果的同时，还应进一步完善国有企业高管薪酬差异化、市场化改革；另一方面，还应更加关注政策的长期效果，即"限薪令"政策是否对国有企业经营业绩产生了显著负面影响。道理很简单，即使政策短期效果实现了（高管薪酬水平得以显著抑制），但如果政策长期效果显示抑制高管薪酬过快增长后国有企业经营业绩恶化甚至显著恶化，那政策的总体效果难说是有效的，甚至可以认为是失败的。为此，在实施薪酬管控政策的基础上，有必要采取措施加大对业绩优异高管的正向激励强度。同时，依照承担风险和责任合理确定高管薪酬，并且不断提高中长期激励在国有企业高管薪酬中的比重，才能更好地实现国有企业市场化选聘的管理层薪酬的市场化机制改革，进而推进整个国有企业改革。

特别是应当看到，党的十九大报告提出，要"深化国有企业改革，发展混合所有制经济，培育具有全球竞争力的世界一流企业"。建设具有全球竞争力的世界一流企业，显然不仅需要国有企业提供的产品或服务世界一流，需要国有企业管理水平世界一流，也需要包括高管薪酬激励在内的激励约束机制世界一流。显然，要实现国有企业高管薪酬激励约束机制世界一流，客观上既需要建立健全市场化的薪酬分配机制，也需要国有企业高管薪酬水平具有一定市场竞争力。

# 8 国有企业高管薪酬"限薪令2015" 长期效果的实证分析

政策不仅重要，而且十分重要。如果政策是鼓励人们通过努力工作、储蓄、投资和有效利用他们的资源来改善自身条件的，那么社会就能够取得伟大的成就。

——盖尔·约翰逊（D. Gale Johnson）《经济发展中的农业、农村、农民问题》（2005 年）

## 8.1 "限薪令"长期效果研究的重要性与复杂性

本部分研究主要是基于"限薪令2015"政策的短期效果基本实现而进一步考察"限薪令"对企业业绩影响的长期效果。应该看到，"限薪令"政策不是单单为"限薪"而"限薪"，不是仅仅满足社会公众的公平正义诉求，也不是仅仅为了凸显政府公平偏好，其深层次政策目的仍然应该是更好提升企业业绩和发展能力，更好促进国有企业发展。可以设想，如果所谓"限薪令"最终实现了短期效果即显著抑制了高管薪酬的过快增长，但同时导致了国有企业业绩大幅下降、发展能力显著受损，那么，这种整体政策效果很难得到政策制定者和社会公众的最终认同。由于已有政策研究常常只关注政策的短期效果而忽视政策的长期效果，因此，本章着重围绕政策长期效果进行实证分析就显得更为重要。

但是，与"限薪令"对抑制上市公司高管薪酬增长的政策短期效果评估相比，考察"限薪令"对上市公司业绩的影响即长期效果具有更深远的意义且影响机制也更为复杂。"限薪令2015"对企业业绩影响的复杂性主要有四方面：

第一，"限薪"可能降低高管的努力程度，在高管薪酬与公司业绩存在较高敏感性时，有可能降低公司业绩。在劳动力市场竞争比较充分的情况下，高管薪酬与公司业绩之间相关度非常高，"业绩增、薪酬增，业绩降、薪酬降"是高管薪酬分配的基本要求，高薪酬代表着高管为公司带来了相应更多的收益，是企业对高管工作的一种回馈和认可。但随着限薪令政策的出台，可能会使一些高管的薪酬增长受到政策限制，这种情况下一个非常可能的结果就是，高管自身付出了劳动和心血为企业谋取了很大的收益，但受薪酬管控政策限制，没有办法通过合理的薪酬增长加以体现。这时，一些高管个人就非常有可能降低自己的努力程度（工作量减少或者调整工作策略如"出工不出力"），使自己最终获取的薪酬与付出的劳动基本对等，而这最直接的反映可能就是上市公司的业绩会受到一些负面影响。这方面的潜在影响是政策制定者最担心也最不希望看到的。

第二，限薪影响国有企业高管的市场供给与需求平衡，有可能促使高管中的优秀者短期内退出过多（如高管离职率突然提高较多），进而导致国有企业高管的整体经营能力降低。这是因为，一方面，"限薪"有可能迫使部分对薪酬水平更敏感的国有企业高能力高管通过主动离职等方式离开；另一方面，"限薪"可能会降低对国有企业外部高管的薪酬吸引力，比如降低外部职业经理人选择国有企业的意愿。如果国有企业高管因限薪而离职较多同时无法吸引外部高管及时补充，那么国有企业高管的整体经营能力水平会降低。更为重要的是，如果高能力高管退出的同时外部相似能力水平高管又不能及时补充，为此企业不得已聘用能力平庸高管，这样可能会形成所谓"劣币驱逐良币"现象，这显然对国有企业的持续发展是不利的。

第三，"限薪"也可能扩大对国有企业普通职工的激励力度从而提高公司业绩。"限薪"控制了高管薪酬的快速增长，或许降低了高管的激励力度，但同时也缩小了高管与普通职工之间的收入差距，收入差距缩小增加了职工的社会公平感（也体现了政府的公平偏好），这有可能提高对普通职工的激励力度，如果"限薪"导致职工增加的工作努力程度高于高管降低的工作努力程度（相当于公司全部员工努力的"净增加"），那么整体上仍会带来企业员工工作努力程度的提高，这种情况下公司业绩反而会有所提高。

第四，限薪对高管工作努力程度既存在负向影响，也可能存在正向影响，影响的最终效果取决于正向影响与负向影响的相对高低。限薪的负向影响，主要是薪酬可能限制甚至降低高管的工作努力程度、高管离职率提高等。限薪的正向影响至少有两方面：一是限薪可能变相强化高管与业绩的正向联动。虽然限薪的直接目标是限制国有企业高管薪酬过快增长，尤其是中央企业高管薪酬的过快增长，但"限薪令2015"中高管的薪酬结构仍明确为由基本年薪、绩效年薪、任期激励收入三部分构成，其中的绩效年薪和任期激励收入都与公司业绩直接关联。在这种薪酬决定方式下，高管为了薪酬水平不降低甚至获得更多的绩效薪酬，需要为国有企业业绩付出更多努力。从这个角度来看，限薪一定程度上反而强化了公司高管薪酬与企业业绩之间的正向相关性，因此更有可能促进更高的企业业绩增长。二是限薪可能更大程度激发高管的内在努力。正如 Dixit（2002）、Besley 和 Ghatak（2005）、Prendergast（2007）等提出的政府部门雇员具备自我激励特征（Motivated Agents）以及 Bénabou 和 Tirole（2003，2016）所提出的内在激励（Intrinsic Motivation）或职业伦理观点，高薪酬并不一定是国有企业高管追求的最重要目标，这一点在国有企业尤其是中央企业中表现得更为明显。事实上，由于国有企业高管兼有党政干部的身份，为了谋求政治上的晋升或者巩固现有的政治地位，不论是否存在限薪，对企业业绩的追求一定程度都是这类高管孜孜不倦追求的目标。

基于以上原因，与限薪对抑制国有企业高管薪酬过快增长的直接影响政策效果（短期效果）相比，限薪对公司业绩影响的深层次效果（长期效果）更为价值深远，也是检验政策效果有效性的更重要证据。

# 8.2 数据来源与研究设计

### 8.2.1 数据来源与研究方法

基于上述背景，本部分仍使用双重差分（DID）法评估"限薪令 2015"对上市公司业绩的影响。

本部分的数据来源为国泰安（CSMAR）上市公司数据库的"公司研究系列"，样本期间为 2011～2018 年。"限薪令 2015"自 2015 年 1 月 1 日开始正式实施，按照双重差分法的设定，本部分将 2011～2014 年设为政策干预前，2015～2018 年设为政策干预后。

### 8.2.2 实证模型

本部分的基本实证回归方程如下：

$$Variables-to-test_{it} = \alpha + \beta Treat_{it} + \gamma X_{it} + u_i + v_t + \varepsilon_{it} \qquad (8-1)$$

$Variables-to-test_{it}$ 为被解释变量，实证回归中以企业的盈利能力（主要是资产收益率）作为核心变量。同时，为了考察"限薪令"对企业业绩的综合性影响，除了盈利能力指标以外，还结合国泰安数据库中提供的其他有关变量对企业发展能力相关指标进行了深入考察。

$i$ 代表企业，$t$ 代表年份，$Treat_{it}$ 为政策干预变量（政策效应），该政策干预变量相当于前述第 5 章双重差分分析中股权性质虚拟变量、时间虚拟变量两者的乘积，反映国有或非国有企业 $i$ 在第七年是否受到过"限薪令"政策的影响。

需要特别说明的是，在考察受到"限薪令"政策影响的企业也即实验组样本时，考虑到"限薪令 2015"明确规定（第二十一条），国有企业需要将高管薪酬信息公开，向社会公开披露（可参见表 3-2"某中央企业负责人 2018 年薪酬情况"案例），因此，本部分采取的属于政策实施范围的国有企业认定重点就考虑该企业是否在国资委或其主管部门等政府部门相关官方网站上披露或者公开该企业高管薪酬的相关信息。从数据来看，这些信息公开的企业大多数为中央企业或者是地方大型国有企业，而另一些属于中央企业所属的二级或三级子企业或者属于地方县区政府所属国有企业，这些企业原则上由其隶属的上一级国有企业按照"限薪令"政策精神加强管理（绝大多数并没有实施层层降薪），或者实施"限薪令"的时间滞后①。因此，如果可以查询到国有企业公开的高管薪酬的相关信息，那么就是本部分定义的实验组企业，而那些未公开高管薪酬信息的国有企业与完全不受限薪令政策干预的民营企业一起，构成了样本中不受到"限薪令"影响的企业范畴即为对照组（控制组）。

近年来，上市公司因存在股权收购或兼并重组等影响，实验组和对照组样本在基本维持不变的情况下，也跟随股权性质的变化而呈现一些差异，这也为评估限薪令的动态效果提供了可能。

$\beta$ 是本部分的核心估计系数，其值大小反映了"限薪令2015"的实施对被解释变量的影响程度（与对照组相比）。

$X_{it}$ 为一系列影响被解释变量的控制变量，包含企业规模、所在行业等指标。$u_i$ 用来捕捉企业随时间不变的固定效应，$v_t$ 是时间维度的固定效应。为了进一步保证结果的稳健性，本部分还进一步控制了行业层面随时间变动的固定效应，以获得更加无偏一致的估计量。

表8-1给出了本部分所使用变量指标的含义。

表8-1　"限薪令2015"长期效果的研究变量指标及定义

| 指标名称 | 指标含义 |
| --- | --- |
| 盈利能力指标 | |
| 资产收益率 | 净利润/资产 |
| 总资产报酬率 | （利润总额+财务费用）/资产 |

①　"限薪令"在中央企业及省属国有企业是自2015年开始的，一般地市及区县所属国有企业由于数量少、规模小、效益差等原因，政策实施时间滞后。

| 指标名称 | 指标含义 |
|---|---|
| 总资产净利润率 | 净利润/总资产平均余额，其中：总资产平均余额＝（资产合计期末余额＋资产合计期初余额）/2 |
| 流动资产净利润率 | 净利润/流动资产平均余额，其中：流动资产平均余额＝（流动资产期末余额＋期初余额）/2 |
| 息税前利润与资产总额比 | 息税前利润/资产总额 |
| 投入资本回报率 | （净利润＋财务费用）/（资产总计－流动负债＋应付票据＋短期借款＋一年内到期的非流动负债） |
| 成本费用利润率 | 利润总额/（营业成本＋销售费用＋管理费用＋财务费用） |
| 归属于母公司净资产收益率 | 归母所有者净利润/归母所有者权益合计期末余额 |
| 归属于母公司综合收益率 | 归母所有者综合收益总额/归母所有者权益合计期末余额 |
| 发展能力指标 ||
| 总资产增长率 | （资产总计本期期末值－上年同期期末值）/上年同期期末值 |
| 净资产收益率增长率 | （本期单季度净资产收益率－上年同期净资产收益率）/上年同期净资产收益率，其中：净资产收益率＝归母公司所有者净利润/归母所有者权益合计 |
| 净利润增长率 | （净利润本年本期金额－上年同期金额）/上年同期金额的绝对值 |
| 销售费用增长率 | （销售费用本年本期金额－上年同期金额）/上年同期金额 |
| 经营活动产生的净流量增长率 | （经营活动产生的现金流量净额本年本期金额－上年同期金额）/上年同期金额 |
| 每股净资产增长率 | （每股净资产本期期末值－本期期初值）/本期期初值；其中：每股净资产＝所有者权益合计/实收资本 |
| 可持续增长率 | （净利润/所有者权益合计期末余额）×［1－每股派息税前利润/（净利润本期值/最新股本）］/（1－分子），其中：分子＝（净利润/所有者权益合计期末余额）×［1－每股派息税前利润/（净利润本期值/最新股本）］ |

### 8.2.3 描述性统计结果

表8-2给出了描述性统计结果。在上市公司基础数据的基础上，本部分删除了没有政策干预前期间的实验组样本，也就是说，如果一个受到"限薪令"政策影响的企业只有2015年之后的样本或者是虽然有2015年之前的样本，但之

前是作为对照组企业的话,那么这两类企业都将从本部分的研究中被剔除。

表8-2 "限薪令2015"长期效果的描述性统计结果

| 变量 | N | mean | sd | p25 | p50 | p75 |
|---|---|---|---|---|---|---|
| 盈利能力 | | | | | | |
| 资产收益率 | 18269 | 0.060 | 0.140 | 0.020 | 0.050 | 0.080 |
| 总资产报酬率 | 18269 | 0.070 | 0.120 | 0.030 | 0.060 | 0.090 |
| 总资产净利润率 | 18268 | 0.050 | 0.110 | 0.020 | 0.040 | 0.070 |
| 流动资产净利润率 | 18268 | 0.110 | 0.720 | 0.030 | 0.080 | 0.140 |
| 息税前利润与资产总额比 | 18269 | 0.060 | 0.150 | 0.030 | 0.050 | 0.090 |
| 投入资本回报率 | 18264 | 0.080 | 1.540 | 0.030 | 0.060 | 0.090 |
| 成本费用利润率 | 18269 | 0.170 | 0.700 | 0.040 | 0.100 | 0.200 |
| 归属于母公司净资产收益率 | 18263 | 0.090 | 1.910 | 0.030 | 0.070 | 0.110 |
| 归属于母公司综合收益率 | 18201 | 0.090 | 1.880 | 0.030 | 0.070 | 0.120 |
| 发展能力 | | | | | | |
| 总资产增长率 | 17116 | 0.500 | 9.820 | 0.020 | 0.100 | 0.240 |
| 净资产收益率增长率 | 15943 | -0.990 | 45.590 | -0.360 | -0.040 | 0.200 |
| 销售费用增长率 | 16679 | 2.490 | 147.120 | -0.020 | 0.120 | 0.300 |
| 经营活动产生的净流量增长率 | 13057 | 0.980 | 40.520 | -0.590 | -0.010 | 0.650 |
| 每股净资产增长率 | 18268 | 0.070 | 1.490 | -0.050 | 0.040 | 0.130 |
| 可持续增长率 | 18080 | 0.070 | 0.890 | 0.020 | 0.050 | 0.090 |
| 控制变量 | | | | | | |
| 资产总计(对数) | 18269 | 22.120 | 1.330 | 21.180 | 21.950 | 22.860 |
| 负债总计(对数) | 18269 | 21.080 | 1.730 | 19.870 | 20.970 | 22.160 |
| 营业收入利润率 | 18269 | 0.140 | 1.420 | 0.040 | 0.090 | 0.170 |
| 两权分离度 | 17935 | 4.860 | 7.630 | 0.000 | 0.000 | 8.070 |
| 董事长与总经理兼任情况 | 18073 | 0.720 | 0.450 | 0.000 | 1.000 | 1.000 |

表8-3、表8-4分别是对照组政策干预前、干预后描述性统计结果。可以看出,对照组政策干预前资产收益率分别为6%、5%,上市公司资产收益率略有下降。同时,政策干预前后总资产报酬率、总资产净利润率两项指标没有变化

表8-3 "限薪令2015"长期效果的对照组政策干预前描述性统计结果

| 变量 | N | mean | sd | p25 | p50 | p75 |
|---|---|---|---|---|---|---|
| 资产收益率 | 6174 | 0.060 | 0.170 | 0.020 | 0.050 | 0.080 |
| 总资产报酬率 | 6174 | 0.070 | 0.160 | 0.030 | 0.060 | 0.090 |
| 总资产净利润率 | 6174 | 0.050 | 0.150 | 0.020 | 0.040 | 0.070 |
| 流动资产净利润率 | 6174 | 0.120 | 1.220 | 0.030 | 0.070 | 0.140 |
| 息税前利润与资产总额比 | 6174 | 0.070 | 0.170 | 0.030 | 0.050 | 0.090 |
| 投入资本回报率 | 6170 | 0.110 | 2.620 | 0.030 | 0.060 | 0.090 |
| 成本费用利润率 | 6174 | 0.190 | 1.110 | 0.040 | 0.100 | 0.210 |
| 归属于母公司净资产收益率 | 6169 | 0.140 | 2.930 | 0.030 | 0.070 | 0.110 |
| 归属于母公司综合收益率 | 6169 | 0.140 | 2.920 | 0.030 | 0.070 | 0.120 |
| 总资产增长率 | 5904 | 0.710 | 15.080 | 0.030 | 0.110 | 0.220 |
| 净资产收益率增长率 | 5528 | -0.990 | 48.580 | -0.380 | -0.070 | 0.150 |
| 销售费用增长率 | 5735 | 1.380 | 68.070 | -0.020 | 0.120 | 0.290 |
| 经营活动产生的净流量增长率 | 4304 | 0.690 | 20.240 | -0.640 | -0.030 | 0.680 |
| 每股净资产增长率 | 6174 | 0.060 | 1.640 | -0.060 | 0.040 | 0.110 |
| 可持续增长率 | 6096 | 0.060 | 0.450 | 0.020 | 0.050 | 0.090 |
| 资产总计（对数） | 6174 | 21.880 | 1.290 | 20.970 | 21.700 | 22.570 |
| 负债总计（对数） | 6174 | 20.830 | 1.730 | 19.620 | 20.720 | 21.920 |
| 营业收入利润率 | 6174 | 0.190 | 2.400 | 0.040 | 0.090 | 0.170 |
| 两权分离度 | 6027 | 5.020 | 7.700 | 0.000 | 0.000 | 8.870 |
| 董事长与总经理兼任情况 | 6127 | 0.720 | 0.450 | 0.000 | 1.000 | 1.000 |

表8-4 "限薪令2015"长期效果的对照组政策干预后描述性统计结果

| 变量 | N | mean | sd | p25 | p50 | p75 |
|---|---|---|---|---|---|---|
| 资产收益率 | 10591 | 0.050 | 0.070 | 0.020 | 0.050 | 0.080 |
| 总资产报酬率 | 10591 | 0.070 | 0.070 | 0.030 | 0.060 | 0.100 |
| 总资产净利润率 | 10590 | 0.050 | 0.060 | 0.020 | 0.040 | 0.080 |
| 流动资产净利润率 | 10590 | 0.100 | 0.160 | 0.030 | 0.080 | 0.150 |
| 息税前利润与资产总额比 | 10591 | 0.060 | 0.070 | 0.030 | 0.060 | 0.090 |
| 投入资本回报率 | 10590 | 0.060 | 0.090 | 0.030 | 0.060 | 0.090 |
| 成本费用利润率 | 10591 | 0.160 | 0.280 | 0.050 | 0.110 | 0.210 |
| 归属于母公司净资产收益率 | 10591 | 0.060 | 1.070 | 0.040 | 0.070 | 0.110 |

续表

| 变量 | N | mean | sd | p25 | p50 | p75 |
|------|------|------|------|------|------|------|
| 归属于母公司综合收益率 | 10540 | 0.060 | 0.970 | 0.040 | 0.070 | 0.120 |
| 总资产增长率 | 9742 | 0.370 | 4.280 | 0.020 | 0.110 | 0.260 |
| 净资产收益率增长率 | 9094 | −1.080 | 46.780 | −0.350 | −0.030 | 0.230 |
| 销售费用增长率 | 9540 | 1.720 | 79.590 | −0.010 | 0.120 | 0.310 |
| 经营活动产生的净流量增长率 | 7615 | 1.080 | 50.150 | −0.570 | 0.000 | 0.640 |
| 每股净资产增长率 | 10590 | 0.080 | 1.450 | −0.050 | 0.050 | 0.150 |
| 可持续增长率 | 10482 | 0.070 | 1.000 | 0.020 | 0.050 | 0.090 |
| 资产总计（对数） | 10591 | 22.170 | 1.320 | 21.260 | 22.010 | 22.900 |
| 负债总计（对数） | 10591 | 21.120 | 1.700 | 19.940 | 20.990 | 22.170 |
| 营业收入利润率 | 10591 | 0.120 | 0.370 | 0.050 | 0.100 | 0.180 |
| 两权分离度 | 10444 | 4.430 | 7.310 | 0.000 | 0.000 | 6.630 |
| 董事长与总经理兼任情况 | 10460 | 0.690 | 0.460 | 0.000 | 1.000 | 1.000 |

（政策实施前后分别为7%、5%），但对照组的总资产增长率政策干预后显著低于干预前（从71%下降至37%）。由于资产收益率、总资产报酬率、总资产净利润率等指标都与总资产密切相关，总资产增长率干预前后显著下降，表明资产收益率等三项指标即使没有大的变化，事实上也是相当于有所下降。同时，可以看出，对照组的销售费用增长率这一指标是政策干预后显著高于干预前（从138%增长至172%），销售费用增长率提高从另一个侧面也可以解释为对照组在政策干预后的经营业绩压力加大，需要通过加大销售力度、增加销售费用等措施来保持公司主要业绩指标稳定增长。

从图8-1可以更直观看出，对照组政策干预前、干预后上市公司的资产收益率呈现略微下降趋势，而同时总资产增长率显著下降、销售费用增长率显著增长的变化趋势。

表8-5、表8-6分别是实验组政策干预前、干预后描述性统计结果。可以看出，实验组政策干预前、干预后企业主要经营业绩指标的变化情况是，资产收益率基本没有变化（保持6%，同期对照组资产收益率从6%下降至5%），即实

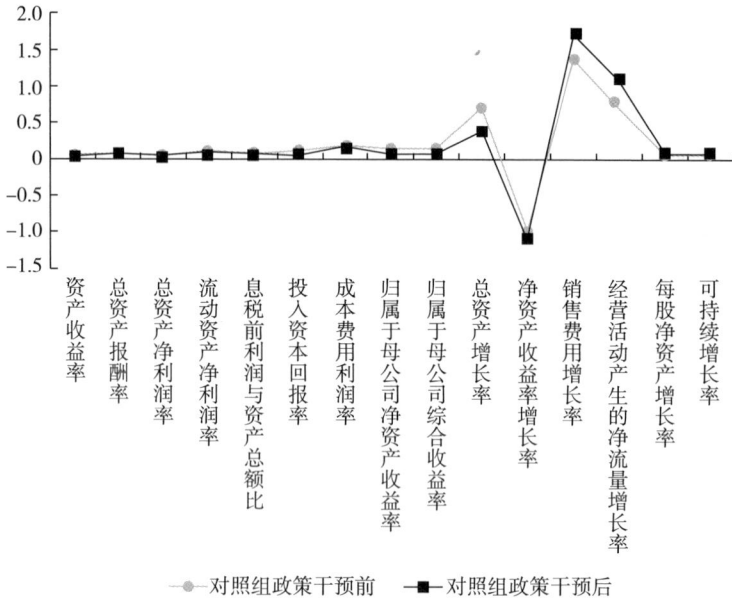

图 8-1 "限薪令 2015" 长期效果对照组政策干预前后的业绩指标对比

表 8-5 "限薪令 2015" 长期效果的实验组政策干预前描述性统计结果

| 变量 | N | mean | sd | p25 | p50 | p75 |
|---|---|---|---|---|---|---|
| 资产收益率 | 641 | 0.060 | 0.340 | 0.010 | 0.040 | 0.060 |
| 总资产报酬率 | 641 | 0.070 | 0.290 | 0.030 | 0.050 | 0.070 |
| 总资产净利润率 | 641 | 0.050 | 0.290 | 0.010 | 0.030 | 0.060 |
| 流动资产净利润率 | 641 | 0.110 | 0.520 | 0.020 | 0.050 | 0.110 |
| 息税前利润与资产总额比 | 641 | 0.070 | 0.340 | 0.030 | 0.050 | 0.070 |
| 投入资本回报率 | 641 | 0.100 | 0.840 | 0.030 | 0.050 | 0.080 |
| 成本费用利润率 | 641 | 0.110 | 0.240 | 0.020 | 0.060 | 0.110 |
| 归属于母公司净资产收益率 | 640 | 0.150 | 1.470 | 0.020 | 0.060 | 0.110 |
| 归属于母公司综合收益率 | 640 | 0.160 | 1.640 | 0.020 | 0.060 | 0.110 |
| 总资产增长率 | 633 | 0.410 | 3.160 | 0.030 | 0.090 | 0.190 |
| 净资产收益率增长率 | 564 | -0.380 | 17.410 | -0.390 | -0.090 | 0.130 |
| 销售费用增长率 | 597 | 2.845 | 677.500 | -0.040 | 0.090 | 0.240 |
| 经营活动产生的净流量增长率 | 474 | 0.970 | 14.920 | -0.670 | 0.030 | 0.570 |

续表

| 变量 | N | mean | sd | p25 | p50 | p75 |
|---|---|---|---|---|---|---|
| 每股净资产增长率 | 641 | 0.020 | 0.250 | -0.010 | 0.030 | 0.100 |
| 可持续增长率 | 640 | 0.140 | 2.060 | 0.020 | 0.050 | 0.090 |
| 资产总计（对数） | 641 | 22.570 | 1.340 | 21.750 | 22.420 | 23.410 |
| 负债总计（对数） | 641 | 21.760 | 1.620 | 20.770 | 21.640 | 22.790 |
| 营业收入利润率 | 641 | 0.090 | 0.230 | 0.020 | 0.060 | 0.100 |
| 两权分离度 | 617 | 7.440 | 9.210 | 0.000 | 1.100 | 14.420 |
| 董事长与总经理兼任情况 | 636 | 0.940 | 0.230 | 1.000 | 1.000 | 1.000 |

**表 8 - 6　"限薪令2015"长期效果的实验组政策干预后描述性统计结果**

| 变量 | N | mean | sd | p25 | p50 | p75 |
|---|---|---|---|---|---|---|
| 资产收益率 | 863 | 0.060 | 0.260 | 0.020 | 0.040 | 0.070 |
| 总资产报酬率 | 863 | 0.060 | 0.060 | 0.030 | 0.050 | 0.080 |
| 总资产净利润率 | 863 | 0.040 | 0.050 | 0.010 | 0.030 | 0.060 |
| 流动资产净利润率 | 863 | 0.090 | 0.150 | 0.030 | 0.060 | 0.110 |
| 息税前利润与资产总额比 | 863 | 0.060 | 0.320 | 0.030 | 0.040 | 0.070 |
| 投入资本回报率 | 863 | 0.080 | 0.490 | 0.030 | 0.050 | 0.080 |
| 成本费用利润率 | 863 | 0.130 | 0.660 | 0.030 | 0.060 | 0.150 |
| 归属于母公司净资产收益率 | 863 | 0.090 | 0.570 | 0.030 | 0.060 | 0.110 |
| 归属于母公司综合收益率 | 852 | 0.090 | 0.580 | 0.030 | 0.060 | 0.110 |
| 总资产增长率 | 837 | 0.670 | 12.150 | 0.000 | 0.060 | 0.150 |
| 净资产收益率增长率 | 757 | -0.190 | 4.760 | -0.320 | 0.000 | 0.290 |
| 销售费用增长率 | 807 | 0.230 | 1.970 | -0.050 | 0.080 | 0.230 |
| 经营活动产生的净流量增长率 | 664 | 1.860 | 24.870 | -0.510 | 0.020 | 0.670 |
| 每股净资产增长率 | 863 | 0.100 | 1.310 | -0.010 | 0.040 | 0.110 |
| 可持续增长率 | 862 | 0.070 | 0.220 | 0.020 | 0.050 | 0.090 |
| 资产总计（对数） | 863 | 22.820 | 1.360 | 22.020 | 22.680 | 23.640 |
| 负债总计（对数） | 863 | 21.930 | 1.670 | 20.940 | 21.920 | 22.990 |
| 营业收入利润率 | 863 | 0.090 | 0.130 | 0.030 | 0.060 | 0.130 |
| 两权分离度 | 847 | 7.050 | 8.930 | 0.000 | 1.130 | 14.480 |
| 董事长与总经理兼任情况 | 850 | 0.930 | 0.260 | 1.000 | 1.000 | 1.000 |

验组政策干预前、干预后企业核心经营业绩指标保持基本一致。同时，总资产报酬率从7%略降至6%，总资产净利润率从5%略降至4%。同时，实验组的总资产增长率政策干预后显著大于干预前（从41%增长至67%），总资产规模增长显著加快说明总资产报酬率、总资产净利润率的可比真实变化情况可能不是略降反而可能保持稳定甚至是有所提高，而且如果考虑总资产增长率显著提高的因素，那么实验组干预前后资产收益率受到总资产增长变化影响，其可比真实变化情况可能不是保持不变而应该是有所增长。另外，实验组的销售费用增长率却是政策干预后显著低于干预前（从285%大幅下降至23%），与对照组该项指标变化趋势恰好相反。

图8-2更直观地反映了实验组主要指标干预前后的变化情况。

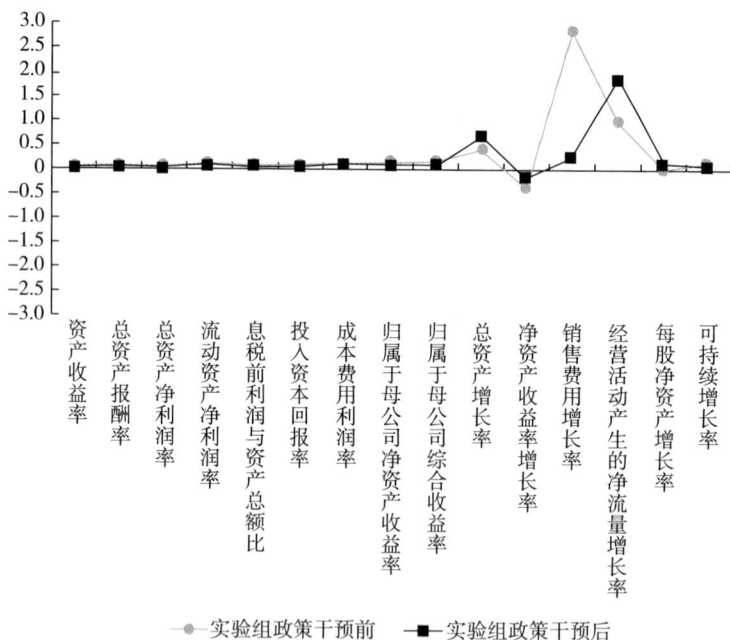

图8-2 "限薪令2015"长期效果实验组政策干预前后的业绩指标对比

从对照组、实验组干预前后的描述性结果还可以看出，无论是干预前还是干预后，国有上市公司（实验组）资产规模都大于非国有上市公司（对照组），因此，从这个角度而言，即使是相同的资产收益率业绩指标，实验组对应的业绩的绝对值（如净利润绝对值）也要大于对照组。

总的来看，可以看出，"限薪令2015" 政策干预后，实验组上市公司主要业绩指标特别是资产收益率变化情况要好于对照组。

# 8.3 实证结果与稳健性检验

在描述性统计结果的基础上，使用前述双重差分的模型设定即回归方程 (8-1)，这里给出了以资产收益率为结果变量的基准回归结果，并以此为基础进行平行趋势和动态效果分析、稳健性分析、异质性效果检验等内容。

## 8.3.1 基本回归结果

表8-7给出了 "限薪令2015" 对上市公司资产收益率的回归结果。

可以发现，与对照组企业相比，"限薪令2015" 实施后，实验组上市公司的资产收益率平均增长 2.15% ~ 2.47%。其中，列（1）是控制了年份固定效应和企业固定效应的回归结果，列（2）是控制了企业固定效应和 "行业 × 年份固定效应" 的回归结果。列（3）和列（4）固定效应控制的方式与列（1）和列（2）分别相同，差别在于后面两列增加了上市公司层面的控制变量。表8-7中同时给出了控制变量的回归系数，以分析这些上市公司层面的控制变量对资产收益率的影响。

总体来看，列（1）至列（4）中无论固定效应控制的维度如何，无论是否包含企业层面的固定效应，"限薪令2015" 对上市公司资产收益率的影响系数非常接近，虽然 "限薪令2015" 直接降低了高管薪酬的增长速度，实现了政策的短期效果。但与此同时，对国有上市公司的资产收益率更带来了正向影响，平均来讲，可以使国有企业资产收益率提高 2.15～2.47 个百分点。

表 8-7 "限薪令 2015" 对资产收益率盈利指标的回归结果

| 变量 | (1) 资产收益率 (roa) | (2) 资产收益率 (roa) | (3) 资产收益率 (roa) | (4) 资产收益率 (roa) |
|---|---|---|---|---|
| 政策效应 (Treat) | 0.0239 *** (0.0050) | 0.0247 *** (0.0046) | 0.0215 *** (0.0055) | 0.0228 *** (0.0051) |
| 资产规模 (对数值) | | | 0.0160 ** (0.0067) | 0.0148 ** (0.0067) |
| 负债规模 (对数值) | | | -0.0173 *** (0.0054) | -0.0160 *** (0.0048) |
| 两权分离度 | | | 0.0005 *** (0.0002) | 0.0005 *** (0.0002) |
| 董事长与总经理兼任情况 | | | -0.0126 (0.0095) | -0.0124 (0.0095) |
| 观测值 | 18177 | 18172 | 17632 | 17629 |
| 拟合优度 $R^2$ | 0.3082 | 0.3157 | 0.3387 | 0.3456 |
| 年份固定效应 | Yes | | Yes | |
| 企业固定效应 | Yes | Yes | Yes | Yes |
| 行业×年份固定效应 | | Yes | | Yes |
| 聚类 (Cluster) | 行业 | 行业 | 行业 | 行业 |

注：括号中是回归系数标准差；＊表示 $p<0.1$，＊＊表示 $p<0.05$，＊＊＊表示 $p<0.01$。

同样地，列（4）的回归结果还发现，资产收益率与资产规模呈显著的正相关关系，回归系数为 0.0148；与企业负债规模显著负相关，回归系数为 -0.0160；两权分离度会显著影响企业的资产收益率，回归系数为 0.0005；上市公司董事长与总经理兼任对资产收益率具有负相关关系，从系数上来看，董事长与总经理兼任对资产收益率的影响系数为 -0.0124，但该数值在统计上不显著。

这里必须说明的是，本部分使用的数据为企业层面的数据，并且每一组回归中都已控制了企业层面的固定效应，因此无论是否加入企业层面的控制变量，或者加入更多的企业层面的控制变量,对"限薪令"影响企业资产收益率的最终回归结果都将产生非常有限的影响,原因在于企业层面的固定效果已经最大可能地控制了与"限薪令"政策无关的企业层面因素的影响。

### 8.3.2 平行趋势与动态效果

图 8-3、表 8-8 给出了"限薪令 2015"影响上市公司业绩的长期动态趋势,包含政策干预前的平行趋势和政策干预后的动态效果。

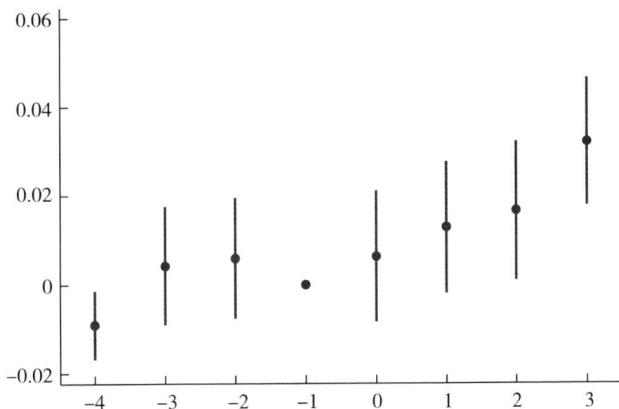

**图 8-3 "限薪令 2015"影响上市公司业绩的动态效果**

图 8-3 表明,以政策干预前一年作为基准比较时间点,在限薪政策出台之前,实验组与对照组企业的资产收益率基本不存在显著的差异,回归系数大多在 0 值附近,并且系数不显著。虽然政策干预前 4 期以上的样本中系数存在少许偏离(表 8-8,政策实施前第四年的影响为显著且不为零),但由于大多数受到限薪政策影响的企业在 2015 ~ 2018 年都持续受到政策影响,而 2015 年之后才第一次受到政策影响的企业不仅样本量少,而且企业规模比较有限。更重要的是,在样本中,由于严格剔除了没有政策干预前记录的样本企业,因此这个系数虽然在 5% 的水平上显著,但系数规模仅为 -0.0091,因此政策干预前的平行趋势可以认为仍然是满足的。

表8－8 "限薪令2015"影响资产收益率动态效果的回归结果

| 变量 | （1）资产收益率（roa） |
|---|---|
| 政策干预前第4年效应（P4Treat） | －0.0091 ** |
| | （0.0037） |
| 政策干预前第3年效应（P3Treat） | 0.0043 |
| | （0.0063） |
| 政策干预前第2年效应（P2Treat） | 0.0059 |
| | （0.0064） |
| 政策干预前第1年效应（P1Treat） | — |
| 政策干预当年效应（P0Treat） | 0.00632 |
| | （0.0070） |
| 政策干预后第1年效应（M1Treat） | 0.0128 * |
| | （0.0070） |
| 政策干预后第2年效应（M2Treat） | 0.0166 ** |
| | （0.0074） |
| 政策干预后第3年效应（M3Treat） | 0.0321 *** |
| | （0.0068） |
| 观测值 | 18172 |
| 拟合优度 $R^2$ | 0.3154 |

注：括号中是回归系数标准差；* 表示 $p<0.1$，** 表示 $p<0.05$，*** 表示 $p<0.01$。

但是在政策干预后，平均来看，政策干预的效果随着时间的延长而不断增长，不仅回归系数的大小逐年增加，而且回归系数的显著性也呈现出类似的变化趋势。具体来讲，政策干预当年，"限薪令"会使上市公司资产收益率平均增加0.632个百分点；政策干预后第1年，上市公司资产收益率平均增加1.28个百分点；政策干预后第2年，上市公司资产收益率平均增加1.66个百分点；政策干预后第3年，上市公司资产收益率平均增加3.21个百分点。从显著性上来看，政策干预当年不具有显著性，政策干预后第1年的回归系数在10%的水平上显著，政策干预后第2年的回归系数在5%的水平上显著，而政策干预后第3年的回归系数具有1%水平上的统计性。

这个结果也充分表明,"限薪令"的执行具有一定的时滞性,时间越长受到的政策效果越显著。这种政策时滞性也可以从另一个角度来解释,由于上市公司高管薪酬的信息披露本身就存在一定的时滞性,尤其是在国有上市公司中高管薪酬(主要是业绩薪酬)通常需要通过国资委等薪酬审核部门核准,因此高管薪酬的发放往往滞后于财务年度,当年度公司财务数据中的高管薪酬可能部分属于当年度的基本年薪,而其中还有较高的比重是上一年度甚至上两三个年度的绩效薪酬的延迟发放。高管薪酬本身的延迟发放,可能一定程度上干扰影响"限薪令"的政策效果,但整体来看,即使是在政策干预当年,"限薪令"对上市公司业绩的回归系数虽然不显著,但回归系数的数值同样为正,表明虽然"限薪令2015"对上市公司高管薪酬的增长速度产生了显著抑制作用,但上市公司的主要业绩指标并未受到政策的负向干扰,与对照组样本上市公司相比,"限薪令2015"这一薪酬管控政策反而一定程度上促进了上市公司业绩的增长。

### 8.3.3 稳健性检验

为保证实证分析结果的稳健性,更换不同类型的盈利能力指标以考察"限薪令2015"对上市公司业绩的影响效果,这些回归结果与上述基准回归结果基本保持一致。表8-9给出了稳健性检验结果。

具体来看,从表8-9可以得出以下基本结论,其中列(1)重复列出上述资产收益率的基本回归结果,列(2)至列(10)则是对应基本回归结果的稳健性检验结果:

列(1)表明基本回归下"限薪令2015"对国有企业的资产收益率具有正向作用,平均来讲,可以使国有企业资产回报率提高2.28个百分点。

列(2)表明稳健性检验回归下"限薪令2015"对国有企业的资产收益率具有正向作用,平均来讲,可以使国有企业资产收益率提高1.30个百分点。

列(3)表明"限薪令2015"对国有企业的总资产报酬率具有正向作用,平均来讲,可以使国有企业总资产报酬率提高1.34个百分点。

表 8－9 "限薪令 2015" 长期效果的不同类型盈利指标稳健性回归结果

| 变量 | (1) 资产收益率（基本回归结果） | (2) 资产收益率 | (3) 总资产报酬率 | (4) 总资产净利润率 | (5) 流动资产净利润率 | (6) 息税前利润与资产总额比 | (7) 投入资本回报率 | (8) 成本费用利润率 | (9) 归属于母公司净资产收益率 | (10) 归属于母公司综合收益率 |
|---|---|---|---|---|---|---|---|---|---|---|
| 政策效应 (Treat) | 0.0228*** (0.0051) | 0.0130*** (0.0037) | 0.0134*** (0.0035) | 0.0373*** (0.0134) | 0.0234*** (0.0057) | 0.0234*** (0.0057) | 0.0709*** (0.0254) | 0.0542*** (0.0057) | 0.1197*** (0.0233) | 0.1131*** (0.0256) |
| 资产规模 (对数值) | 0.0148** (0.0067) | 0.0168*** (0.0055) | 0.0248*** (0.0050) | 0.0826** (0.0326) | 0.0013 (0.0080) | 0.0013 (0.0080) | 0.0509 (0.0440) | 0.1784*** (0.0278) | 0.1361 (0.0904) | 0.0805 (0.0714) |
| 负债规模 (对数值) | -0.0160*** (0.0048) | -0.0088** (0.0037) | -0.0170*** (0.0038) | -0.0193* (0.0109) | -0.0048 (0.0052) | -0.0048 (0.0052) | 0.0263*** (0.0094) | -0.0948*** (0.0190) | -0.0320 (0.0749) | 0.0024 (0.0508) |
| 营业收入利润率 | | 0.0204* (0.0099) | 0.0190* (0.0103) | 0.1239 (0.0984) | 0.0189 (0.0115) | 0.0189 (0.0115) | 0.0610 (0.0545) | 0.2899*** (0.0964) | 0.0943 (0.0710) | 0.0874 (0.0644) |
| 两权分离度 | 0.0005*** (0.0002) | 0.0002 (0.0002) | 0.0001 (0.0002) | 0.0012 (0.0018) | 0.0006** (0.0002) | 0.0006** (0.0002) | 0.0001 (0.0005) | 0.0006 (0.0017) | -0.0048 (0.0040) | -0.0013 (0.0016) |
| 董事长与总经理兼任情况 | -0.0124 (0.0095) | -0.0065 (0.0090) | -0.0064 (0.0091) | -0.0154 (0.0123) | -0.0132 (0.0091) | -0.0132 (0.0091) | 0.0338 (0.0456) | -0.0092 (0.0099) | 0.0348 (0.0790) | 0.0431 (0.0762) |
| 观测值 | 17629 | 17629 | 17628 | 17628 | 17629 | 17629 | 17625 | 17629 | 17625 | 17564 |
| 拟合优度 R² | 0.3456 | 0.4124 | 0.4047 | 0.4246 | 0.3256 | 0.3256 | 0.3355 | 0.6517 | 0.3102 | 0.3160 |
| 企业固定效应 | Yes | Yes | Yes | Yes | Yes | Yes | Yes | Yes | Yes | Yes |
| 行业×年份固定效应 | Yes | Yes | Yes | Yes | Yes | Yes | Yes | Yes | Yes | Yes |
| 聚类 (Cluster) | 行业 | 行业 | 行业 | 行业 | 行业 | 行业 | 行业 | 行业 | 行业 | 行业 |

注：括号中是回归系数标准差；* 表示 $p<0.1$，** 表示 $p<0.05$，*** 表示 $p<0.01$。列（1）列出了上述基本回归结果［表 6－7 中的第（4）列结果］，以方便与稳健性回归结果对比。

列(4)表明"限薪令 2015"对国有企业的总资产净利润率具有正向作用，平均来讲，可以使国有企业总资产净利润率提高 3.73 个百分点。

列(5)表明"限薪令 2015"对国有企业的流动资产净利润率具有正向作用，平均来讲，可以使国有企业流动资产净利润率提高 2.34 个百分点。

列(6)表明"限薪令 2015"对国有企业的息税前利润与资产总额比具有正向作用，平均来讲，可以使国有企业息税前利润与资产总额比提高 2.34 个百分点。

列(7)表明"限薪令 2015"对国有企业的投入资本回报率具有正向作用，平均来讲，可以使国有企业投入资本回报率提高 7.09 个百分点。

列(8)表明"限薪令 2015"对国有企业的成本费用利润率具有正向作用，平均来讲，可以使国有企业成本费用利润率提高 5.42 个百分点。

列(9)表明"限薪令 2015"对国有企业的归属于母公司净资产收益率具有正向作用，平均来讲，可以使国有企业归属于母公司净资产收益率提高 11.97 个百分点。

列(10)表明"限薪令 2015"对国有企业的归属于母公司综合收益率具有正向作用，平均来讲，可以使国有企业归属于母公司综合收益率提高 11.31 个百分点。

从列(9)和列(10)的实证结果还可以看出，与其他业绩指标相比，"限薪令 2015"政策实施对国有企业归属母公司（控股国有股东）的净资产收益率、综合收益率的正向作用更为显著。因此，这一结果也支持近年来以"管资本"为主、突出提高国有资本回报率为基调的国有企业改革取得了一定成效。

总体来看，稳健性检验下，对国有上市公司资产收益率、总资产报酬率、总资产净利润率、流动资产净利润率、息税前利润与资产总额比、投入资本回报率、成本费用利润率、归属于母公司净资产收益率、归属于母公司综合收益率九个不同盈利指标，"限薪令 2015"都不同程度具有正向作用而且统计上显著，平均而言，可以使国有上市公司的上述不同盈利指标提高 1.30%~11.97%。因此，从稳健性检验结果来看，与对照组样本上市公司相比，"限薪令 2015"这一薪酬管控政策不同程度上促进了实验组国有上市公司业绩的增长。

### 8.3.4 异质性分析

表 8-10 给出了区分中央企业和地方国有企业时"限薪令 2015"政策效果的异质性回归结果。

表 8-10 "限薪令 2015"长期效果的中央企业与地方国有企业异质性回归结果

| 变量 | （1）中央企业 | （2）中央企业 | （3）地方国有企业 | （4）地方国有企业 |
|---|---|---|---|---|
| 政策效应（Treat） | 0.0148 *** | 0.0158 *** | 0.0427 ** | 0.0442 ** |
|  | (0.0040) | (0.0044) | (0.0182) | (0.0168) |
| 资产规模（对数值） | 0.0294 *** | 0.0286 *** | 0.0169 ** | 0.0153 * |
|  | (0.0039) | (0.0041) | (0.0075) | (0.0074) |
| 负债规模（对数值） | -0.0214 *** | -0.0201 *** | -0.0191 *** | -0.0174 *** |
|  | (0.0042) | (0.0038) | (0.0062) | (0.0053) |
| 营业收入利润率 | 0.0187 | 0.0187 | 0.0176 | 0.0176 |
|  | (0.0115) | (0.0117) | (0.0107) | (0.0108) |
| 两权分离度 | 0.0001 | 0.0001 | 0.0006 ** | 0.0006 ** |
|  | (0.0002) | (0.0002) | (0.0002) | (0.0003) |
| 董事长与总经理兼任情况 | -0.0077 | -0.0074 | -0.0058 ** | -0.0055 ** |
|  | (0.0107) | (0.0107) | (0.0024) | (0.0026) |
| 观测值 | 17255 | 17252 | 16544 | 16541 |
| 拟合优度 $R^2$ | 0.3652 | 0.3731 | 0.3635 | 0.3692 |
| 年份固定效应 | Yes |  | Yes |  |
| 企业固定效应 | Yes | Yes | Yes | Yes |
| 行业×年份固定效应 |  | Yes |  | Yes |
| 聚类（Cluster） | 行业 | 行业 | 行业 | 行业 |

注：括号中是回归系数标准差；* 表示 $p<0.1$，** 表示 $p<0.05$，*** 表示 $p<0.01$。

从列（1）和列（2）可以看出，无论是对年份和企业层面进行固定效应，还是对行业和企业层面进行固定效应，"限薪令 2015"对中央企业的资产收益率产生正向作用,平均来讲,可以使中央企业的资产收益率提高1.48～1.58个百分点。

从列(3)和列(4)可以看出,无论是对年份和企业层面进行固定效应,还是对行业和企业层面进行固定效应,"限薪令2015"对地方国有企业的资产收益率也产生正向作用,平均来讲,可以使地方国有企业的资产收益率提高4.27～4.42个百分点。

从上述异质性分析还可以看出,与中央企业相比,"限薪令2015"对地方国有企业的政策效果更为显著。从财政部公布的相关数据来看,"限薪令2015"实施前四年(2011～2014年)中央企业利润总额平均增速6.5%、地方国有企业利润总额平均增速3.8%,而"限薪令2015"实施后四年(2015～2018年)中央企业利润总额平均增速为4.2%、地方国有企业利润总额平均增速15.8%(见表8-12、图8-4),也基本支持本部分的异质性分析结果。

### 8.3.5 对企业发展能力影响分析

表8-11进一步考察了"限薪令2015"对企业发展能力影响的政策效果。

具体而言,从表8-11可以得出以下主要结论:

列(1)表明"限薪令2015"对国有上市公司的总资产增长率具有正向作用且统计上显著,平均来讲,可以使国有上市公司总资产增长率提高110.84%。

列(2)表明"限薪令2015"对国有上市公司的净资产收益率增长率具有正向作用且统计上显著,平均来讲,可以使国有上市公司净资产收益率增长率提高150.76%。

列(3)表明"限薪令2015"对国有上市公司的销售费用增长率具有负向作用且统计上显著,平均来讲,可以使上市公司销售费用增长率降低284.56%。需要说明的是,销售费用属于成本指标,其他条件不变的情况下,销售费用的下降意味着企业利润指标的提高,因此,列(3)的回归结果表达的是限薪对销售费用增长率呈现为负向作用,但对企业发展能力却可能是正向影响。

表 8 – 11  "限薪令 2015"对企业发展能力的异质性回归结果

| 变量 | （1）总资产增长率 | （2）净资产收益率增长率 | （3）销售费用增长率 | （4）经营活动产生的净流量增长率 | （5）每股净资产增长率 | （6）可持续增长率 |
|---|---|---|---|---|---|---|
| 政策效应（Treat） | 1.1084 *** | 1.5076 *** | −2.84564 ** | 1.0699 *** | 0.1027 ** | −0.0104 |
| | (0.2675) | (0.4251) | (11.1788) | (0.3068) | (0.0422) | (0.0079) |
| 资产规模（对数值） | 3.0350 *** | 6.0564 *** | 18.0969 *** | 0.7484 | 0.4701 *** | −0.0004 |
| | (0.9346) | (1.6139) | (3.1670) | (1.2312) | (0.1406) | (0.0152) |
| 负债规模（对数值） | −0.3446 | −4.4795 *** | 0.3334 | −0.5921 * | −0.2173 ** | −0.0095 |
| | (0.2503) | (0.7994) | (1.0076) | (0.2902) | (0.0846) | (0.0058) |
| 营业收入利润率 | 0.0260 | −3.5183 | −0.2061 | 0.2526 | −0.0579 *** | −0.0683 *** |
| | (0.0196) | (5.4920) | (0.1631) | (0.2946) | (0.0107) | (0.0102) |
| 两权分离度 | −0.0264 | −0.0165 | 0.3834 | 0.0911 | −0.0105 *** | 0.0044 *** |
| | (0.0346) | (0.0518) | (0.6299) | (0.0904) | (0.0034) | (0.0014) |
| 董事长与总经理兼任情况 | 0.0091 | −0.6542 | 4.0752 | −0.1630 | −0.0283 | 0.0823 *** |
| | (0.0750) | (0.7295) | (5.1039) | (2.0344) | (0.0653) | (0.0141) |
| 观测值 | 16206 | 15026 | 15795 | 12097 | 17628 | 17418 |
| 拟合优度 $R^2$ | 0.2251 | 0.3073 | 0.2222 | 0.2993 | 0.2391 | 0.2319 |
| 企业固定效应 | Yes | Yes | Yes | Yes | Yes | Yes |
| 行业×年份固定效应 | Yes | Yes | Yes | Yes | Yes | Yes |
| 聚类（Cluster） | 行业 | 行业 | 行业 | 行业 | 行业 | 行业 |

注：括号中是回归系数标准差；＊表示 $p < 0.1$，＊＊表示 $p < 0.05$，＊＊＊表示 $p < 0.01$。

列（4）表明"限薪令 2015"对国有上市公司的经营活动产生的净流量增长率具有正向作用且统计上显著，平均来讲，可以使上市公司经营活动产生的净流量增长率提高 106.99%。

列（5）表明"限薪令 2015"对国有上市公司的每股净资产增长率具有正向作用且统计上显著，平均来讲，可以使上市公司每股净资产增长率提高 10.27%。

列（6）表明"限薪令 2015"对国有上市公司的可持续增长率具有负向作用但统计上不显著，这一点与其他企业发展指标的影响作用不尽一致；但是，即使统计上显著，政策对可持续增长率的负向作用影响程度也很小，即平均来讲仅可以使上市公司可持续增长率略降 1.04%。

总的来看，对衡量上市公司发展能力的总资产增长率、净资产收益率增长率、销售费用增长率、经营活动产生的净流量增长率、每股净资产增长率、可持续增长率六项指标，除可持续增长率指标统计上不显著以及销售费用增长本身为负向指标外，与对上述上市公司盈利指标的影响效应基本一致，"限薪令 2015"对上市公司发展能力指标的影响是正向的，平均而言，"限薪令 2015"可以使国有上市公司的上述指标提高 10.27% ~ 150.76%。

# 8.4  "限薪令 2015"政策长期效果的研究结论

总的来看，本部分以"限薪令 2015"政策为基准研究对象，采用双重差分模型分析政府薪酬管控政策在实现对高管薪酬增长速度的直接抑制作用（短期效果）后，对国有上市公司业绩的影响即长期效果。研究结果表明，"限薪令 2015"政策不论是对国有上市公司的盈利指标还是对国有上市公司的发展能力指标，不论是中央企业还是地方国有企业，都不同程度产生正向作用并且统计上显著。

第一，对于国有上市公司的资产收益率、总资产报酬率、总资产净利润率、流动资产净利润率、息税前利润与资产总额比、投入资本回报率、成本费用利润率、归属于母公司净资产收益率、归属于母公司综合收益率九个不同盈利指标，"限薪令 2015"平均而言可以使国有上市公司的上述指标提高 1.30% ~ 11.97%。

第二，对于国有上市公司的总资产增长率、净资产收益率增长率、经营活动产生的净流量增长率、每股净资产增长率四个发展能力指标，"限薪令 2015"对上市公司发展能力指标的影响也是正向的，平均而言，"限薪令 2015"可以使国有上市公司的上述指标提高 10.27% ~ 150.76%。

第三，"限薪令2015"对中央企业的资产收益率产生正向作用，平均来讲，可以使中央企业的资产收益率提高1.48~1.58个百分点。同时，"限薪令2015"对地方国有企业的资产收益率也产生正向作用，平均来讲，可以使地方国有企业的资产收益率提高4.27~4.42个百分点。

此外，从2015年前后我国国有企业主要经济效益指标利润总额的变化情况来看，总体而言，"限薪令2015"实施后，以利润总额指标衡量的全国国有企业经济效益增速显著好于改革前，这从另一个角度也支持了本部分的研究结果（见表8-12、图8-4）。

表8-12 "限薪令2015"实施前后国有企业利润总额年均增速对比

| 经济效益指标 | 企业类别 | 2010年 | 2014年 | 2018年 | 2011~2014年均增速 | 2015~2018年均增速 |
|---|---|---|---|---|---|---|
| 利润总额（亿元） | 全国国有企业 | 19870.6 | 24765.4 | 33877.7 | 5.7% | 8.2% |
| | 中央企业 | 13415.1 | 17280.2 | 20399.1 | 6.5% | 4.2% |
| | 地方国有企业 | 6455.5 | 7485.2 | 13478.6 | 3.8% | 15.8% |

资料来源：财政部官网。其中，2010年数据来自财政部企业司：《2010年全国国有及国有控股企业经济运行情况》，《中国财政》2011年第3期，第80页。

可以看出，"限薪令2015"实施前四年（2011~2014年）全国国有企业及国有控股企业利润总额平均增速为5.7%（其中，中央企业平均增速6.5%，地方国有企业平均增速3.8%），"限薪令2015"实施后四年（2015~2018年）利润总额平均增速为8.2%（其中，中央企业平均增速4.2%，地方国有企业平均增速15.8%），在利润总额基数持续扩大的同时，"限薪令2015"实施后四年利润总额平均增速显著快于改革前四年，前者是后者的约1.4倍（见图8-4）。

与"限薪令2009"短期效果总体无效（显然其长期效果无从谈起）相比，"限薪令2015"短期效果、长期效果都基本实现，因此这次薪酬管控政策可以认为是有效的。"限薪令2015"政策有效背后的深层次原因是什么？根据上述实证分析结果，本书认为，"限薪令2015"长期效果实现即总体而言政策的有效性首先从实证研究层面支持了政府弱激励理论在国有企业高管薪酬管控政策中的正确性；其次，除了具备政策制定层级最高、政策组织实施扎实落地等执行层面的条件外，"限薪令 2015"的长期效果有效更重要的是具备以下约束条件：

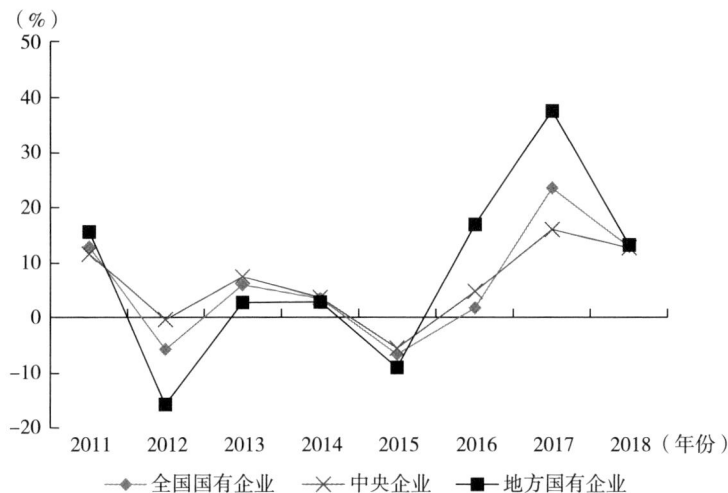

**图 8-4　2011～2018 年全国国有企业利润总额增速变化情况**

资料来源：财政部官网。

　　第一，"限薪令 2015"政策实施总体是与市场经济要求相一致的。一方面，"限薪令 2015"说明政策实施之前的强激励带来的市场扭曲较大，通过适度削减国有企业高管薪酬中的不合理成分（如本书第 4 章实证结果国有企业高管薪酬中不合理成分降低约 30%），由强激励转为弱激励，进一步强化了高管薪酬与企业业绩之间的敏感性，使对国有企业高管的薪酬激励更接近最优水平；另一方面，"限薪令 2015"政策明确规定首要基本原则是坚持国有企业完善现代企业制度方向，健全高管的薪酬激励约束机制，而现代企业制度与市场经济是高度契合的。换句话说，"限薪令 2015"很大程度上符合考希克·巴苏所说的，"良好的政策应正确运用市场规律，而不是否认市场规律的存在"①。

---

① 考希克·巴苏（Kaushik Basu）：《政策制定的艺术：一位经济学家的从政感悟》，卓贤译，中信出版社 2016 年版，第 110 页。

第二，"限薪令2015"实施的"组织任命"高管与"职业经理人"差异化薪酬机制一定程度缓冲或减小了"限薪"的政策力度。这符合薪酬管控BET模型等所揭示的总收入税等薪酬管控政策对市场的干预力度较小时才比较有效的论点。按照"限薪令2015"的政策设计，如果高管更偏好（货币）薪酬激励，那么理论上高管可以选择"职业经理人"的通道，从而可以获得市场化的薪酬分配，这样的政策设计与许多"一刀切"的政策相比，给了高管依据自身偏好理性选择的机会，可以让高管在"限薪令"实施后仍保持高管薪酬激励机制的相对有效性并仍有可能接近实现其效用最大化，因此，差异化薪酬机制事实上起到了减缓"限薪令"的直接政策冲击作用。这项机制设计的重要性从近年来国有企业不同层面大力推进职业经理人制度建设也可以得到佐证。同时，"限薪令2015"明确提出"物质激励与精神激励相结合"。为此，在规范国有企业高管薪酬水平的同时，加大了对高管的非物质激励如政治晋升、荣誉激励等。另外，从政策执行实际结果来看，"限薪"或"降薪"的主要是政策实施之前薪酬水平相对较高的高管，并非所有高管都相同比例"限薪"或"降薪"，因此，从政策执行层面也验证了此次薪酬管控政策的力度是比较合适的。

第三，"组织任命"高管与"职业经理人"差异化薪酬机制事实上还起到了提供高管能力"筛选"信号的作用，客观上为国有企业高管劳动力市场提供了更多信息，客观上也为高管提供了更多政策选择自由。"限薪令2015"的差异化薪酬分配机制一定程度"倒逼"不同能力高管面对"限薪"政策做出选择，或者完全接受"限薪"，或者选择"职业经理人"通道（这一点未必是政策制定者的事先设计，但事后看非常重要）。因此，相比有些政策只能被动接受唯一的政策路径，"限薪令2015"给予高管更多的政策选择自由，从这个角度讲，这一政策设计符合哈耶克所说的"一项维护个人自由的政策是唯一真正进步的政策"①。显然，高能力高管有更可能选择"职业经理人"通道，而低能力高管则不容易

---

① ［英］哈耶克（F. A. Hayek）：《通往奴役之路》，王明毅等译，中国社会科学出版社1997年版，第227页。

"假装"成职业经理人。部分中央企业（如新兴际华等）的"职业经理人"制度试点经验也基本支持了这个结论，那些相对年轻、经营管理能力高、偏好风险的高管确实倾向于选择职业经理人通道。这一点也与薪酬管控 BET 模型等所揭示的劳动力市场信息相对充分时薪酬管控政策才比较有效的观点基本契合。

另外，截至目前，没有明显证据表明"限薪令2015"实施后国有企业高管的离职率有显著增长。同时，即使国有企业高管离职率有了一定程度的提高，比如像有的人担心的把国有企业高管"倒逼"到非国有企业任职，但是主动"离职"的通常应当是高能力的高管，这些高管如果转换到非国有企业工作，那么非国有企业的经营业绩应比之前更好。这样的话，国有企业与非国有企业之间的经营业绩差距更大程度应该缩小而不是扩大。换句话说，即使有国有企业高管离职现象发生，那么反而强化了本部分的研究结论。

与对"限薪令"政策实施效果的直观感觉（薪酬降、激励强度降、业绩降）不同，"限薪令2015"实施后，国有企业的主要盈利指标、发展能力指标反而是增长向好的，其背后的深层次原因包括：一是"限薪令2015"实施前国有企业高管薪酬偏高过高，薪酬中存在较多不合理成分（本书第 4 章实证结果是高管薪酬中不合理程度达到 60% ~70%）、高于市场可比价位，造成对国有企业高管薪酬激励过度，"限薪令"的实施得以有效降低了高管薪酬中的不合理成分，使高管薪酬趋于合理，高管薪酬与业绩之间敏感性更强，并促使高管为了保持其薪酬水平的竞争力，工作更加努力，高管努力程度提高从而有助于提升企业经营业绩；二是"限薪令"实施后，对国有企业高管的综合激励如职务晋升、政治激励等进一步强化，一定程度弥补了高管薪酬降低带来的激励降低；三是"限薪令2015"政策中的重要内容是差异化引入"职业经理人"机制，该机制对能力强的高管试点实施市场化的薪酬分配机制，客观上起到了一种信号显示和"倒逼"机制，迫使高管在薪酬激励程度降低后仍要保持甚至提高工作努力程度，从而保持企业经营业绩的提升；四是高管薪酬降低后，造成高管与企业普通职工之间的薪酬差距不同程度缩小，给国有企业职工带来了更多公平感，增强了对普通职工的激励，这也有利于企业经营业绩的提升。

需要特别指出的一个问题是，国有上市公司与非国有上市公司高管薪酬结构的差异化是否影响国有企业高管薪酬管控政策的效果以及政策长期效果的拓展？首先，我国国有上市公司与非国有上市公司高管薪酬结构的差异化长期存在，长期以来，由于政策管控等因素，国有上市公司高管的股权等中长期激励是受政策限制的，"限薪令2015"之后国有企业组织任命的国有企业负责人原则上不允许实施股权等激励手段。但是，"限薪令2015"也意识到中长期激励对高管激励的重要性，因此，政策设计中保留了"任期激励收入"作为中期激励，任期激励收入约占高管总薪酬的20%，需要一个任期（通常为3年）考核结束后根据考核结果发放。国有企业高管的任期激励收入额度虽然比不上非国有企业高管的股权等激励，但其目的也是鼓励高管中长期为国有企业服务。因此，国有企业高管与非国有企业高管的薪酬结构尽管存在差异，但也有一致之处。其次，就实证研究的2005～2015年以及2008～2018年而言，国有上市公司与非国有上市公司高管薪酬结构的差异化未发生重大改变，这种差异在运用双重差分法后不会影响实证结果的可信度和稳健性。最后，由于"限薪令2015"正式实施时间仅4～5年时间，最新实证数据只能更新至最近的2015年或2018年，因此，"限薪令"政策的长期效果确实可能需要今后进一步研究拓展。

因此，总的来看，由于不同程度满足了上述主要约束条件，"限薪令2015"才实现了预期的短期效果、长期效果，因而总体上是有效的。

# 9　高管薪酬水平与企业创新

知识产权是现实中"必然的恶"，它能为发明者提供创新的利益，以此激励研发和艺术创作。

——让·梯若尔《共享利益经济学》（2020 年）

高管薪酬与企业创新之间是什么关系？为有效激励高管，企业高管薪酬增长通常要与企业盈利水平（经济效益）紧密挂钩。因此，出于短期盈利目标考虑，企业高管有淡化短期研发投入、强化短期盈利水平的动力，这种情况下高管薪酬与企业创新之间可能存在负向相关关系。Holmstrom（1989）的研究就认为，由于衡量创新活动的业绩指标通常杂音更大（Noisier），为激励创新应当降低薪酬激励计划对业绩的敏感性，因此，激励创新的机制必须展现出对失败的容忍。然而，尽管企业创新需要加大研发投资支出，研发投资支出减少企业短期盈利但可能增加企业中长期盈利水平，高管薪酬激励增加中长期激励收入会影响高管对企业中长期盈利的更多关注，加大研发投资支出，对企业创新产生正向影响。因此，已有部分研究发现，高管薪酬业绩敏感性越高，公司创新活动越频繁，专利申请数量越多，整体上业绩敏感型薪酬契约有效地激励了企业的创新活动；同时也有部分研究发现，在资本密集型和技术密集型行业中，董事、监事、高管的薪酬激励有利于创新活动的开展。古斯塔沃·曼索（Gustavo Manso，2011）构建了最优创新激励契约模型，开创性地提出"最优的创新激励方案是对早期失败给予容忍（甚至奖励）并对长期成功提供回报。此外，长期薪酬激励计划、工作保障和对绩效及时反馈也是激励创新的基本要素"。古斯塔沃·曼索（2011）还认为，"就管理层薪酬而言，激励创新的最佳方案可以通过授予长期等候期（Long Vesting Periods）的股票期权、期权重新定价、黄金降落伞和管理防御（Managerial Entrenchment）相结合来实施"。

本章主要集中对我国沪深国有上市公司高管薪酬与企业创新之间的关系进行实证分析。

# 9.1  研究假设

## 9.1.1  被解释变量

本章选择用两个指标来衡量企业创新成果。第一，以研发支出占销售额的比重作为企业研发支出的代理变量，具体来说，该指标由上市公司年报中的研发费用除以营业总收入计算而得；第二，采用总专利数量指标，也就是企业总专利，其中包括发明专利数量、实用新型数量、外观设计专利数量（见表9-1）。

表9-1  研究变量定义表

| 变量类型 | 变量名 | 变量定义 |
|---|---|---|
| 因变量 | 研发强度 | 上市公司当期 R&D 投入/当期营业收入 |
| | 总专利数量 | 企业总专利（包括发明专利、实用新型、外观设计专利）数量 |
| 自变量 | 高管平均年薪 | 全部领薪高管薪酬总额/高管人数 |
| | 职工平均年薪 | 支付给职工以及为职工支付的现金/职工人数 |
| | 绝对薪酬差距 | 高管团队平均年薪 - 普通员工平均年薪 |
| 控制变量 | 企业年龄 | 上市公司的成立年数 |
| | 地区 | 公司所处地区 |
| | 股权集中度 | 上市公司第一大股东持股比例 |

续表

| 变量类型 | 变量名 | 变量定义 |
|---|---|---|
| 控制变量 | 企业规模 | 上市公司总资产的对数值 |
| | 盈利能力 | 上市公司总资产收益率 |
| | 负债水平 | 上市公司的资产负债率 |
| | 成长性 | 上市公司的总资产增长率 |
| | 行业 | 行业的虚拟变量 |
| | 年份 | 年份的虚拟变量 |
| | 市场力量 | 上市公司所在行业的赫芬达尔指数 |

注：自变量的单位为万元（人民币）。

资料来源：笔者整理。

党的十八大以来，我国加快推进实施"创新型国家"战略，对创新的投入持续快速增长。2012 年，我国研发经费支出为 10298.4 亿元，相当于同期 GDP 的比例为 1.98%[①]；2018 年，我国研发经费支出为 19677.9 亿元，较 2012 年增长了 0.91 倍，相当于同期 GDP 的比例为 2.19%[②]。2012 ~ 2018 年，我国研发经费支出年均增速达到 11.4%，远快于同期 GDP 年均增速 7.0%。同时，近年来，研发经费支出中企业资金一直占据主导地位。2012 年，我国研发经费支出中企业资金为 7625 亿元[③]，占全部研发经费支出的 74.0%；2018 年，我国研发经费支出中企业资金为 15079.3 亿元[④]，占全部研发经费支出的 76.6%。

### 9.1.2 解释变量

本部分定义上市公司高管团队包括管理层中的高级管理人员以及董事会、监事会的成员。本研究将薪酬定义为高管和普通员工的货币薪酬，不包括在职消费以及股票期权等中长期激励收入。

上市公司高管平均年薪和普通员工平均年薪其计算方法是，使用上市公司年

---

①③　资料来源：《中国统计年鉴（2013）》"表 20 - 42　科技活动基本情况"。

②④　资料来源：《中国统计年鉴（2019）》"表 20 - 1　科技活动基本情况"。

报中给高管和普通员工支付的现金除以该年度公司员工数计算得到人均收入。

内部薪酬差距定义为高管团队平均年薪与普通员工平均年薪的差距，选用绝对薪酬差距对企业内部薪酬差距进行测量（见表9－1）。

### 9.1.3　控制变量

本部分选用10个控制变量，分别是企业年龄、地区、股权集中度、企业规模、盈利能力、负债水平、成长性、行业、年份和市场力量（见表9－1）。

# 9.2　研究数据来源

### 9.2.1　2012～2018年国有上市公司数据

本部分选取2012～2018年中国沪深A股国有上市公司作为研究样本。

研究数据均来源于国泰安数据库（CSMAR）以及各个上市公司的年报。本部分进一步剔除了研发经费数据缺失以及员工人数变化异常、工资总额异常的上市公司。这样，得到一个包含4559个样本上市公司数据。

### 9.2.2　数据处理及基本方法

数据处理选用Excel 2010软件，相关性分析、描述性统计分析以及回归分析均采用Stata软件进行。

除此之外，为避免极端值的影响，本部分对负债等连续变量数据进行了前后1%的缩尾化处理（Winsorize）。

# 9.3 研究模型

### 9.3.1 实证分析模型 I

本部分选取的 4559 家国有上市公司 2012～2018 年的数据构成面板数据。构建实证分析模型 I 如下：

$$Y = a_0 + a_1 X_i + a_2 C_i + u \tag{9-1}$$

其中，$Y$ 为国有上市公司的创新能力，分别用研发强度、总专利数量两个指标衡量；$X_i$ 为国有上市公司薪酬水平（高管薪酬水平或职工薪酬水平）、高管与职工的内部薪酬差距；$C_i$ 为控制变量；$u$ 为误差项；$a$ 为回归系数。

### 9.3.2 实证分析模型 II

考虑到稳健性，构建实证分析模型 II 如下：

$$Y = a_0 + a_1 X_{1i} + a_2 X_{2i} + a_3 X_{3i} + a_4 C_i + u \tag{9-2}$$

其中，$Y$ 为国有上市公司的创新能力，分别用研发强度、总专利数量两个指标衡量；$X_{1i}$、$X_{2i}$、$X_{3i}$ 分别代表国有上市公司高管薪酬水平、职工薪酬水平和内部薪酬差距；$C_i$ 为控制变量；$u$ 为误差项；$a$ 为回归系数。

# 9.4 描述性分析结果及相关性分析

### 9.4.1 描述性分析结果

表 9 - 2 是 4559 个国有上市公司样本数据的描述性结果。从描述性结果可以看出：

表 9 - 2　各研究变量指标描述性分析

| 变量 | 样本量 | 均值 | 标准差 | 最小值 | 最大值 |
|---|---|---|---|---|---|
| 高管平均年薪 | 4559 | 77.8000 | 64.8000 | 11.5000 | 386.0000 |
| 职工平均年薪 | 4559 | 10.9000 | 8.927291 | 0.0029691 | 46.5000 |
| 绝对薪酬差距 | 4559 | 66.9000 | 62.7000 | 5.039188 | 367.0000 |
| 研发强度 | 4559 | 2.151 | 3.15 | 0 | 18.3 |
| 总专利数量 | 4559 | 110.977 | 397.558 | 0 | 3159 |
| 企业年龄 | 4559 | 20.626 | 5.529 | 7 | 36 |
| 地区 | 4559 | 14.045 | 9.566 | 1 | 31 |
| 股权集中度 | 4559 | 0.38 | 0.156 | 0.099 | 0.757 |
| 企业规模 | 4559 | 23.188 | 1.665 | 20.188 | 29.039 |
| 盈利能力 | 4559 | 0.0296 | 0.054 | − 0.198 | 0.185 |
| 负债水平 | 4559 | 0.545 | 0.21 | 0.094 | 0.976 |
| 成长性 | 4559 | 0.102 | 0.191 | − 0.306 | 1.025 |
| 市场力量 | 4559 | 0.146 | 0.183 | 0 | 1 |

注：高管平均年薪、职工平均年薪、绝对薪酬差距的单位为万元（人民币）。
资料来源：笔者整理。

第一，国有上市公司高管平均薪酬为 77.8 万元，职工平均工资为 10.9 万元，两者的绝对差距达 66.9 万元，前者约是后者的 7 倍。

第二，国有上市公司研发强度平均值为 2.151%（研发投入占营业收入的比值），远高于 2018 年全国规模以上工业企业研发经费支出与主营业务收入之比 1.25%[①]。

### 9.4.2　相关性分析

为了考察自变量与因变量之间的关系，以及检验自变量与因变量之间是否存在多重共线性问题，本部分对变量进行相关性分析如下：

从表 9 - 3 可以看出，衡量公司内部薪酬的三个指标，相关性比较高。高管薪酬、普通职工薪酬和高管—普通职工薪酬差距之间均为显著正相关。

---

① 资料来源：《中国统计年鉴（2019）》"表 20 - 4　规模以上工业企业的科技活动基本情况"。

表9-3　相关性分析结果一览表

| | 高管平均年薪 | 职工平均年薪 | 绝对薪酬差距 | 研发强度 | 总专利数量 | 企业年龄 | 地区 | 股权集中度 | 企业规模 | 盈利能力 | 负债水平 | 成长性 | 市场力量 |
|---|---|---|---|---|---|---|---|---|---|---|---|---|---|
| 高管平均年薪 | 1 | 0.312*** | 0.966*** | -0.023 | -0.048*** | 0.191*** | -0.126*** | 0.030 | 0.478*** | 0.286*** | 0.064*** | 0.217*** | 0.030** |
| 职工平均年薪 | | 1 | 0.110*** | -0.033** | -0.089*** | 0.238*** | 0.020 | 0.058*** | 0.248*** | 0.038** | 0.029* | -0.023 | 0.054*** |
| 绝对薪酬差距 | | | 1 | -0.008 | -0.027* | 0.139*** | -0.141*** | 0.016 | 0.438*** | 0.279*** | 0.059*** | 0.230*** | 0.017 |
| 研发强度 | | | | 1 | 0.466*** | -0.125*** | 0.026 | -0.058*** | -0.171*** | 0.006 | -0.256*** | -0.000 | -0.221*** |
| 总专利数量 | | | | | 1 | -0.251*** | -0.030** | 0.038** | 0.030 | -0.042*** | -0.053*** | 0.020 | -0.170*** |
| 企业年龄 | | | | | | 1 | 0.094*** | -0.232*** | -0.022 | 0.027* | 0.038** | -0.065*** | -0.067*** |
| 地区 | | | | | | | 1 | -0.055*** | -0.094*** | -0.037*** | 0.005 | -0.072*** | -0.042** |
| 股权集中度 | | | | | | | | 1 | 0.240*** | 0.121*** | -0.017 | -0.028*** | 0.105* |
| 企业规模 | | | | | | | | | 1 | -0.001 | 0.425*** | 0.170*** | 0.112*** |
| 盈利能力 | | | | | | | | | | 1 | -0.471*** | 0.332*** | 0.022 |
| 负债水平 | | | | | | | | | | | 1 | 0.020 | 0.004 |
| 成长性 | | | | | | | | | | | | 1 | -0.010 |
| 市场力量 | | | | | | | | | | | | | 1 |

注：*** 表示 $p<0.01$，** 表示 $p<0.05$，* 表示 $p<0.1$。

解释变量的三个指标与被解释变量的两个指标存在一定的相关性，但是相关性系数不高，基本上均没有超过 14%。

# 9.5 实证回归结果

### 9.5.1 实证回归模型选择

本部分的数据为 2012～2018 年高新技术行业国有上市公司的面板数据，选择使用混合 OLS 模型。

### 9.5.2 薪酬水平与研发强度回归结果

表 9-4 列示了国有上市公司薪酬及内部薪酬差距和研发强度的回归结果。

表 9-4　上市公司高管、职工薪酬水平、差距与研发强度回归结果

| | 研发强度（1） | 研发强度（2） | 研发强度（3） |
|---|---|---|---|
| 高管平均年薪 | 0.00332 *** | | |
| | (5.02) | | |
| 职工平均年薪 | | 0.0230 *** | |
| | | (4.67) | |
| 绝对薪酬差距 | | | 0.00294 *** |
| | | | (4.42) |
| 企业年龄 | -0.071 *** | -0.071 *** | -0.071 *** |
| | (-9.67) | (-9.56) | (-9.56) |
| 股权集中度 | -0.748 *** | -0.926 *** | -0.770 *** |
| | (-2.95) | (-3.69) | (-3.04) |

续表

| | 研发强度（1） | 研发强度（2） | 研发强度（3） |
|---|---|---|---|
| 企业规模 | -0.059* | -0.008 | -0.048 |
| | (-1.72) | (-0.26) | (-1.40) |
| 盈利能力 | -5.833*** | -5.377*** | -5.776*** |
| | (-7.38) | (-6.86) | (-7.31) |
| 负债水平 | -3.740*** | -3.696*** | -3.762*** |
| | (-16.18) | (-15.93) | (-16.27) |
| 成长性 | 0.265 | 0.333* | 0.263 |
| | (1.38) | (1.73) | (1.37) |
| 市场力量 | 0.093 | 0.041 | 0.113 |
| | (0.23) | (0.10) | (0.28) |
| 常数项 | 6.285*** | 5.183*** | 6.068*** |
| | (8.44) | (7.50) | (8.18) |
| 行业（控制变量） | 是 | 是 | 是 |
| 年份（控制变量） | 是 | 是 | 是 |
| N | 4559 | 4559 | 4559 |
| adj. R-sq | 0.4960 | 0.4956 | 0.4953 |
| F | 55.038 | 54.956 | 54.901 |
| $R^2$ | 0.505 | 0.505 | 0.505 |

注：括号内为标准误，***表示 $p<0.01$，**表示 $p<0.05$，*表示 $p<0.1$。

可以看出，实证分析模型中高管薪酬、普通职工薪酬以及高管—普通职工薪酬差距的系数通过了显著性检验，具体为高管薪酬对研发强度的回归系数为正数并且在1%的水平上通过了显著性检验，普通职工薪酬对研发强度的回归系数为正数并且在1%的水平上通过了显著性检验，高管—普通职工薪酬差距对研发强度的回归系数为正数并且在1%的水平上显著，方程的调整 $R^2$ 为0.5左右，说明整体方程的解释能力较好。因此，这三个实证回归的结果基本表明上市公司的高管薪酬水平、普通职工薪酬水平以及两者之间薪酬差距的提高会提高国有上市公司的研发强度。

具体而言，从回归结果可以发现：

第一，国有企业高管薪酬水平与研发强度之间正相关且显著。国有上市公司高管薪酬水平每提高 1 万元，企业研发强度可以提高 0.332%。换句话说，国有上市公司高管薪酬水平越高，公司的研发强度相应也越大。

第二，国有上市公司职工薪酬水平与研发强度正相关且显著。国有上市公司职工薪酬水平每提高 1 万元，企业研发强度可以提高 2.300%。换句话说，国有上市公司职工薪酬水平越高，公司的研发强度相应也越大，而且职工薪酬水平对研发强度影响的系数更高。

第三，国有上市公司高管与职工之间薪酬差距与研发强度正相关且显著。国有上市公司高管与职工薪酬差距每扩大 1 万元，企业研发强度可以提高 0.294%。换句话说，国有上市公司高管与职工薪酬差距越大，公司的研发强度相应也越大。由于高管薪酬高于职工，高管与职工薪酬差距扩大，意味着高管的薪酬增长更快，高管薪酬增速快于职工意味着对公司高管的激励力度更大。因此，假设其他条件不变，那么对公司高管的薪酬激励力度越大越有利于企业创新。

### 9.5.3　薪酬水平与总专利数量回归结果

表 9-5 列示了国有上市公司高管、职工薪酬水平与内部薪酬差距和总专利数量的回归结果。

表 9-5　上市公司高管、职工薪酬水平、内部薪酬差距与总专利数量回归结果

| | 总专利数量（1） | 总专利数量（2） | 总专利数量（3） |
|---|---|---|---|
| 高管平均年薪 | 0.452***<br>(4.71) | | |
| 职工平均年薪 | | 0.603<br>(0.84) | |
| 绝对薪酬差距 | | | 0.443***<br>(4.60) |

| | 总专利数量（1） | 总专利数量（2） | 总专利数量（3） |
|---|---|---|---|
| 企业年龄 | 0.017 | 0.487 | 0.091 |
| | (0.02) | (0.45) | (0.09) |
| 股权集中度 | −101.183*** | −124.972*** | −101.988*** |
| | (−2.75) | (−3.42) | (−2.77) |
| 企业规模 | 78.724*** | 87.951*** | 79.375*** |
| | (15.78) | (19.14) | (16.03) |
| 盈利能力 | 166.560 | 231.111** | 167.996 |
| | (1.45) | (2.03) | (1.47) |
| 负债水平 | −98.283*** | −103.309*** | −100.711*** |
| | (−2.93) | (−3.06) | (−3.00) |
| 成长性 | −99.561*** | −93.895*** | −100.335*** |
| | (−3.56) | (−3.35) | (−3.59) |
| 市场力量 | 3.118 | 8.048 | 5.239 |
| | (0.05) | (0.14) | (0.09) |
| 常数项 | −1.7e+03*** | −1.9e+03*** | −1.7e+03*** |
| | (−15.41) | (−18.44) | (−15.59) |
| 行业（控制变量） | 是 | 是 | 是 |
| 年份（控制变量） | 是 | 是 | 是 |
| N | 4559 | 4559 | 4559 |
| adj. R−sq | 0.3333 | 0.3301 | 0.3332 |
| F | 28.454 | 28.062 | 28.436 |
| $R^2$ | 0.345 | 0.342 | 0.345 |

注：括号内为标准误，*** 表示 $p<0.01$，** 表示 $p<0.05$，* 表示 $p<0.1$。

可以看出，实证分析模型中高管薪酬、高管—普通职工薪酬差距的系数通过了显著性检验，其中，高管薪酬对总专利数量的回归系数为正数并且在1%的水平上通过了显著性检验，高管—职工薪酬差距对总专利数量的回归系数为正数并且在1%的水平上显著。但是，职工薪酬对总专利数量的回归虽然为正数但并没有通过显著性检验。全部方程调整 $R^2$ 在0.35左右，解释能力较好。上述三个回归方程的回归结果表明，上市公司的高管薪酬水平、高管—职工薪酬差距的提高会增加国有上市公司的总专利数量。

具体而言，从回归结果可以发现：

第一，国有企业高管薪酬水平与总专利数量之间正相关且显著。国有上市公司高管薪酬水平每提高1万元，企业总专利数量可以增加0.452个。换句话说，国有上市公司高管薪酬水平越高，上市公司的总专利数量相应也越大。

第二，国有上市公司高管与职工之间薪酬差距与总专利数量正相关且显著。国有上市公司高管与职工薪酬差距每提高1万元，企业总专利数量可以增加0.443个。换句话说，国有上市公司高管与职工薪酬差距越大，上市公司的总专利数量相应也越大。

### 9.5.4　高管薪酬水平对企业创新的实证结论

国有上市公司高管薪酬水平、职工薪酬水平以及高管与职工内部薪酬差距与上市公司的创新投入显著正相关，上市公司高管薪酬水平、高管与职工内部薪酬差距与上市公司的创新产出数量（总专利数量）显著正相关。因此，国有上市公司高管薪酬水平、职工薪酬水平以及高管与职工内部薪酬差距的提高能够提高上市公司的创新活动（见表9-6）。

表9-6　上市公司薪酬水平、薪酬差距与研发强度、总专利数量关系

|  | 研发强度 | 总专利数量 |
|---|---|---|
| 高管薪酬水平 | 正相关且显著 | 正相关且显著 |
| 职工薪酬水平 | 正相关且显著 | 正相关但不显著 |
| 高管—职工内部薪酬差距 | 正相关且显著 | 正相关且显著 |

注：根据表9-4、表9-5整理。

上述实证分析结果表明，一方面，工资水平提高会吸引创新能力更强的员工进入企业，提升企业整体人力资本水平，从而有助于企业进行创新；另一方面，

员工的劳动效率与其劳动报酬正相关，工资水平上涨对员工的激励强度提高，也会增加员工偷懒的机会成本，"倒逼"员工更加努力工作和致力于创新活动。同时，由于高管薪酬水平高于企业普通职工，因此，国有上市公司高管与职工内部薪酬差距的提高表明高管薪酬水平相对普通职工增长更多更快，对公司高管的薪酬激励强度提高更大，企业高管未来离开公司的离职机会成本更高，从中长期业绩增长考虑，企业高管有动力更加重视研发投入等技术创新活动。从这个角度而言，提高公司高管薪酬水平或者说对公司高管薪酬实行强激励，总体而言是有利于促进企业创新的。

因此，为促进企业创新，企业高管、职工的薪酬水平必须具有足够市场竞争力，以吸引到人力资本较高的高中层管理人员及和研发技术人员；同时，为激励创新，也需要对高管等实施股权激励等中长期激励机制。

# 10 国有企业薪酬管控
# 本质上是弱激励还是强激励

良好的政策应正确运用市场规律，而不是否认市场规律的存在。

——考希克·巴苏《政策制定的艺术：一位经济学家的从政感悟》（2016 年）

## 10.1 研究结论

本书试图回答以下五方面问题：

第一，我国国有企业高管薪酬定价机制演变的基本规律是什么？国有企业高管薪酬管控政策可以运用哪种主流经济学理论框架加以更合理的解释？

第二，目前国有企业高管薪酬中是否存在不合理成分？如果存在，高管薪酬中的不合理程度如何？

第三，"限薪令 2009" 和 "限薪令 2015" 这两次近年来影响深远的国有企业高管薪酬管控政策的短期效果和长期效果如何？或者简单说，这两次薪酬管控政策有效吗？

第四，企业高管团队中的主要高管（首席执行官、薪酬前三名高管等）薪酬水平及其占比与公司治理水平、企业业绩以及企业创新之间是什么关系？提高主要高管的薪酬水平及其薪酬占比对股东而言是最优选择吗？

第五，从更一般意义上讲，诸如国有企业高管薪酬管控这样的政策需要具备哪些主要约束条件才能更为有效？对未来政府部门宏观调控政策有哪些启示？

本书对上述五方面问题得出以下基本结论：

### 10.1.1 国有企业高管薪酬管控政策本质上是政府提供的弱激励

中华人民共和国成立 70 多年来，我国国有企业高管薪酬定价机制演变过程，总体呈现从纯粹政府定价转向逐步市场化定价，直至目前市场定价与薪酬管控并行的基本规律，在这个过程中，国有企业高管的薪酬水平相应表现出从低工资转向高薪酬直至较低薪酬，薪酬激励强度则总体表现为先弱激励后强激励再弱激励的变化规律。

总的来看，国有企业高管薪酬管控政策本质上是政府提供的弱激励，可以用政府弱激励的经济学理论框架加以更合理地解释。由于劳动力市场竞争会导致对高管激励过度、国有企业具备多重任务特征、国有企业高管具备自我激励特征以及政府公平偏好等原因，在具备一些主要约束条件下，政府提供弱激励是一种最优选择。

这里需要特别指出的是，针对国有企业高管薪酬的政府弱激励并非激励不足。相反，政府弱激励是满足一定约束条件下的最优激励或次优激励。

### 10.1.2 国有企业高管薪酬中存在一定程度的不合理成分

本书的实证分析结果表明，以 2009 年、2014 年、2018 年为时间点，利用 Oaxaca – Blinder 分解法得出的国有高管薪酬中的不合理程度 2009 年约为 61.3% ~ 67.6%、2014 年约为 62.0% ~71.1%、2018 年约为 34.3% ~42.6%，其中 2009 年和 2014 年的实证结果与国内其他学者的类似研究结果比较接近。

因此，从实证分析的结果看，"限薪令 2015" 政策实施前国有企业高管薪酬中确实存在一定程度的不合理成分，而且不合理程度可能还较高，但 "限薪令 2015" 政策实施后国有企业高管薪酬中的不合理程度明显下降。

### 10.1.3 "限薪令2009"无效而"限薪令2015"基本有效

本书基于不同股权性质的双重差分实证结果表明，不管是企业层面还是高管个人层面，"限薪令2009"在统计上都是无效的。同时，年度差分效应也显示，"限薪令2009"政策无效，稳健性检验同样表明"限薪令2009"政策未能达到抑制国有企业高管薪酬过快增长的短期效果。

同时，本书以2015年为政策实施冲击点，首先，实证检验"限薪令2015"的短期效果即是否对国有企业高管薪酬过快增长产生显著抑制作用；其次，实证检验"限薪令2015"的长期效果即对国有企业业绩的影响。主要研究结论有三方面：

第一，"限薪令2015"政策有效抑制了国有企业高管薪酬的过快增长，高管薪酬下降幅度约为5%~7%，与"限薪令2009"政策相比，"限薪令2015"政策对高管薪酬的直接抑制作用显著，基本实现了政策干预的短期效果。

第二，"限薪令2015"政策不论是对国有上市公司的盈利指标还是对国有上市公司的发展能力指标，不论是中央企业还是地方国有企业，都不同程度产生正向作用并且统计上显著，表明政策的长期效果也基本达到。具体来看，"限薪令2015"平均而言可以使国有上市公司的主要盈利指标（资产收益率、总资产报酬率、总资产净利润率、流动资产净利润率、息税前利润与资产总额比、投入资本回报率、成本费用利润率、归属于母公司净资产收益率、归属于母公司综合收益率）提高1.30%~11.97%，可以使国有上市公司的主要发展指标（总资产增长率、净资产收益率增长率、经营活动产生的净流量增长率、每股净资产增长率）提高10.27%~150.76%。

第三，对国有企业高管薪酬不合理程度的实证分析结果也表明，"限薪令2015"实施前的2014年，国有企业高管薪酬中的不合理部分约为62.0%~71.1%；"限薪令2015"实施后的2018年，国有企业高管薪酬中的不合理部分显著下降至34.3%~42.6%。"限薪令2015"政策实施后，国有企业高管薪酬中的不合理程度较大幅度下降。这从另一个角度验证了"限薪令2015"政策的有效性。

总的来看，本书认为"限薪令2015"政策效果更为有效的原因主要有以下五个方面：

第一，政策地位不同。"限薪令2015"经国家最高决策层审议通过，因此属于政策文件中带有顶层设计性质、权威性最高的政策规定。但"限薪令2009"属于以人力资源和社会保障部等六部委联合印发实施的政策规定，其政策权威性低于"限薪令2015"。政策地位不同导致政策实际执行过程中国有企业的执行力度不尽相同。

第二，实施机制不同。"限薪令2015"政策中专门明确国务院成立深化国有企业负责人薪酬制度改革工作领导小组，负责组织实施中央企业高管薪酬制度改革，指导和协调全国国有企业高管薪酬制度改革工作。"限薪令2009"则没有明确类似规定，政策落实过程中国家层面也没有专门成立相关机构牵头组织实施。

第三，"限薪令2015"政策实施总体与市场经济要求保持一致。主要体现是，"限薪令2015"政策适度削减了政策实施之前部分国有企业高管偏高过高薪酬即薪酬中的不合理成分，通过政府弱激励改进了国有企业高管薪酬激励效率，同时，"限薪令2015"政策明确其首要基本原则是坚持国有企业完善现代企业制度方向，健全高管的薪酬激励约束机制，而现代企业制度是与市场经济相契合的。

第四，"限薪令2015"实施的"组织任命"高管与"职业经理人"差异化薪酬机制一定程度缓冲或减小了"限薪"的政策力度。"限薪令2015"提出"严格规范"所谓组织任命国有企业高管薪酬分配，同时明确规定"职业经理人的薪酬结构和水平，由董事会按照市场化薪酬分配机制确定"，这种机制设计符合高管薪酬管控BET模型所揭示的当总收入税等管控政策对市场的干预力度较小时才比较有效的观点。

第五，"组织任命"高管与"职业经理人"差异化薪酬机制事实上还起到了提供高管能力"筛选"信号的作用，客观上为国有企业高管劳动力市场提供了更多信息。这一点也与薪酬管控BET模型所揭示的劳动力市场信息相对充分时薪酬管控政策才比较有效的观点基本契合。

上述五方面原因中，前两个方面主要体现在政策贯彻落实的实践层面，其他三个方面主要体现在理论解释层面，因此更具一般意义和理论价值。

### 10.1.4 主要高管薪酬水平与公司治理、托宾 Q 之间存在正相关关系

本书对上市公司高管前三名薪酬总额、公司治理与托宾 Q 进行了实证分析。研究结果表明，目前我国沪深上市公司高管前三名薪酬总额与公司治理水平、托宾 Q 之间均存在显著正向关系，表明公司前三名高管薪酬主要来源于其管理能力，而这些管理能力对上市公司未来的业绩产生正向影响。从一般意义上而言，更高的薪酬总额意味着更强的激励。因此，本章的实证分析结果说明强激励是有利于提高企业未来业绩的。

对首席执行官薪酬占比（CPS）与激励强度进行实证分析。对于首席执行官薪酬占比与公司治理、公司业绩之间的关系，研究结果不支持管理能力假设。因此，沪深上市公司首席执行官薪酬与其管理能力之间的匹配程度尚不高。

对高管薪酬水平与企业创新进行实证分析。研究结果表明，国有上市公司高管薪酬水平、职工薪酬水平以及高管与职工内部薪酬差距与上市公司的创新投入显著正相关，上市公司高管薪酬水平、高管与职工内部薪酬差距与上市公司的创新产出数量显著正相关。因此，国有上市公司高管薪酬水平、职工薪酬水平以及高管与职工内部薪酬差距的提高能够提高上市公司的创新活动。

### 10.1.5 薪酬管控政策有效性应具备的主要条件

本书的研究表明，当劳动力市场竞争导致市场或企业提供的强激励使社会福利损失过大时，政府可提供薪酬管控政策这样的弱激励作为替代，在满足一定约束条件的情况下，政府提供的薪酬管控政策弱激励反而是最优的。即使不完全是出于公平偏好，单从替代社会福利损失更大的强激励而言，政府提供薪酬管控政策也有其合理性和必要性。

但是，包括国有企业高管薪酬管控政策在内，政府部门的政策有效性至少要

满足以下三方面条件：

第一，薪酬管控政策只有劳动力市场信息相对充分时才比较有效。当政府监管者能明确区分薪酬激励方案中基于业绩的奖金和固定薪酬的大小，即能够相对容易通过有关信息筛选出高能力、低能力高管时，薪酬管控政策是比较有效的。因此，建立健全高管（或职业经理人）劳动力市场、强化高管薪酬披露机制等对高管薪酬管控的有效性至关重要。

第二，政策干预强度适度对有效性非常重要，进一步讲，薪酬管控政策对市场的干预力度相对较小时，薪酬管控政策才可能比较有效。薪酬管控政策力度相对较小，意味着总体上仍要以市场主体（高管与股东、市场等）遵循市场规律、发挥市场机制作用为主，不会因管控政策干预力度过大而影响市场机制本身的有效发挥。当前，国内外常见的高管薪酬管控政策工具主要是奖金上限管控、总收入上限管控、总收入税（高管个人所得税）管控，从这三种政策工具的干预力度来看，奖金上限管控、总收入上限管控更偏重于体现行政管控手段，而总收入税管控显然更体现经济手段。由于总收入税的管控方式一方面体现尊重了高管的薪酬市场定价机制（高管薪酬水平仍然是市场价格），另一方面政府又通过征税的方式使高管的实际收入受到控制。因此，国外市场经济国家通常选择总收入税管控政策，从对市场机制发挥作用的影响干预力度来说，这种政策的干预力度更小或者说更优。因此，未来国有企业高管薪酬管控政策可以择机优先或统筹运用总收入税的管控方式。

第三，薪酬管控政策不可避免会带来激励扭曲，提供缓解激励扭曲的配套机制非常重要。薪酬管控政策会导致高能力高管激励不足而低能力高管激励过度，降低对高管的社会最优激励水平，社会福利损失也随之产生。因此，薪酬管控政策要尽量减轻对高能力高管的激励不足，提供能够区分高能力高管的"筛选"机制（比如对国有企业高管提供职业经理人转换通道），并适度强化对业绩突出高能力高管的激励强度等可以减轻政策的激励扭曲。

# 10.2　政策启示

本书的研究结论对于政府部门具有一定的指导意义，具体有以下几个方面的政策启示：

第一，加快建立健全高管或职业经理人劳动力市场。高管劳动力市场比较健全，既可以为国有企业提供更多的高管市场供给，又能够使高管能力的信息更为充分，这都有助于薪酬管控政策实现其有效性。

第二，政策干预强度要相对较小，避免对市场机制产生太大的干扰。薪酬管控政策等从政府提供合理弱激励等角度而言，有其必要性和合理性，但政策的干预强度既不能过大又不能过小，干预强度过小难以得到有效执行，干预强度过大又不可避免带来过大的激励扭曲。整体来讲，政策干预强度相对较小应该是一种最优或次优选择。

第三，对高管这种能力异质性较强的高端人才群体而言，与"一刀切"政策相比，差异化政策是更优选择。高管群体之间的个体化差异显著，管理能力高低显著不同，尽管设计通过信号显示机制"筛选"区分高管能力高低的难度较大，但不加区分地实施完全相同的政策，政策执行中追求"一刀切"，更会导致较大的激励扭曲，不应成为政府部门管控政策的优先选择。

第四，适度提升"关键少数"业绩优秀国有企业高管薪酬水平竞争力。薪酬管控政策不可避免带有"限薪"的色彩，对国有企业高管中业绩特别优秀的"关键少数"来说，薪酬管控特别是薪酬上限可能会影响其积极性甚至促使其离开国有企业。为此，在实施国有企业薪酬管控政策的过程中，有必要根据国有企业经济效益、社会效益贡献程度、企业高管行业平均薪酬水平、市场竞争程度、经济社会发展程度及社会平均工资水平等因素，适度提升经营业绩考核成绩特别优秀的"关键少数"国有企业高管的薪酬水平在可比市场、行业、区域中的竞争能力，适度加大对其的激励强度。这样做，总体上可以在对国有企业高管实行所谓弱激励的同时，又对"关键少数"给予适度的强激励，从而可能实现更好的整体激励效果。

第五，对业绩特别优秀的少数国有企业负责人，逐步放开对国有企业高管的分红激励、股权激励等中长期激励政策限制，允许在制度试点先行和监管部门严格核准基础上实施分红激励或股权激励等中长期激励机制。试点放开目前对组织任命国有企业高管的分红激励、股权激励等中长期激励政策限制，其主要理由有两方面：一是股权激励等市场化中长期激励模式是采用真实股权作为激励手段，使员工真正成为股东，具有更强的长期导向，而现行任期激励收入虽然一定程度可以起到中长期激励作用，但任期激励收入不能像股权激励方式那样使企业高管真正成为股东，无法真正形成高管的股东意识。二是高管的股权激励收益通常来自股权价值增值（特别是对上市公司而言主要来自股票价格上涨带来的差价），通常不会增加短期企业成本支出，不会对企业现金流产生较大影响，不会影响企业的短期发展；而任期激励收入属于企业工资性支出，对企业现金流有一定影响。

此外，还应为国有企业高管提供更多职业晋升通道和机会，进一步激发和调动企业高管的积极性和创造性。

本书的贡献主要体现在两个方面：

一是研究方法的创新。本书在国有企业高管薪酬管控政策研究中运用了双重差分、Oaxaca–Blinder 分解法等较为先进的计量经济方法，并同时对两次影响深远的国有企业高管薪酬管控政策即"限薪令2009"和"限薪令2015"进行了对比分析，目前国内尚缺乏关于同时采用双重差分法、Oaxaca–Blinder 分解法并同时聚焦于"限薪令2009"和"限薪令2015"的深入研究，这可能是本书在国有企业高管薪酬管控研究进程中的方法论贡献。

二是研究视角的创新。本书对比考察了"限薪令2009"和"限薪令2015"这两次影响深远的国有企业高管薪酬管控政策，不仅从传统的薪酬管控政策的短期效果（直接效果）进行分析，而且还从两个全新的视角即高管薪酬不合理程度、薪酬管控政策的长期效果（深层次效果）进行了分析，并尝试解释了国有企业高管薪酬管控政策要实现有效性应具备的主要条件，对政府部门相关政策实践具有一定指导意义。

此外，本书的实证数据跨越 2005~2018 年，远高于其他同类研究的数据时间序列跨度，特别是其中涵盖 2009 年、2015 年两次国有企业高管薪酬管控政策的关键时间点，拓展了薪酬管控相关实证研究文献，同时实证研究结果更具说服力。

尽管本书做出了较大努力，但仍然存在一些明显不足之处：一是本书重点进行了大量实证分析，但未能结合国有企业特点给出一个更符合中国国情的高管薪酬管控理论模型，这可能会影响本书研究的理论深度；二是本书虽然对国有企业薪酬管控政策的有效性进行了分析，但对政策有效性及其主要约束条件的深入分析还不够。上述不足之处都有待于以后做进一步研究完善。

就国有企业高管薪酬管控政策研究而言，未来富有成效的研究领域可能至少有两方面：一是构建符合中国国情的国有企业高管薪酬管控的理论模型（比如基于私人收益率与社会收益率趋同假说或薪酬管控 BET 模型构建新的理论模型，并将国有企业的主要特征嵌入模型框架）；二是考虑到国有企业高管的相对产出质量（比如区分高能力高管、低能力高管）和细分高管努力组成（比如区分高管好努力、"坏"努力）问题，进一步实证分析国有企业高管因薪酬管控而带来的不同行为变化及其深层次影响。

# 11 高管薪酬管控的未来：职业化、增量化、市场化与强激励

在现代社会里，商业单位的典型形式是公司。其最重要的特征就是分散的所有权与集中管理的结合。理论上，这种组织是一种间接形式的代议民主制。企业的所有人选出董事，董事的主要职能就是选出据说是实际经营公司业务的高级行政官员。但是，董事本人却对公司的总体策略具有真正的指挥权。此外，如果企业是一个大企业，那么，董事们选出的执行官们对企业的策略只有一般监督权，他们的主要职能反而是挑选出他的部属，这些部属所做的多数决策才与公司的管理相关。

——弗兰克·H. 奈特《风险、不确定性与利润》（1921 年）

国有企业高管薪酬激励的发展方向应该是什么？坚持问题导向，比较可行的激励导向可以重点突出以下三个方面：一是职业化，大力推进国有企业职业经理人制度建设，培养和吸引一大批以国有企业高管为终身职业的企业家队伍。二是增量化，即以企业业绩增量来包围存量（类似于高管激励中的"农村包围城市"战略），增量激励受到的公平偏好约束相对较小，更容易为监管部门、社会公众、利益相关者所接受，易于实施较强激励。三是市场化，即对高度职业化的国有企业高管，以增量化为来源，实行以市场为激励主体的较强激励。职业化、增量化、市场化三者是相辅相成的，但最终发展目标是逐步实现对国有企业职业化高管团队进行市场化的强激励，简而言之，可以概括为"三化一强"，从弱激励逐步趋向强激励。

# 11.1 职业化：大力推进国有企业职业经理人建设

### 11.1.1 职业经理人的源起

职业经理人起源于企业所有权与经营权两权分离。比较公认的说法是，职业经理人的概念 1841 年起源于美国①。20 世纪 60 年代以来，美国等西方发达市场经济国家中大多数企业都聘请职业经理人作为经营管理者，职业经理人阶层成为市场经济体制中具有举足轻重作用的精英阶层。

### 11.1.2 我国国有企业职业经理人的政策框架

关于国有企业职业经理人的政策界定，最早来自党的十八届三中全会《中共中央关于全面深化改革若干重大问题的决定》，决定明确提出"建立职业经理人制度，更好发挥企业家作用"。这是党中央首次从顶层政策设计层面明确建立职业经理人制度。

2014 年 11 月 5 日，中共中央、国务院印发《关于深化中央管理企业负责人薪酬制度改革的意见》，就职业经理人的薪酬管理机制明确提出，"中央企业市场化选聘的职业经理人实行市场化薪酬分配机制"。

2015 年 8 月 24 日，中共中央、国务院印发《关于深化国有企业改革的指导意见》，就职业经理人的激励约束机制进一步明确提出，"推行职业经理人制度，实行内部培养和外部引进相结合，畅通现有经营管理者与职业经理人身份转换通道，董事会按市场化方式选聘和管理职业经理人，合理增加市场化选聘比例，加

---

① 1841 年，美国马萨诸塞州议会以发生重大铁路事故为契机，推动对该州铁路企业管理制度进行重大改革，要求选择具有经营管理才能的人来代替无能的铁路企业所有者（股东）担任企业管理者，世界上第一个所谓职业经理人就这样产生了。

快建立退出机制""对市场化选聘的职业经理人实行市场化薪酬分配机制，可以采取多种方式探索完善中长期激励机制"。

2020 年 1 月，国务院国有企业改革领导小组办公室印发的《"双百企业"推行职业经理人制度操作指引》明确指出，职业经理人是指按照"市场化选聘、契约化管理、差异化薪酬、市场化退出"原则选聘和管理的，在充分授权范围内依靠专业的管理知识、技能和经验，实现企业经营目标的高级管理人员。一般包括"双百企业"的总经理（总裁、行长等）、副总经理（副总裁、副行长等）、财务负责人和按照公司章程规定的高级管理人员。对于确定推行职业经理人制度的"双百企业"，原则上应当在高级管理人员中全面推行（参见附录 1、附录 2）。

### 11.1.3 国有企业职业经理人的基本特征

（1）契约化管理。在企业所有权和经营权相分离的情况下，企业法人治理结构本质上要求企业董事会、职业经理人、监事会之间权责边界清晰、权力制衡机制完善。为此，就需要企业董事会通过市场化选聘与职业经理人团队签订雇佣契约，职业经理人团队因此以市场化聘任制、任期制、优胜劣汰等为基本特征。与国有企业组织任命企业负责人相区别，职业经理人的首要特征是按照市场化方式选聘、契约化管理。

（2）市场化薪酬水平。市场选聘的职业经理人的薪酬水平相对较高，通常高于相同级别国有企业行政任命高管，有的甚至高于集团公司正职（上级国企高管）的薪酬水平。较高的薪酬水平是吸引职业经理人的内在要求，对职业经理人的薪酬激励强度较大、激励更为充分，但同时企业付出的人工成本也较大。

（3）专业化企业经营管理能力。目前市场选聘的职业经理人主要是经营管理能力专业性较强的企业高级管理岗位如战略规划研究、技术研发、业务开发、财务管理、市场销售等，也有少部分企业经营层正职岗位，这些岗位往往是职业经理人市场上供小于求的稀缺岗位，通常难以从企业内部获得或企业内部暂时缺乏称职人员。国有企业总经理、行政副总经理、人力资源管理副总经理等所谓通用类岗位、集团公司正副职等岗位目前尚未广泛实行市场选聘。

（4）双重退出机制。国有企业组织任命负责人带有较强的行政化色彩，仍然属于党的干部，其任命、更替主要体现上级党组织的工作需要，组织任命负责人的业绩包括政治、商业业绩两个方面，其中政治责任是第一位的。与组织任命国有企业负责人相比，职业经理人的商业责任是第一位的。因此，职业经理人的严格退出机制的含义至少有两方面，这是职业经理人的突出特征：一是职业经理人有明确的、相对量化的经营业绩考核指标，未达到董事会下达的业绩考核指标的职业经理人必须按照契约约定强制退出，这是企业内部的退出机制。二是通过公司控制权的争夺，取得公司控制权市场的股东更换、招聘任命新的职业经理人，这是企业外部的退出机制。职业经理人面临的外部基于公司控制权市场的退出机制是组织任命负责人所没有的，这也是职业经理人的重要职业风险。

### 11.1.4　国有企业职业经理人市场化薪酬分配的实施条件

我国国有企业实施职业经理人市场化薪酬分配机制实施应具备以下基本条件：

（1）主业处于竞争性行业和领域。处于垄断行业或公益类行业的国有企业面临的经营管理目标主要属于政策性、公共产品服务任务，这些管理目标任务具有专用性、非营利性、公共性等特点，比较难以客观评估企业高管层的经营管理业绩，因此通常不适用职业经理人制度。相反，对于竞争性行业特别是充分竞争行业和领域，通常这些行业和领域的竞争主要属于企业最高管理层即职业经理人层次的竞争。因此，实施职业经理人市场化薪酬分配机制首先应主要针对竞争性行业和领域。

（2）公司治理机制健全。企业实践中，职业经理人要受公司董事会选聘，其薪酬分配要由董事会与职业经理人在平等自愿基础上谈判确定，董事会必须充分代表企业股东的所有权权利，基于市场公平原则来自主确定职业经理人的薪酬水平、薪酬结构、业绩考核、退出机制等，这就要求形成权责对等、运转协调、制衡有效的法人治理结构。需要特别指出的是，由于混合所有制企业的公司治理机制相对健全，因此，我国当前政策鼓励"推行混合所有制企业职业经理人制度"①。

（3）主要针对市场化经营管理岗位。国有企业负责人目前按履职范围大致可分为经营管理、党群管理两类岗位，由于职业经理人市场主要为以商业利益为基本导向的经营管理人才市场，因此国有企业中经营管理岗位比较适用职业经理人制度，党群管理由于相关岗位人员工作职责的特殊性、职务的上下级关系等特点不适用职业经理人制度。实践中，国有企业也主要针对企业经营班子成员中对企业整体经营业绩和持续发展有直接影响、对企业商业利益直接负责并承担量化经营业绩考核指标的经营管理岗位负责人实施职业经理人制度和市场化薪酬分配制度。

（4）具有实施职业经理人制度的市场环境、企业文化。企业管理实践表明，企业经营活动所在地的市场化程度较高，企业所处的市场竞争压力较大，企业员工及社会公众对市场机制、竞争机制、企业高管与职工之间的较大薪酬差距的接受程度、适应程度较好，这些具有较强适应市场经济的市场环境、企业文化等对职业经理人市场化薪酬分配机制也极为重要。实施职业经理人市场化薪酬分配制度对传统计划经济体制下的平均主义分配带来较大冲击，因此，如果企业内部已经一定程度上实施了管理人员能上能下、员工能进能出、收入能增能减的制度改革，基本建立了反映劳动力市场供求关系和企业经济效益的工资决定及正常增长机制，这样的企业文化比较有利于职业经理人市场化分配制度的实施和推进。

### 11.1.5 国有企业职业经理人薪酬水平与薪酬结构设定

（1）国有企业职业经理人薪酬水平合理确定的六大标准。

1）对标同行业、同规模、同业绩、同区域的市场薪酬水平。职业经理人薪酬水平确定首先应以同行业、同规模、同业绩、同区域劳动力市场的薪酬价位为参照。同行业，指的是企业的主要业务所属的国民经济行业类型应相同，我国国

---

① 《国务院关于国有企业发展混合所有制经济的意见》（国发〔2015〕54号）第（十八）条。

民经济行业分类划分为门类、大类、中类、小类四级类别，同行业至少应同属于大类或门类，更精准的同行业属于中类或小类。同规模，企业规模包括总资产规模、营业收入规模、利润总额、职工总人数等，同规模通常应以总资产规模或营业收入规模相同或接近为准。同业绩，企业业绩指标主要指企业的盈利指标包括利润总额、净利润、资产收益率等，同业绩主要应指利润总额、净利润等相同或接近为准。同区域，主要含义应是属于相同经营业务范围所处的同一个国家或地区，通常业务范围越大，区域范围也越大。比如，我国中央企业负责人对应的同区域主要应是整个国家范围（如沪深上市公司整体），上海市属国企负责人对应的同区域则主要应为上海市行政区域范围内的市属国企。

2）满足激励相容要求。职业经理人的薪酬水平应满足激励相容原理，即对优秀企业高管有足够激励强度，薪酬水平足以吸引、留住市场化的职业经理人。首先，在职业经理人市场中，要吸引市场中的相对优秀人才，因为薪酬水平是劳动力市场价格信号，因此相对优秀的职业经理人的薪酬水平必然是至少要高于该市场中的平均市场价格（或中位值），甚至达到劳动力市场价位的中高价位。其次，要留住业绩较好的职业经理人，必须给予与其经营业绩、经营能力相匹配的薪酬激励。这就要求按照职业经理人市场中的激励强度、激励方式等通行做法进行激励，业绩高、薪酬高，业绩低、薪酬低，上不封顶、下不保底①。

3）弥补职业经理人的机会成本。职业经理人的薪酬水平应可弥补职业经理人的机会成本，其含义是指，与组织任命国企负责人相比，职业经理人在契约制、任期制下其职业风险显著要高，其高风险需要相对高的薪酬水平来加以弥补。

职业经理人机会成本的核定基本逻辑是：职业经理人的年薪总水平（1年预期收入）应至少不低于同任期、同企业组织任命负责人年薪总水平与任期年限、职业经理人正常情况下（企业经营环境正常、职业经理人及组织任命高管均为正

---

① 国外职业经理人市场中业绩表现优异的年薪高达几千万甚至过亿美元，而业绩水平低的仅仅为市场中的很低水平，甚至有的业绩不佳的企业高管仅仅象征性领取1美元年薪。

常努力水平等）完成董事会业绩考核指标的成功概率的乘积①。

4）体现"双轨制"下企业高管的差异化激励导向。职业经理人与组织任命国企负责人的薪酬水平应充分体现差异化激励导向，两者不能简单对比、平衡。按照目前的国有企业负责人薪酬管理的政策规定，组织任命高管的激励是薪酬激励、政治激励、社会责任激励等方面综合激励，而职业经理人的激励以薪酬激励为主，辅之以职业声誉激励等，两种企业高管的差异化激励导向应当充分体现。

5）兼顾职业声誉对职业经理人薪酬水平的"补偿效应"。虽然对职业经理人而言，薪酬激励是第一位的，但是由于民营企业规模通常较小、人员范围较少等管理难度相对较小。因此，与民营企业职业经理人相比，国有企业职业经理人的职业声誉对其激励也较大，在国企的任职经历对职业经理人未来的管理职位提升、薪酬水平提升、劳动力市场竞争力提升的帮助更为显著。基于潜在职业声誉考虑，国有企业职业经理人的薪酬水平应比同等条件下民营企业职业经理人薪酬水平低一些。

6）职业经理人薪酬水平确定应避免"沃比根湖效应"。由于"沃比根湖效应"的存在，如果企业高管都把自己的薪酬水平定位于劳动力市场的平均水平（或中位数）以上，那么职业经理人的薪酬水平就容易"水涨船高"，最终导致整体薪酬水平偏高于合理的薪酬水平。为规避"沃比根湖效应"，职业经理人薪酬水平确定中基本年薪原则上应按不高于同期劳动力市场的 50 分位确定。

（2）国有企业职业经理人的薪酬结构选择。

1）基本年薪、绩效年薪与中长期激励收入。整体而言，职业经理人的薪酬结构应主要为基本年薪、绩效年薪、中长期激励收入三部分。其中，职业经理人劳动力市场的实践表明，职业经理人的基本年薪通常占比较小，绩效年薪和中长

---

① 举例来说，如果高管任期为 3 年，同任期、同企业某位组织任命负责人的年薪总水平为 80 万元，某职业经理人正常情况下完成董事会下达的业绩考核指标的概率为 50%，其年薪总水平应至少为 160 万元左右；如果职业经理人成功概率为 1/3，那么其年薪总水平应为 240 万元左右。

期激励收入①部分则通常占比较大。

2）中长期激励方式区分为股权型、现金型两大类。目前，实践中企业中长期激励可分为股权型、现金型两大类，其中股权型又可细分为股票期权、限制性股票两类，现金型又可细分为股票增值权、虚拟股权、业绩单位、递延现金支付四种类型。

对于非上市国有企业而言，股权型激励方式无法使用，因此，应以现金型中长期激励方式作为主要选择。

对于上市国有企业而言，股权型、现金型中长期激励方式均适用，鉴于股权型激励方式条件下高管真正成为股东，切实联系股东和高管利益，具有更强的长期导向，总体应以股权型中长期激励方式为主，但如果上市公司资产规模较大，则比较适宜以现金型中长期激励方式作为主要选择。

### 11.1.6 国有企业高管需要强化职业化导向，更长期服务于企业

根据前述研究分析，即使弱激励处于最优激励状态，由于政府的弱激励对业绩优异、能力超群的国有企业高管存在激励不足的先天不足，因此，为更好激励"关键少数"绩优国有企业高管，需要引导国有企业高管专心走职业化管理之路。

## 11.2 增量化：以时间换空间，以增量化解存量

国有企业在存量范围内，大幅增加业绩优秀高管特别是组织任命业绩优秀高管的薪酬即使有必要，但从社会公众可接受角度而言"一步到位"的方式也较难以实施。为此，可操作性的政策选择方向，是"以时间换空间，以增量化解存量"。

---

① 中期激励一般指1年以上、3年以内或1个任期以内的激励方式，目前国企组织任命负责人实行的任期激励收入可看作中期激励；长期激励一般是指激励周期在3年及以上的激励方式。

### 11.2.1 以时间换空间的渐进增量化

所谓以时间换空间的渐进增量化，本质是凭借更长时间来对业绩优秀的国有企业高管实施有效强激励，类似于解放战争年代"农村包围城市"的战略选择。

以时间换空间的渐进增量化主要有三方面政策含义：一是指对业绩优秀的国有企业高管给予（包含职务晋升基础上的）更长周期的任期激励，以激励其更长周期服务于企业；同时，更长周期的任期本身也意味着更多的任期激励收入等中长期激励收入。二是对业绩优秀国有企业高管的任期激励收入实行"累进式"激励，即随着任期延长任期激励占比逐步提高，任期激励占比最终可对标可比职业经理人市场中企业高管中长期激励的平均占比甚至更高。三是考虑对业绩优秀的国有企业高管实行股权激励等中长期激励，而且这种中长期激励的权益额度也实行随任期时间增加"累进式"提高的策略，这样更多的中长期激励收入主要来源于国有企业未来的增量化收益，减少对存量国有企业收益以及现有国有企业职工的短期利益冲击。

### 11.2.2 以增量化解存量约束

实践表明，国有企业改革特别是工资收入分配改革应以增量改革为基本策略，其根源在于存量改革必然涉及对国有企业职工既得利益的再分配，事关大量国有企业职工的切身利益，容易引发不稳定因素，因此存量改革难度极大。

为此，部分国有企业在实践中总结出来工资收入分配改革"坚持增量改革"的经验做法。增量改革的主要内容是国有企业职工的现有既得利益基本不动甚至不同程度有所增加，但把对核心骨干人才包括业绩优秀高管的强激励主要源于与业绩紧密联动挂钩的增量收益。

国务院国资委 2021 年 1 月印发的《"双百企业"和"科改示范企业"超额利润分享机制操作指引》（以下简称《指引》），可看作是"增量化"改革的案例之一。

《指引》明确"超额利润分享机制"是指企业综合考虑战略规划、业绩考核指标、历史经营数据和本行业平均利润水平，合理设定目标利润，并以企业实际利润超出目标利润的部分作为超额利润，按约定比例提取超额利润分享额，分配给激励对象的一种中长期激励方式。其中，目标利润是指企业为特定年度设定的预期利润值。

《指引》明确坚持三项应用原则：一是战略引领。企业推行超额利润分享机制应以企业实现战略规划为目标，避免追求短期效应。二是市场导向。超额利润分享机制要以要素市场化配置为导向，体现生产要素由市场评价贡献、按贡献决定报酬原则。三是增量激励。企业推行超额利润分享机制应以创造利润增量为基础，以增量价值分配为核心，实现有效激励。

《指引》明确激励对象需满足一定条件，主要是：激励对象一般为与本企业签订劳动合同，在该岗位上连续工作 1 年以上，对企业经营业绩和持续发展有直接重要影响的管理、技术、营销、业务等核心骨干人才，且一般每一期激励人数不超过企业在岗职工总数的 30%。集团公司或控股股东相关人员在本企业兼职的，按其主要履职的岗位职责、实际履职时间等因素综合确定是否可参与本企业超额利润分享机制。合乎条件的仅可在一家企业参与超额利润分享机制。

《指引》明确了"增量上限"，即年度超额利润分享额一般不超过超额利润的 30%。企业高级管理人员（或经营班子）岗位合计所获得的超额利润分享比例一般不超过超额利润分享额的 30%，其他额度应根据岗位贡献系数或个人绩效考核结果分配给核心骨干人才，重点向做出突出贡献的科技人才和关键科研岗位倾斜。

# 11.3 市场化：高管薪酬水平与薪酬结构的"双市场化"

### 11.3.1 对国有企业高管的薪酬激励需要突出市场化

如何对"关键少数"绩优国有企业高管进行有效激励？最重要的是突出市

场化薪酬分配，即参照可比劳动力市场价位，由董事会与绩优高管进行平等协商确定其合理薪酬水平、薪酬结构及退出机制。

绩优国有企业高管薪酬水平的合理标准，主要应体现对标同行业、同规模、同业绩、同区域的高管市场薪酬水平。

绩优国有企业高管的薪酬结构，主要应由目前高管特别是职业经理人市场的通行做法相衔接，应既包括基本年薪、绩效年薪等货币激励，也要实行股票期权、限制性股票、股票增值权等中长期激励。同时，还应结合企业所在行业特点及企业实际，统筹运用业绩对赌、跟投、超额利润分享等方式进行正向激励。

### 11.3.2 对业绩、能力卓越的国有企业高管要从弱激励转向强激励

与部分国有企业高管更适合弱激励相比，绩优国有企业高管突出市场化薪酬分配的重要内容，是需要坚持从薪酬弱激励转向强激励。这种强激励的衡量标准至少有两方面：一是绩优国有企业高管的薪酬水平要具有足够市场竞争力（应达到可比市场薪酬水平的中高分位即 75 分位及以上）；二是绩优国有企业高管的薪酬激励导向要剔除薪酬"上限"约束，效益增、薪酬增，薪酬上不封顶。

事实上，这种强激励已经在现行国有企业薪酬管控政策方面有了突破性进展（但截至目前，中央和国资委管理的中央企业负责人不纳入股权激励对象范围，股权激励对象聚焦核心骨干人才队伍，结合企业高质量发展需要、行业竞争特点、关键岗位职责、绩效考核评价等因素综合确定）。2019 年，国务院国有资产监督管理委员会印发实施《关于进一步做好中央企业控股上市公司股权激励工作有关事项的通知》（国资发考分规〔2019〕102 号），强化建立健全长效激励约束机制，主要有两方面重大突破。

第一，符合条件的国有企业高管股权激励额度上限有所提升。中小市值上市公司及科技创新型上市公司，首次实施股权激励计划授予的权益数量占公司股本总额的比重，最高可以由 1% 上浮至 3%。上市公司两个完整年度内累计授予的权益数量一般在公司总股本的 3% 以内，公司重大战略转型等特殊需要的可以适当放宽至总股本的 5% 以内。

第二，符合条件的董事、高级管理人员的权益授予价值进一步加大、实际收益上不封顶。董事、高级管理人员的权益授予价值由原来的境内上市公司30%上限、境外上市公司40%上限，调整为境内外上市公司统一按照不高于授予时薪酬总水平（含权益授予价值）的40%确定，管理、技术和业务骨干等其他激励对象的权益授予价值，由上市公司董事会合理确定。股权激励对象实际获得的收益，属于投资性收益，不再设置调控上限。

# 11.4　国有企业高管激励：强激励机制设想

### 11.4.1　以国有企业高管职业化、增量化、市场化激励来实现强激励

进入高质量发展新时代，弱激励不一定再是最优选择，强激励将成为对国有企业高管尤其是业绩优秀国有企业高管的最优选择。

如何有效、可持续、兼顾效率与公平地实现从弱激励向强激励的转换？以国有企业高管职业化、增量化、市场化激励约束来实现强激励，可能是未来国有企业高管激励约束的现实路径选择。

职业化，就是前面所说的大力推行国有企业职业经理人制度以及相应的任期制、契约化管理，引领或者说"倒逼"部分国有企业高管选择更长期服务国有企业经营管理。

增量化，就是通过超额利润分享机制、股权激励等中长期激励机制等增量改革方式来实施更大力度的强激励，尽量不触动存量利益，以时间换空间、以增量化解存量压力，确保国有企业高管激励既有足够的激励强度，又对广大国有企业普通职工具有必要改革推动力，保持国有企业改革稳定推进。

市场化，就是从根本上坚持市场化薪酬分配机制，让市场在国有企业高管资源配置中发挥决定性作用。

通过职业化、增量化、市场化，有效实现强激励，吸引、保留和激励国有企业高管。

### 11.4.2　以强激励保障对"关键少数"绩优国有企业高管的充分激励

当前，国有企业工资分配中突出问题之一，就是薪酬水平"该高不高、该低不低"、平均主义"大锅饭"现象仍比较严重。"该高不高、该低不低"、平均主义大锅饭的弊端本质上是"该强不强、该弱不弱"，是国有企业薪酬激励的一种负向激励。

为此，通过职业化、增量化、市场化有效实现强激励，其根本目的是对"关键少数"绩优国有企业高管实施充分激励，从而实现"该强则强、该弱则弱"。

强激励的具体实现路径，在现阶段可充分借助超额利润分享机制、股权激励等中长期激励机制来加以实现，在实施一定时间后，则可以通过强制跟投、业绩对赌等市场化方式加以实现。

需要指出的是，实践中实施强激励有可能会出现对少数业绩优秀国有企业高管薪酬激励的"溢价"激励，这是从弱激励向强激励转换过程中可能难以避免的现象，最终要靠市场化分配机制加以逐步解决。

# 附录1 二十国集团/经合组织 公司治理原则 (2016)①

## 第一章 确保有效公司治理框架的基础

公司治理框架应提高市场的透明度和公平性，促进资源的高效配置，符合法治原则，并为有效地监督和执行提供支持。

A. 建立公司治理框架时，应当考虑其对整体经济绩效和市场完整性的影响，其为市场参与者创设的激励，以及其对透明、运作良好市场的促进作用。

B. 影响公司治理实践的那些法律的和监管的要求应符合法治原则，并且是透明和可执行的。

C. 明确划分管理机构的责任，以便更好为公众利益服务。

D. 证券交易所的监管应为有效的公司治理提供支持。

E. 应保证监督、监管和执行部门有适当的权力、正直的操守和充足的资源，以专业、客观的态度履行职责，做出及时、透明、解释充分的裁定。

---

① 资料来源：OECD (2016)：《二十国集团/经合组织公司治理原则》，OECD Publishing, Paris. http://dx. doi. org/10. 1787/9789264250574 – zh。

F. 应增强跨境合作，利用双边及多边安排促进信息交换。

# 第二章　股东权利和公平待遇以及关键所有权功能

公司治理框架应保护和促进股东行使权力，确保全体股东的平等待遇，包括少数股东及外资股东。在权利受到侵犯时，应保障全体股东均有机会获得有效救济。

A. 股东基本权利包括：①可靠的所有权登记方式；②股份转转或过户；③定期、及时地获得公司相关的重大信息；④参加股东大会并投票；⑤选举和罢免董事会成员；⑥分享公司利润。

B. 股东应有权批准或参与涉及公司重大变更的决策并为此获得充分的信息，这些变更如：①公司章程或类似治理文件的修改；②授权增发股份；③重大交易，包括实际上导致公司出售全部（或几乎全部）资产的资产转让。

C. 股东应获得有效参加股东大会和投票的机会，并应对股东大会议事规则（包括投票程序）知情：

（1）股东应充分、及时地得到关于股东大会召开的日期、地点和议程的信息，以及将在股东大会上作出决议的议题的全部信息。

（2）股东大会的流程与程序应虑及全体股东的公平待遇。公司程序不应使投票过于困难或成本过高。

（3）股东应有权向董事会提问（问题可涉及年度外部审计），有权在股东大会中提出议案、进行表决，但该等权利应受到合理限制。

（4）应推进股东有效参与企业重要管理决策，例如提名和选举董事会成员。股东针对董事会成员及/或关键高管薪酬（如果适用）的意见应通过包括股东大会投票等渠道表达。董事会成员和员工的薪酬计划中关于股权的部分应通过股东的审批。

（5）股东应能亲自或由代理人投票。不论是亲自还是代理投票，都应具有相同效果。

（6）应消除跨国投票障碍。

D. 应当设置一定的股东权利（但为预防该等权利被滥用，其应受例外规定约束），从而使包括机构投资者在内的股东能就本《原则》中所界定的股东基本权利有关的事宜相互进行协商。

E. 同类同级的所有股东都应享有同等待遇。对于使特定股东获得与其股票所有权不成比例的某种支配力或控制权的资本结构和安排，应当予以披露。

（1）同类别的任何股份系列，均具有相同的权利。所有投资者在购买股份之前，都应能够获得附带于各类各系列股份应享有权利的有关信息。经济权利或投票权的任何变动，都应获得受不利影响的那些类别股份持有者的同意。

（2）资本结构和控制安排的披露应当必不可少。

F. 关联交易的批准和执行，应当以确保对利益冲突进行适当管理，并保护公司和其股东的利益的方式进行。

（1）关联交易中内在的利益冲突应当予以处理。

（2）董事会成员和关键高管应当按照规定向董事会披露，他们是否在任何直接影响公司的交易或事务中有直接、间接或代表第三方的实质性利益。

G. 少数股东应受到保护，使其不受控制性股东直接或间接地滥用权力，或者他人为控制性股东的利益而滥用权力的侵害，并且应当享有有效的救济手段。滥用自我交易应当予以禁止。

H. 应允许公司控制权市场以有效和透明的方式运行。

（1）有关资本市场中公司控制权收购、较大比例公司资产的出售，以及类似于合并的特别交易的规则和程序，都应清楚详细并予以披露，以使投资者理解自己的权利和追索权。交易应在价格透明和公平条件下进行，以使各类股东的权利都受到保护。

（2）反收购工具不应当成为管理层和董事会规避问责的庇护工具。

# 第三章　机构投资者、证券交易所和其他中介机构

公司治理框架应当在投资链条的每一环节中都提供健全的激励因素，并规定证券交易所的运行应当有利于促进良好公司治理实践。

A. 作为信义义务人，机构投资者应当披露与其投资有关的公司治理及投票政策，包括决定使用投票权的相关程序。

B. 存管人或代理人应按照股份受益所有人的指示进行投票。

C. 作为信义义务人，机构投资者应当披露如何管理可能会影响所投项目之关键所有权行使的重大利益冲突。

D. 公司治理框架应当要求委托投票代理顾问、分析师、经纪商、评级机构，以及为投资人决策提供分析或建议的其他人员，披露可能会损及其分析或建议公正性的利益冲突，并将该等冲突控制在最低限度。

E. 内幕交易和市场操纵应当予以禁止，适用的规则应当予以执行。

F. 对于在创立地以外司法管辖区上市的公司，应当明确披露其适用的公司治理法律法规。在交叉上市（Cross Listings）的情况下，关于如何承认（Recognition）第一上市（Primary Listing）所适用的上市规则，相关的标准和流程应当透明、并明文规定。

G. 证券交易所应当发挥公平高效的价格发现功能，以利于改善公司治理效果。

# 第四章　利益相关者在公司治理中的作用

公司治理框架应承认利益相关者的各项经法律或共同协议而确立的权利，并鼓励公司与利益相关者之间在创造财富和就业以及促进企业财务的持续稳健性等方面展开积极合作。

A. 经法律或共同协议而确立的利益相关者的各项权利应该得到尊重。

B. 在利益相关者的利益受法律保护的情况下，当其权利受到侵害时，应当有机会获得有效救济。

C. 应允许制定员工参与机制。

D. 在利益相关者参与公司治理程序的情况下，他们应该有权定期及时地获得相关的、充分的、可靠的信息。

E. 利益相关者（包括个体员工及其代表团体）应能向董事会以及主管政府机构自由地表达他们对于违法或不符合职专道德行为的关注，他们的各项权利不应由于他们的此种表达而受到影响。

F. 公司治理框架应当以富有成效并且高效率的破产制度框架和有效的债权人权利执行机制作为补充。

# 第五章　信息披露与透明度

公司治理框架应确保及时准确地披露公司所有重要事务，包括财务状况、绩效、所有权和公司的治理。

A. 应披露的实质性信息包括不但限于：

（1）公司财务和经营成果。

（2）公司目标和非财务信息。

（3）主要股权（包括受益所有人）和投票权。

（4）董事会成员和关键高管的薪酬。

（5）关于董事会成员的信息，包括其任职资格、选举流程、担任其他公司董事职位的情况，以及董事会对其独立性的认定。

（6）关联交易。

（7）可预见的风险因素。

（8）有关员工和其他利益相关者的问题。

（9）治理结构和政策，包括任何公司治理准则或政策的内容，以及实施流程。

B. 应根据高质量会计、财务和非财务报告标准，编制并披露信息。

C. 年度审计应由独立、称职和有任职资格的审计师按照高实量的审计标准编制，以向董事会和股东提供外部的客观保证，即财务报告在所有重要方面均公允地陈述了公司的财务状况和绩效。

D. 外部审计师应向股东负责，在审计中对公司负有职业审慎（due professional care）责任。

E. 信息传播渠道设置，应使用户平等、及时和低成本地获取有关信息。

# 第六章　董事会责任

公司治理框架应确保董事会对公司的战略指导和对管理层的有效监督，确保董事会对公司和股东的问责制。

A. 董事会成员应在充分知情的基础上，善意、尽职、谨慎地开展工作，最大程度地维护公司和股东的利益。

B. 当董事会决策可能对不同股东团体造成不同影响时，董事会应公平对待所有股东。

C. 董事会应当适用严格的职业道德标准，应当考虑利益相关者的利益。

D. 董事会应当履行特定的关键职能，包括：

（1）审议、指引公司经营战略，重要的行动规划，风险管理政策和流程，年度预算和商业计划；设定绩效目标；监督战略实施和公司绩效；并审查重要的资本开支，收购和资产剥离。

（2）监督公司治理实践的有效性，并在必要时加以调整。

（3）在必要时，遴选、补偿、监督、替换关键高管，并监督继任规划。

（4）使关键高管和董事的薪酬与公司和股东的长期利益相一致。

（5）确保制定正式、透明的董事会提名和选举流程。

（6）监督和管理管理层、董事会成员和股东间的潜在利益冲突，包括滥用公司资产、滥用关联方交易。

（7）确保公司会计和财务财告系统（包括独立审计）的完整性，并确保适当的管理控制系统到位，特类是风险管理系统、财务和经营控制系统，以及合规系统。

（8）监督披露和沟通流程。

E. 董事会应当有能力对公司事务进行客观的独立判断。

（1）董事会应考虑指派足够数量的、有能力独立判断的非执行董事负责存在潜在利益冲突的任务。像这类重要的任务有：确保财务和非财务财告的完整性、审核关联交易、提名董事会成员和关键高管、制定董事会的薪酬。

（2）董事会应当考虑创立专业委员会，以支持全部董事会成员履行职能，特别是在审计领域，以及风险管理和薪酬审计领域（取决于公司的规模和风险特征）。如果要设立专业委员会，董事会应当适当地界定并披露其任务、人员组成和工作流程。

（3）董事会成员应能有效地承担其职责。

（4）董事会应当定期开展评估，对自身绩效做出评价，并评估其是否具备适当的背景和能力配置。

F. 为了履行其职责，董事会成员应有权获取准确的、相关的、及时的信息。

G. 如果在董事会中设置员工代表是一项强制规定，应当制定促进员工代表知情权和培训权的机制，以便员工代表有效地行使权力，最大程度地提高促进董事会技能、知情权和独立性。

# 附录2 "双百企业"推行职业
# 经理人制度操作指引

为贯彻落实党中央、国务院关于建立健全市场化经营机制、激发企业活力的决策部署，完善国有企业领导人员分类分层管理制度，更好解决三项制度改革中的突出矛盾和问题，有效激发微观主体活力，按照《中共中央　国务院关于深化国有企业改革的指导意见》（中发〔2015〕22号）、《关于印发〈国企改革"双百行动"工作方案〉的通知》（国资发研究〔2018〕70号）、《国务院国有企业改革领导小组办公室关于支持鼓励"双百企业"进一步加大改革创新力度有关事项的通知》（国资改办〔2019〕302号）等文件精神和有关政策规定，结合中央企业和地方国有企业相关工作实践，制定本操作指引。

"双百企业"（含所属各级子企业，下同）在推行职业经理人制度时，相关工作可以参考本操作指引。鼓励未纳入国企改革"双百行动"的中央企业所属各级子企业和地方国有企业（含所属各级子企业，下同），参考本操作指引积极推进相关工作。本操作指引印发前，已根据党中央、国务院有关文件精神和政策规定，在本企业或本地区推行职业经理人制度的，可以按照"孰优"原则参考本操作指引完善相关工作。

## 一、基本概念、范围和职责

（一）基本概念

本操作指引所称职业经理人是指按照"市场化选聘、契约化管理、差异化薪酬、市场化退出"原则选聘和管理的，在充分授权范围内依靠专业的管理知识、技能和经验，实现企业经营目标的高级管理人员。

（二）范围

一般包括"双百企业"的总经理（总裁、行长等）、副总经理（副总裁、副行长等）、财务负责人和按照公司章程规定的高级管理人员。对于确定推行职业经理人制度的"双百企业"，原则上应当在高级管理人员中全面推行。

（三）职责

"双百企业"的控股股东及其党组织对"双百企业"推行职业经理人制度工作发挥领导和把关作用，负责对相关工作方案，特别是在确定标准、规范程序、参与考察、推荐人选等方面把关。

"双百企业"董事会依法选聘和管理职业经理人，负责组织制订相关工作方案和管理制度、履行决策审批程序、组织开展选聘、参与考察、决定聘任或解聘、开展考核、兑现薪酬等。

"双百企业"党组织会同董事会制定相关工作方案和管理制度并组织人选推荐、测试、考察等工作，集体研究后向董事会提出意见建议。

**二、基本操作流程**

（一）企业条件

支持鼓励同时具备以下条件的"双百企业"，加快推行职业经理人制度。

（1）主业处于充分竞争行业和领域，或者主要从事新产业、新业态、新商业模式；

（2）人力资源市场化程度较高；

（3）建立了权责对等、运转协调、有效制衡的决策执行监督机制；

（4）董事会重大决策、选人用人、薪酬分配等权利依法得到有效落实。

（二）操作流程

"双百企业"推行职业经理人制度，一般应履行以下基本操作流程：

（1）制订方案。"双百企业"应结合实际制订工作方案，方案一般包括以下内容：企业基本情况、背景和目的、岗位职责、任职条件、选聘方式、选聘程序、薪酬标准、业绩目标、考核规定、退出规定、组织保障和进度安排等。

（2）履行决策审批程序。方案制订后，"双百企业"应按照"三重一大"决策机制，根据公司章程或控股股东及其党组织有关要求，履行相关决策审批程序。

（3）市场化选聘。一般包括制订招聘方案、发布招聘公告、报名及资格审查、实施综合考评（测评、面试评估等）、组织考察或背景调查、作出聘任决定等。

（4）签订契约。"双百企业"与职业经理人签订劳动合同、聘任合同、经营业绩责任书等，以契约方式明确聘任岗位、聘任期限、任务目标、权利义务、考核评价、薪酬标准、履职待遇及福利、奖惩措施、续聘和解聘条件、保密要求、违约责任等内容。

（5）开展考核。严格按照契约约定开展年度和任期经营业绩考核，强化刚性考核。

（6）结果应用。依据年度和任期经营业绩考核结果等确定薪酬、决定聘任（或解聘），强化刚性兑现。

### 三、市场化选聘相关环节操作要点

"双百企业"职业经理人可以采取竞聘上岗、公开招聘、委托推荐等方式产生。

（一）选聘标准

坚持业绩导向、市场导向。人选应具有良好的职业道德、职业操守、职业信用，具有过硬的专业素质和治企能力，熟悉企业经营管理工作，以往经营业绩突出，在所处行业或相关专业领域有一定影响力和认可度。

（二）人选来源

坚持五湖四海、任人唯贤。一般包括本企业内部人员、股东推荐人员、社会参与人员、人才中介机构推荐人员等，不受企业内外、级别高低、资历深浅限制。

（三）选聘程序

坚持公平公正、竞争择优。一般包括制订招聘方案、发布招聘公告、报名及资格审查、实施综合考评（测评、面试评估等）、组织考察或背景调查、作出聘任决定。

本企业内部人员参与竞聘职业经理人的，个人应当先行提出申请，承诺竞聘成功后放弃原有身份、解除（终止）聘任关系后不得要求恢复原有身份，并遵守职业经理人管理的相关规定。

符合条件的职业经理人，可以按照有关规定进入"双百企业"党组织领导班子。

**四、契约化管理相关环节操作要点**

（一）契约签订

（1）职业经理人实行聘任制。职业经理人聘任期限由董事会决定，原则上不超过三年，可以根据实际情况适当延长。董事会可以依法对职业经理人设置试用期。

（2）契约实现形式。"双百企业"应与职业经理人签订劳动合同、聘任合同和经营业绩责任书（年度和任期）。

"双百企业"与职业经理人依法签订劳动合同。本企业内部人员选聘为职业经理人的，一般应重新签订劳动合同。

董事会授权董事长与职业经理人签订聘任合同，聘任期限原则上应与劳动合同期限保持一致。根据聘任合同，董事会授权董事长与总经理签订年度和任期经营业绩责任书，董事会可以授权总经理与其他职业经理人签订年度和任期经营业绩责任书。经营业绩责任书一般包括以下内容：双方基本信息，考核内容及指标，考核指标的目标值、确定方法及计分规则，考核实施与奖惩及其他需要约定的事项。

（3）考核内容及指标。董事会对职业经理人实施年度和任期考核，考核以经营业绩考核指标为主，根据岗位职责和工作分工，确定每位职业经理人的考核内容及指标，年度和任期经营业绩考核内容及指标应适当区分、有效衔接。

董事会可以结合实际对职业经理人进行试用期考核和任期考核。

（4）考核指标的目标值。考核指标目标值设定应当具有较强的挑战性，力争跑赢市场、优于同行。考核指标目标值应当结合本企业历史业绩、同行业可比企业业绩情况等综合确定。

（二）考核实施

年度经营业绩考核以年度为周期进行考核，一般在当年年末或次年年初进行。任期经营业绩考核一般结合聘任期限届满当年年度考核一并进行。

考核期末，董事会依据经审计的企业财务决算数据等，对职业经理人考核内容及指标的完成情况进行考核，形成考核与奖惩意见，并反馈给职业经理人。职业经理人对考核与奖惩意见有异议的，可及时向董事会反映。

**五、差异化薪酬相关环节操作要点**

（一）薪酬结构

职业经理人薪酬结构可以包括基本年薪、绩效年薪、任期激励，也可以实施各种方式的中长期激励，具体由董事会与职业经理人协商确定。

（1）基本年薪是职业经理人的年度基本收入。

（2）绩效年薪是与职业经理人年度经营业绩考核结果相挂钩的浮动收入，原则上占年度薪酬（基本年薪与绩效年薪之和）的比例不低于60%。

（3）任期激励是与职业经理人任期经营业绩考核结果挂钩的收入。

鼓励"双百企业"综合运用国有控股上市公司股权激励、国有科技型企业股权和分红激励、国有控股混合所有制企业员工持股等中长期激励政策，探索超额利润分享、虚拟股权、跟投等中长期激励方式，不断丰富完善职业经理人的薪酬结构。

职业经理人履职待遇及福利，由董事会与职业经理人协商确定。

（二）薪酬水平

职业经理人薪酬总水平应当按照"业绩与薪酬双对标"原则，根据行业特点、企业发展战略目标、经营业绩、市场同类可比人员薪酬水平等因素，由董事会与职业经理人协商确定。

（三）薪酬支付

（1）规范薪酬支付。基本年薪按月支付。绩效年薪、任期激励先考核后兑现，可结合企业实际情况延期支付。中长期激励收入在董事会与职业经理人签订的聘任合同约定的锁定期到期后支付或行权。

解除（终止）聘用和劳动关系后（聘期届满考核合格但不再续聘的除外），原则上不得兑现当年绩效年薪、任期激励和其他中长期激励收入。

（2）实行薪酬追索扣回制度。"双百企业"应根据有关规定建立薪酬追索扣回制度，并在聘任合同中予以明确。

## 六、市场化退出相关环节操作要点

（一）退出条件

建立职业经理人市场化退出机制，依据职业经理人聘任合同约定和经营业绩考核结果等，出现以下情形的，应解除（终止）聘任关系。

（1）考核不达标的，如年度经营业绩考核结果未达到完成底线（如百分制低于 70 分）；年度经营业绩考核主要指标未达到完成底线（如完成率低于 70%）；聘任期限内累计两个年度经营业绩考核结果为不合格；任期经营业绩考核结果为不合格。

（2）对于开展任期综合考核评价的，评价结果为不称职的。

（3）因严重违纪违法、严重违反企业管理制度被追究相关责任的。

（4）聘任期间对企业重大决策失误、重大资产损失、重大安全事故等负有重要领导责任的，或对违规经营投资造成国有资产损失负有责任的。

（5）因健康原因无法正常履行工作职责的。

（6）聘期未满但双方协商一致解除聘任合同或者聘期届满不再续聘的。

（7）试用期内或试用期满，经试用发现或试用考核结果不适宜聘任的情形。

（8）董事会认定不适宜继续聘任的其他情形。

（二）辞职规定

职业经理人因个人原因辞职的，应依据《中华人民共和国劳动合同法》和签订的聘任合同有关条款，提前 30 日提出辞职申请。未经批准擅自离职、给企业造成损失的，依法依规追究其相应责任。

（三）退出规定

"双百企业"在职业经理人解除（终止）聘任关系的同时，如有党组织职务应当一并免去，并依法解除（终止）劳动关系。

## 七、监督管理相关环节操作要点

（一）组织人事关系管理

职业经理人是中共党员的，其党组织关系由"双百企业"党组织进行管理，其中来自外部的，其党组织关系应当及时转入"双百企业"党组织进行管理。"双百企业"可以根据有关要求自行明确职业经理人个人有关事项报告的管理规定。职业经理人的人事档案原则上应委托人才服务机构管理。职业经理人退休相关事宜按照国家有关规定执行。

（二）出国（境）管理

职业经理人因私出国（境）证件由"双百企业"党组织集中保管，职业经理人因私出国（境）时应当根据有关规定履行请假等手续。

（三）培养发展

"双百企业"应加强对职业经理人的思想政治教育，提高职业经理人的政治素质。建立健全符合职业经理人特点的培养体系，提升职业经理人的专业能力和职业素养。

（四）保密管理

聘任期间以及退出后，职业经理人应当按照国家和企业有关规定以及聘任合同有关约定，严格履行保密责任和义务。

（五）履职监督

"双百企业"应建立健全对职业经理人的监督体系，党组织、董事会、监事会等治理主体，以及纪检监察、巡视、审计等部门根据职能分工，做好履职监督工作。坚持以预防和事前监督为主，建立健全提醒、诫勉、函询等制度办法，及早发现和纠正其不良行为倾向。

（六）责任追究

职业经理人在聘任期间应当维护企业国有资产安全、防止国有资产流失，不得侵吞、贪污、输送、挥霍国有资产。职业经理人违反规定，未履行或未正确履行职责，在经营投资中造成国有资产损失或其他严重不良后果的，严肃追究责任。

按照"三个区分开来"要求，支持鼓励"双百企业"按照公私分明、尽职合规免责原则，建立健全并细化相关工作机制的主体、标准、适用情形和工作流程，形成可落实可操作的制度安排。

# 附录3 "双百企业"推行经理层成员任期制和契约化管理操作指引

为贯彻落实党中央、国务院关于建立健全市场化经营机制、激发企业活力的决策部署，完善国有企业领导人员分类分层管理制度，更好解决三项制度改革中的突出矛盾和问题，有效激发微观主体活力，按照《中共中央 国务院关于深化国有企业改革的指导意见》（中发〔2015〕22号）、《关于印发〈国企改革"双百行动"工作方案〉的通知》（国资发研究〔2018〕70号）、《国务院国有企业改革领导小组办公室关于支持鼓励"双百企业"进一步加大改革创新力度有关事项的通知》（国资改办〔2019〕302号）等文件精神和有关政策规定，结合中央企业和地方国有企业相关工作实践，制定本操作指引。

"双百企业"（含所属各级子企业，下同）在推行经理层成员任期制和契约化管理时，相关工作参考本操作指引。鼓励未纳入国企改革"双百行动"的中央企业所属各级子企业和地方国有企业（含所属各级子企业，下同），参考本操作指引积极推进相关工作。本操作指引印发前，已根据党中央、国务院有关文件精神和政策规定，在本企业或本地区推行经理层成员任期制和契约化管理的，可以按照"孰优"原则参考本操作指引完善相关工作。

**一、基本概念、范围和职责**

（一）基本概念

本操作指引所称的经理层成员任期制和契约化管理，是指对企业经理层成员实行的，以固定任期和契约关系为基础，根据合同或协议约定开展年度和任期考核，并根据考核结果兑现薪酬和实施聘任（或解聘）的管理方式。

（二）范围

一般包括"双百企业"的总经理（总裁、行长等）、副总经理（副总裁、副行长等）、财务负责人和公司章程规定的其他高级管理人员。

（三）职责

"双百企业"的控股股东及其党组织对"双百企业"推行经理层成员任期制和契约化管理工作发挥领导和把关作用。已建立董事会的"双百企业"，其控股股东及其党组织负责对相关工作方案进行审核把关；未建立董事会的"双百企业"，其控股股东及其党组织负责组织制定相关工作方案并进行审核把关，指导"双百企业"具体实施。

"双百企业"党组织负责研究讨论相关工作方案和考核结果应用等重大事项。

"双百企业"董事会负责组织制定相关工作方案、履行决策审批程序、与经理层成员签订契约、开展考核、兑现薪酬、聘任（或解聘）等。

## 二、基本操作流程

"双百企业"推行经理层成员任期制和契约化管理，一般应履行以下基本操作流程：

（一）制订方案

"双百企业"应结合实际制订工作方案，方案一般包括以下内容：企业基本情况、背景和目的、任期制管理的主要举措、契约化管理的主要举措、监督管理的主要举措、组织保障和进度安排等。

（二）履行决策审批程序

方案制订后，"双百企业"应按照"三重一大"决策机制，根据公司章程或控股股东及其党组织有关要求，履行相关决策审批程序。

（三）签订契约

根据"双百企业"董事会建设情况实际，由"双百企业"董事会（或控股股东）与经理层成员签订岗位聘任协议和经营业绩责任书（年度和任期），依法依规建立契约关系，明确任期期限、岗位职责、权利义务、业绩目标、薪酬待遇、退出规定、责任追究等内容。

（四）开展考核

严格按照契约约定开展年度和任期经营业绩考核，强化刚性考核。

（五）结果应用

依据年度和任期经营业绩考核结果，结合综合评价结果等确定薪酬、决定聘任（或解聘），强化刚性兑现。

### 三、任期制管理相关环节操作要点

（一）任期管理

（1）任期期限。经理层成员的任期期限由董事会（或控股股东）确定，一般为两到三年，可以根据实际情况适当延长。

（2）到期重聘。经理层成员任期期满后，应重新履行聘任程序并签订岗位聘任协议。未能续聘的，自然免职（解聘），如有党组织职务，原则上应一并免去。

（二）明确权责

"双百企业"应明确经理层成员的岗位职责及工作分工，合理划分权责界面。

（1）岗位说明书。可以采用岗位说明书等方式，明确经理层成员的岗位职责和任职资格。

（2）权责清单。可以采用制定权责清单等方式，规范董事会（或控股股东）与经理层、总经理与其他经理层成员之间的权责关系。

### 四、契约化管理相关环节操作要点

（一）契约签订

（1）经营业绩责任书。根据岗位聘任协议，签订年度和任期经营业绩责任书。经营业绩责任书一般包括以下内容：

1）双方基本信息；

2）考核内容及指标；

3）考核指标的目标值、确定方法及计分规则；

4）考核实施与奖惩；

5）其他需要约定的事项。

（2）考核内容及指标。根据岗位职责和工作分工，按照定量与定性相结合、以定量为主的导向，确定每位经理层成员的考核内容及指标。年度和任期经营业绩考核内容及指标应适当区分、有效衔接。

（3）考核指标的目标值。目标值应科学合理、具有一定挑战性，一般根据企业发展战略、经营预算、历史数据、行业对标情况等设置。

（4）签约程序。一般由"双百企业"董事会授权董事长与总经理签订年度和任期经营业绩责任书。董事会可以授权总经理与其他经理层成员签订年度和任期经营业绩责任书。未建立董事会的"双百企业"，由其控股股东确定相关签约程序并组织实施。

（二）考核实施

年度经营业绩考核以年度为周期进行考核，一般在当年年末或次年年初进行。任期经营业绩考核一般结合任期届满当年年度考核一并进行。

考核期末，董事会（或控股股东）依据经审计的财务决算数据等，对经理层成员考核内容及指标的完成情况进行考核，形成考核与奖惩意见，并反馈给经理层成员。经理层成员对考核与奖惩意见有异议的，可及时向董事会（或控股股东）反映。最终确认的考核结果可以在一定范围内公开。

（三）薪酬管理

（1）薪酬结构。经理层成员薪酬结构一般包括基本年薪、绩效年薪、任期激励等。

1）基本年薪是年度基本收入，按月固定发放。

2）绩效年薪是与年度经营业绩考核结果挂钩的浮动收入，原则上占年度薪酬（基本年薪与绩效年薪之和）的比例不低于60%。

3）任期激励是与任期经营业绩考核结果挂钩的收入。

鼓励"双百企业"综合运用国有控股上市公司股权激励、国有科技型企业股权和分红激励、国有控股混合所有制企业员工持股等中长期激励政策，探索超额利润分享、虚拟股权、跟投等中长期激励方式，不断丰富完善经理层成员的薪酬结构。

（2）薪酬兑现。"双百企业"应根据经营业绩考核结果，合理拉开经理层成员薪酬差距。年度考核不合格的，扣减全部绩效年薪。

"双百企业"应根据有关规定建立薪酬追索扣回制度，在岗位聘任协议中予以明确并严格执行。

（四）退出管理

（1）退出条件。"双百企业"应加强对经理层成员任期内的考核和管理，经考核认定不适宜继续任职的，应当中止任期、免去现职。一般包括以下情形：

1）年度经营业绩考核结果未达到完成底线（如百分制低于70分），或年度经营业绩考核主要指标未达到完成底线（如完成率低于70%）的。

2）连续两年度经营业绩考核结果为不合格或任期经营业绩考核结果为不合格的。

3）任期综合考核评价不称职，或者在年度综合考核评价中总经理得分连续两年靠后、其他经理层成员连续两年排名末位，经分析研判确属不胜任或者不适宜担任现职的。

4）对违规经营投资造成国有资产损失负有责任的。

5）因其他原因，董事会（或控股股东及其党组织）认为不适合在该岗位继续工作的。

（2）退出方式。对不胜任或不适宜担任现职的经理层成员，不得以任期未满为由继续留任，应当及时解聘。

### 五、监督管理相关环节操作要点

（一）严格任期

任期期限、最多连任届数和期限等一经确定，不得随意延长。

（二）履职监督

"双百企业"应建立健全对推行任期制和契约化管理的经理层成员的监督体系，党组织、董事会、监事会等治理主体，以及纪检监察、巡视、审计等部门根据职能分工，做好履职监督工作。坚持以预防和事前监督为主，建立健全提醒、诫勉、函询等制度办法，及早发现和纠正其不良行为倾向。

（三）责任追究

经理层成员在聘任期间应当维护企业国有资产安全、防止国有资产流失，不得侵吞、贪污、输送、挥霍国有资产。经理层成员违反规定，未履行或未正确履行职责，在经营投资中造成国有资产损失或其他严重不良后果的，严肃追究责任。

按照"三个区分开来"要求，支持鼓励"双百企业"按照公私分明、尽职合规免责原则，建立健全并细化相关工作机制的主体、标准、适用情形和工作流程，形成可落实可操作的制度安排。

# 附录 4 "双百企业"和"科改示范企业"超额利润分享机制操作指引

　　为贯彻落实党中央、国务院关于健全国有企业市场化经营机制、提高国有企业活力的决策部署，落实国企改革三年行动有关工作要求，指导符合条件的国有企业灵活开展多种方式的中长期激励机制，规范实施超额利润分享机制，根据《中共中央　国务院关于深化国有企业改革的指导意见》（中发〔2015〕22 号）、《关于印发〈国企改革"双百行动"工作方案〉的通知》（国资发研究〔2018〕70 号）、《关于支持鼓励"双百企业"进一步加大改革创新力度有关事项的通知》（国资改办〔2019〕302 号）、《关于印发〈百户科技型企业深化市场化改革提升自主创新能力专项行动方案〉的通知》（国企改办发〔2019〕2 号）等文件精神和有关政策规定，结合中央企业和地方国有企业相关工作实践，制定本操作指引。

　　鼓励商业一类"双百企业""科改示范企业"（以下简称为"企业"，含其所属各级子企业，下同），以价值创造为导向，聚焦关键岗位核心人才，参考本操作指引，建立超额利润分享机制。本操作指引印发前，已根据党中央、国务院有关文件精神和政策规定，在本企业推行超额利润分享机制的，可以按照"孰优"原则参考本操作指引完善相关工作。

　　**一、基本概念和应用原则**

　　（一）基本概念

　　本操作指引所称超额利润分享机制，是指企业综合考虑战略规划、业绩考核指标、历史经营数据和本行业平均利润水平，合理设定目标利润，并以企业实际利润超出目标利润的部分作为超额利润，按约定比例提取超额利润分享额，分配给激励对象的一种中长期激励方式。其中，目标利润是指企业为特定年度设定的预期利润值。

（二）应用原则

企业在推行超额利润分享机制时，一般应把握以下原则：

一是战略引领。企业推行超额利润分享机制应以企业实现战略规划为目标，避免追求短期效应。

二是市场导向。超额利润分享机制要以要素市场化配置为导向，体现生产要素由市场评价贡献、按贡献决定报酬原则。

三是增量激励。企业推行超额利润分享机制应以创造利润增量为基础，以增量价值分配为核心，实现有效激励。

## 二、适用条件和工作职责

（一）适用条件

推行超额利润分享机制的企业一般应具备以下条件：

（1）商业一类企业；

（2）企业战略清晰，中长期发展目标明确；

（3）《超额利润分享方案》制定当年已实现利润以及年初未分配利润为正值；

（4）法人治理结构健全，人力资源管理基础完善；

（5）建立了规范的财务管理制度，近三年没有因财务、税收等违法违规行为受到行政、刑事处罚。

（二）工作职责

本企业负责制订《超额利润分享方案》、《超额利润分享实施细则》（以下简称《实施细则》）和《超额利润分享兑现方案》（以下简称《兑现方案》）。

企业的控股股东（含国有独资公司的国有股东，下同）负责审核把关企业

《超额利润分享方案》《实施细则》和《兑现方案》，其中《超额利润分享方案》报中央企业集团公司、地方国资委监管一级企业履行相关决策程序。国有资本投资、运营公司可以授权所出资企业审批其子企业的《超额利润分享方案》，并报国有资本投资、运营公司备案。

地方国资委监管一级企业，其《超额利润分享方案》由地方国资委负责审核把关。

### 三、基本操作流程

企业推行超额利润分享机制，一般应履行以下基本操作流程：

（一）制订方案

企业应结合实际制订《超额利润分享方案》，该方案一般以三年为一个周期，主要包括以下内容：企业基本情况、可行性分析、确定激励对象的原则和标准、设定目标利润的原则和标准、分享比例、实施及兑现流程、约束条件和退出规定、监督管理和组织保障等。

制订《超额利润分享方案》时，应以公示、召开职工代表大会等方式充分听取职工意见，履行企业内部民主决策程序。《超额利润分享方案》制订后，企业应按照"三重一大"决策机制及有关规定，按出资关系报中央企业集团公司、地方国资委监管一级企业、控股股东（适用于国有资本投资、运营公司）或地方国资委同意。

（二）制订《实施细则》

《超额利润分享方案》经审核同意后，企业一般每年年初制订《实施细则》，确定当年目标利润，报控股股东同意。如遇不可抗力影响或其他特殊情况时，经控股股东同意，可对目标利润进行一次调整。

《实施细则》一般应与企业当年经营业绩考核方案同步制订，相互关联和匹配。

（三）制订《兑现方案》

企业一般于次年上半年开展经营业绩考核，同步根据经审计的经营业绩结果等情况,核算年度超额利润、超额利润分享额和激励对象个人分享所得额,并据此制订《兑现方案》,报控股股东同意。

上年度《兑现方案》和本年度《实施细则》一般可同步制订并履行相关决策审批的程序。

（四）实施兑现

企业根据经审核同意的《兑现方案》实施兑现,并将实际兑现结果报控股股东备案。

**四、确定激励对象相关环节操作要点**

激励对象一般为与本企业签订劳动合同,在该岗位上连续工作1年以上,对企业经营业绩和持续发展有直接重要影响的管理、技术、营销、业务等核心骨干人才,且一般每一期激励人数不超过企业在岗职工总数的30%。

集团公司或控股股东相关人员在本企业兼职的,按其主要履职的岗位职责、实际履职时间等因素综合确定是否可参与本企业超额利润分享机制。合乎条件的仅可在一家企业参与超额利润分享机制。

企业外部董事、独立董事、监事不得参与超额利润分享机制。

实施超额利润分享机制的企业,一般不在同期对同一对象开展岗位分红等现金类中长期激励机制。

**五、设定目标利润相关环节操作要点**

企业在设定目标利润时,应与战略规划充分衔接,年度目标利润原则上不低于以下利润水平的上限:

（1）企业的利润考核目标;

（2）按照企业上一年净资产收益率计算的利润水平;

（3）企业近三年平均利润;

（4）按照行业平均净资产收益率计算的利润水平。

企业设定目标利润时,可以根据实际情况选取利润总额、净利润、归母净利润等指标。

确定本行业平均利润水平时一般应选取境内外可比的对标企业（以下简称对标组）。对标组选取依据、范围等情况应在《超额利润分享方案》中说明。

## 六、确定超额利润分享额相关环节操作要点

（一）确定超额利润

年度超额利润为企业当年实际利润与目标利润的差额。

确定时一般应考虑剔除以下因素影响：

（1）重大资产处置等行为导致的本年度非经营性收益；

（2）并购、重组等行为导致的本年度利润变化；

（3）会计政策和会计估计变更导致的本年度利润变化；

（4）外部政策性因素导致的本年度利润变化；

（5）负责审批的单位认为其他应予考虑的剔除因素。

对科技进步要求高的企业，在计算超额利润时，可将研发投入视同利润加回。

（二）确定分享比例

年度超额利润分享额一般不超过超额利润的30%。

企业高级管理人员（或经营班子）岗位合计所获得的超额利润分享比例一般不超过超额利润分享额的30%，其他额度应根据岗位贡献系数或个人绩效考核结果分配给核心骨干人才，重点向作出突出贡献的科技人才和关键科研岗位倾斜。

企业可以在《超额利润分享方案》中针对不同业务特点，确定差异化的超额利润分享比例。具体可采用统一比例或累进计提等不同方法。

## 七、实施兑现相关环节操作要点

（一）兑现方式

超额利润分享额在工资总额中列支，一般采用递延方式予以兑现，分三年兑

现完毕。由企业根据经营情况，确定各年度支付比例，第一年支付比例不高于50%。所产生的个人所得税由激励对象个人承担。

计划期（三年）内企业净利润一般应保持稳健增长，若出现大幅递减或亏损，审核单位有权对上一年度超额利润分享额未兑现部分进行扣减，并对已兑现部分进行追回。

（二）退出条件

企业《超额利润分享方案》实施期间，激励对象因调动、退休、工伤、丧失民事行为能力、死亡等客观原因与企业解除或终止劳动关系，按照其在岗位任职时间比例（年度任职日/年度总工作日）兑现。以前年度未兑现部分，可按递延支付相关安排予以支付。

激励对象出现下列情况之一，不得继续参与超额利润分享兑现，以前年度递延支付部分，不再支付：

（1）个人绩效考核不合格；

（2）违反企业管理制度受到重大处分；

（3）因违纪违法行为受到相关部门处理；

（4）对重大决策失误、重大资产损失、重大安全事故等负有责任；

（5）本人提出离职或者个人原因被解聘、解除劳动合同；

（6）负责审批的单位认为其他不得继续参与超额利润分享兑现的情况。

（三）终止实施

企业出现以下情况之一，应终止实施《超额利润分享方案》：

（1）当年出现亏损；

（2）出现重大风险事故、重大安全及质量事故或违规违纪等情况；

（3）出现主审会计师事务所对企业年度财务报告出具保留意见、否定意见、无法表示意见等非标准审计意见或其他对财务信息公允性产生重大影响的情况；

（4）经营性现金流为负或者对企业日常经营活动开展产生重大负面影响的情况；

（5）其他不得开展中长期激励的情况。

### 八、监督管理相关环节操作要点

企业应建立健全对超额利润分享机制的监督体系，党组织、股东会、董事会、监事会等治理主体，以及纪检监察、巡视巡察、财务、审计等机构根据职责分工，做好监督工作。

对于推行超额利润分享机制的企业，如经查实存在兑现年度故意违反会计政策或财务制度、弄虚作假等行为的，除应及时终止实施《超额利润分享方案》外，还应对相关行为发生期间相关人员已兑现的超额利润分享所得予以追索扣回，并按照有关规定严肃追究相关人员责任。

# 参考文献

［1］阿尔弗雷德·马歇尔：《经济学原理》，陈良璧译，商务印书馆1997年版。

［2］阿列克·凯恩克劳斯：《经济学与经济政策》，李琮译，商务印书馆2015年版。

［3］［美］艾拉·T. 凯、斯蒂文·范·普腾：《企业高管薪酬》，徐怀静、兰岚、李娜译，华夏出版社2010年版。

［4］蔡贵龙、柳建华、马新啸：《非国有股东治理与国企高管薪酬激励》，《管理世界》2018年第5期，第137－149页。

［5］陈锦江：《帝制晚期以来的中国企业家精神》，载［美］兰德斯、莫克、鲍莫尔编：《历史上的企业家精神：从古代美索不达米亚到现代》，姜井勇译，中信出版社2016年版。

［6］陈仕华、姜广省、李维安、王春林：《国有企业纪委的治理参与能否抑制高管私有收益?》，《经济研究》2014年第10期，第139－151页。

［7］陈信元、陈冬华、万华林、梁上坤：《地区差异、薪酬管制与高管腐败》，《管理世界》2009年第11期，第130－143页。

［8］陈钊编著：《信息与激励经济学》（第二版），格致出版社、上海人民出版社2010年版。

［9］道格拉斯·诺斯、罗伯斯·托马斯：《西方世界的兴起》，厉以平、蔡磊译，华夏出版社2009年版。

[10] 道格拉斯·C. 诺斯：《经济史中的结构与变迁》，陈郁、罗华平等译，上海三联书店、上海人民出版社 1994 年版。

[11] 方军雄：《高管权力与企业薪酬变动的非对称性》，《经济研究》2011 年第 4 期，第 107 - 120 页。

[12] 傅颀、汪祥耀：《所有权性质、高管货币薪酬与在职消费——基于管理层权力的视角》，《中国工业经济》2013 年第 12 期，第 104 - 116 页。

[13] 傅衣凌：《明清时代商人及商业资本》，人民出版社，1956 年版。

[14] 高涛：《上市公司高管薪酬规制的法律解释与规制路径选择——美国的经验评述与借鉴》，《兰州财经大学学报》2015 年第 6 期，第 120 - 126 页。

[15] 格里高利·曼昆：《为 1% 最高收入人群辩护》，《比较》2013 年第 6 期，总第 69 期。

[16] 洪正、申宇、吴玮：《高管薪酬激励会导致银行过度冒险吗？——来自中国房地产信贷市场的证据》，《经济学（季刊）》2014 年第 13 卷，第 4 期，第 1585 - 1614 页。

[17] 黄仁宇：《资本主义与二十一世纪》，生活·读书·新知三联书店 2006 年版。

[18] 黄再胜、王玉：《公平偏好、薪酬管制与国有企业高管激励——一种基于行为合约理论的分析》，《财经研究》2009 年第 35 卷第 1 期，第 16 - 27 页。

[19] 姜付秀、朱冰、王运通：《国有企业的经理激励契约更不看重绩效吗?》，《管理世界》，第 9 期，第 143 - 159 页。

[20] 姜付秀、[美] 肯尼思·A. 金（Kenneth A. Kim）、王运通：《公司治理：西方理论与中国实践》，北京大学出版社 2016 年版。

[21] 蒋建湘：《国企高管薪酬法律规制研究》，《中国法学》，2012 年第 1 期，第 117 - 128 页。

[22] [英] 杰弗里·霍奇森：《资本主义的本质：制度、演化和未来》，张林译，格致出版社，上海人民出版社 2019 年版。

[23] [美] 兰德斯、莫克、鲍莫尔：《历史上的企业家精神：从古代美索不

达米亚到现代》，姜井勇译，中信出版社第 1 版。

[24] 李粱、马文博、唐梦蔚：《国企高管薪酬管制政策的有效性分析——基于政府公平偏好与企业绩效的双重视角》，《北京工商大学学报（社会科学版）》2018 年第 33 卷第 6 期，第 84 - 92 页。

[25] 林卫斌、苏剑：《论国有企业薪酬管制的经济机理——基于代理成本视角的分析》，《学术月刊》2010 年第 42 卷第 11 期，第 85 - 91 页。

[26] 刘凤芹、于洪涛：《管理层权力、高管薪酬与"限薪令"的政策效果》，《社会科学战线》2019 年第 4 期，第 48 - 57 页。

[27] 刘凤委、孙铮、李增泉：《政府干预、行业竞争与薪酬契约——来自国有上市公司的经验证据》，《管理世界》2007 年第 9 期，第 76 - 84、128 页。

[28] 刘辉、干胜道：《基于公平偏好理论的国企高管薪酬管制研究》，《河南大学学报（社会科学版）》2016 年第 56 卷第 1 期，第 38 - 44 页。

[29] 刘慧龙、张敏、王亚平、吴联生：《政治关联、薪酬激励与员工配置效率》，《经济研究》2010 年第 9 期，第 109 - 121、136 页。

[30] 刘晓峰、曹华：《"肥猫"、股价与市场均衡：一个理论模型》，《经济学（季刊）》2010 年第 1 期，第 209 - 226 页。

[31] 刘星、徐光伟：《政府管制、管理层权力与国有企业高管薪酬刚性》，《经济科学》2012 年第 1 期，第 86 - 102 页。

[32] 卢西恩·伯切克，杰西·弗里德：《无功受禄：审视美国高管薪酬制度》，赵立新等译，法律出版社 2009 年版。

[33] ［美］罗伯特·戈登著：《美国增长的起落》，张林山等译，中信出版社 2018 年版。

[34] 罗宏、宛玲羽、刘宝华：《国有企业高管薪酬契约操纵研究——基于业绩评价指标选择的视角》，《财经研究》2014 年第 4 期，第 79 - 89 页。

[35] 罗建兵、邓德胜：《企业激励和政府规制下的高管薪酬研究》，《技术经济与管理研究》2015 年第 1 期，第 45 - 49 页。

[36] 罗培新：《公司高管薪酬：制度积弊及法律应对之限度——以美国经

验为分析视角》,《法学》2012 年第 12 期,第 69 - 79 页。

[37] 吕长江、赵宇恒:《国有企业管理者激励效应研究——基于管理者权力的解释》,《管理世界》2008 年第 11 期,第 99 - 109 页。

[38] 〔英〕马丁·沃尔夫:《转型与冲击:马丁·沃尔夫谈未来全球经济》,冯明、程浩、刘悦译,中信出版社 2015 年版。

[39] 梅洁:《国有控股公司管理层报酬的政策干预效果评估——基于"限薪令"和"八项规定"的拟自然实验》,《证券市场导报》2015 年第 12 期,第 36 - 44 页。

[40] 聂海峰、岳希明:《对垄断行业高收入合理性问题的再讨论——基于企业—职工匹配数据的分析》,《财贸经济》2016 年第 5 期,第 22 - 36 页。

[41] 〔美〕乔治·J. 施蒂格勒(George J. Stigler):《生产和分配理论》,晏智杰译,华夏出版社 2017 年版。

[42] 权小锋、吴世农、文芳:《管理层权力、私有收益与薪酬操纵》,《经济研究》2010 年第 11 期,第 73 - 87 页。

[43] 〔法〕让·梯若尔著:《共同利益经济学》,张昕竹等译,商务印书馆 2020 年版。

[44] 〔法〕让-雅克·拉丰、让·梯若尔:《政府采购与规制中的激励理论》,石磊、王永钦译,格致出版社、上海人民出版社 2014 年版。

[45] 沈艺峰、李培功:《政府限薪令与国有企业高管薪酬、业绩和运气关系的研究》,《中国工业经济》2010 年第 11 期,第 130 - 139 页。

[46] 孙宏涛:《国有企业高管薪酬法律规制研究》,《黑龙江社会科学》2015 年第 6 期,第 45 - 48 页。

[47] 唐松、孙铮:《政治关联、高管薪酬与企业未来经营绩效》,《管理世界》2014 年第 5 期,第 93 - 105 页。

[48] 田轩:《创新的资本逻辑:用资本视角思考创新的未来》,北京大学出版社 2018 年版。

[49] 〔法〕托马斯·皮凯蒂:《21 世纪资本论》,巴曙松等译,中信出版社

2014 年版。

［50］［法］托马斯·皮凯蒂著：《财富再分配》，郑磊等译，上海：格致出版社、上海人民出版社 2017 年版。

［51］王超恩、韦伟龙：《国有企业限薪政策效果的实证分析——兼论锦标赛与行为理论之争》，《区域金融研究》2013 年第 5 期，第 76－81 页。

［52］王传彬、朱学义、刘建勇、吴敏艳：《高管薪酬与公司业绩、政府限薪令关系的研究》，《统计与决策》2012 年第 20 期，第 161－164 页。

［53］王芳、李实：《中国国有企业高管薪酬差距研究》，《中国社会科学》2015 年第 8 期，第 47－67 页。

［54］王晓文、魏建：《国企高管薪酬管制与委托人不平等厌恶》，《广东社会科学》2014 年第 3 期，第 36－41 页。

［55］辛清泉、林斌、王彦超：《政府控制、经理薪酬与资本投资》，《经济研究》2007 年第 8 期，第 110－122 页。

［56］辛清泉、谭伟强：《市场化改革、企业业绩与国有企业经理薪酬》，《经济研究》2009 年第 11 期，第 68－81 页。

［57］徐经长、乔菲、张东旭：《限薪令与企业创新：一项准自然实验》，《管理科学》2019 年第 2 期，第 120－134 页。

［58］徐宁、姜楠楠：《高管薪酬管制、产权性质与双重代理成本》，《重庆大学学报（社会科学版）》2016 年第 6 期，第 93－102 页。

［59］徐炜、曹腾飞：《基于内部绩效与市场价值的国有企业高管薪酬管控》，《经济与管理研究》2016 年第 12 期，第 37－44 页。

［60］鄢伟波、邓晓兰：《管制还是市场化？——国企高管运气薪酬的成因与改革下一步》，《经济社会体制比较》2019 年第 1 期，第 30－40 页。

［61］晏艳阳、金鹏：《委托人公平偏好下国企高管的最优激励组合》，《财经研究》2012 年第 39 卷第 12 期，第 128－139 页。

［62］杨青、王亚男、唐跃军：《"限薪令"的政策效果：基于竞争与垄断性央企市场反应的评估》，《金融研究》2018 年第 1 期，第 156－173 页。

［63］叶振鹏：《国有企业改革与财政》，《财政研究》2007 年第 5 期，第 10 - 12 页。

［64］岳希明、蔡萌：《垄断行业高收入不合理程度研究》，《中国工业经济》2015 年第 5 期，第 5 - 17 页。

［65］岳希明、李实、史泰丽：《垄断行业高收入问题探讨》，《中国社会科学》2010 年第 3 期，第 77 - 93 页。

［66］张栋、郑红媛：《我国上市银行高管薪酬及与员工薪酬差距分析——兼议"限薪令"》，《金融发展评论》2014 年第 12 期，第 103 - 116 页。

［67］张楠、卢洪友：《薪酬管制会减少国有企业高管收入吗——来自政府"限薪令"的准自然实验》，《经济学动态》2017 年第 3 期，第 24 - 39 页。

［68］张维迎：《理解公司：产权、激励与治理》，上海人民出版社 2014 年版。

［69］赵颖：《中国上市公司高管薪酬的同群效应分析》，《中国工业经济》2016 年第 2 期，第 114 - 129 页。

［70］郑志刚、梁昕雯、吴新春：《经理人产生来源与企业未来绩效改善》，《经济研究》2014 年第 4 期，第 157 - 171 页。

［71］郑志刚、孙娟娟、Rui Oliver：《任人唯亲的董事会文化和经理人超额薪酬问题》，《经济研究》2012 年第 12 期，第 111 - 124 页。

［72］郑志刚著：《中国公司治理的理论与证据》，北京大学出版社 2016 年版。

［73］周权雄、朱卫平：《国有企业锦标赛激励效应与制约因素研究》，《经济学（季刊）》2010 年第 9 卷第 2 期，第 571 - 596 页。

［74］Acemoglu, Daron, Michael Kremer, and Atif Mian, "Incentives in Markets, Firms and Governments", *Journal of Law, Economics, and Organizations*, 2008, Vol. 24, No. 2, pp. 273 - 306.

［75］Akerlof, George, and Kranton, Rachel, "Identity and the Economics of Organizations", *Journal of Economic Perspectives*, 2005, Vol. 19, No. 1, pp. 9 - 32.

[76] Ales, Laurence, and Christopher Sleet, "Taxing Top CEO Incomes", *American Economic Review*, 2016, Vol. 106, No. 11, pp. 3331 – 3366.

[77] Atkinson, Anthony B, and Joseph E. Stiglitz. , *The Lectures on Public Economics*, London: McGraw – Hill, 1980.

[78] Basil Al – Najjar, Rong Ding and Khaled Hussainey, "Determinants and Value Relevance of UK CEO Pay Slice", International review of applied economics, 2016, Vol. 30, No. 3, pp. 403 – 421.

[79] Baker, George, 1992, "Incentive Contracts and Performance Measurement", *Journal of Political Economy*, 1992, Vol. 100, No. 3 , pp. 598 – 614.

[80] Baker, George, "The Use of Performance Measures in Incentive Contracting", *American Economic Review*, 2000, Vol. 90, No. 2, pp. 415 – 420.

[81] Baker, George, Robert Gibbons and Kevin J. Murphy, "Subjective Performance Measures in Optimal Incentive Contracts", *Quarterly Journal of Economics*, 1994, Vol. 109, No. 4, pp. 1125 – 1156.

[82] Baumol, William, J. , "Entrepreneurship: Productive, Unproductive, and Destructive", *Journal of Political Economy*, 1990, Vol. 98, No. 5, pp. 893 – 921.

[83] Bebchuk, Lucian, and Yaniv Grinstein, "The Growth of Executive Pay", *Oxford Review of Economic Policy*, 2005, Vol. 21, No. 2, pp. 283 – 303.

[84] Bell, Brian, and John Van Reenen, "Bankers and Their Bonuses", *Economic Journal*, 2014, Vol. 124, No. 574, pp. F1 – F21.

[85] Bénabou, Roland, and Jean Tirole, "Intrinsic and Extrinsic Motivation", *Review of Economic Studies*, 2003, Vol. 70, No. 3, pp. 489 – 520.

[86] Bénabou, Roland, and Jean Tirole, "Bonus Culture: Competitive Pay, Screening, and Multitasking", *Journal of Political Economy*, 2016, Vol. 124, No. 2, pp. 305 – 370.

[87] Berle, Adolf, and Gardiner Means, *The Modern Corporate and Private Property*, MacMillan, New York, 1932.

[88] Bertrand, Marianne, and Sendhil Mullainathan, "Are CEOs Rewarded for Luck? The Ones without Principals Are", *Quarterly Journal of Economics*, 2001, Vol. 116, No. 3, pp. 901 – 932.

[89] Bertrand, Marianne, and Sendhil Mullainathan, "Enjoying the Quiet Life? Corporate Governance and Managerial Preferences", *Journal of Political Economy*, 2003, Vol. 111, No. 5, pp. 1043 – 1075.

[90] Besley, Timothy, and Maitreesh Ghatak, "Competition and Incentives with Motivated Agents", *American Economic Review*, 2005, Vol. 95, No. 3, pp. 616 – 636.

[91] Besley, Timothy, and Maitreesh Ghatak, "Bailouts and the Optimal Taxation of Bonus", *American Economic Review: Papers & Proceedings*, 2013, Vol. 103, No. 3, pp. 163 – 167.

[92] Bloom, Nicholas, and John Van Reenen, "Human Resource Management and Productivity", *Handbook of Labor Economics*, 2011, 4B, 1697.

[93] Bolton, Patrick, Jose Scheinkman, and Wei Xiong, "Executive Compensation and Short – Termist Behaviour in Speculative Markets", *Review of Economic Studies*, 2006, Vol. 73, No. 3, pp. 577 – 610.

[94] Brick, Ivan, Oded Palmon, and John Wald, "CEO Compensation, Director Compensation, and Firm Performance: Evidence of Cronyism?", *Journal of Corporate Finance*, 2006, No. 12, pp. 403 – 423.

[95] Brynjolfsson, Erik, and McAfee Andrew, "Human Work in the Robotic Future: Policy for the Age of Automation", *Foreign Affairs*, 2016, Vol. 95 No. 4, pp. 139 – 150.

[96] Célérier, Claire, and Vallée Boris, "Returns to Talent and the Finance Wage Premium", *Review of Financial Studies*. 2019, Vol. 32, No. 10, pp. 4005 – 4040.

[97] Chhaochharia, Vidhi, and Yaniv Grinstein, "Corporate Governance and Firm Value: The Impact of the 2002 Governance Rule", *Journal of Finance*, 2007,

Vol. 62, No. 4, pp. 1789 – 1825.

[98] Conyon, Martin J. , "Executive Compensation and Incentives", *Academy of Management Perspectives*, 2006, Vol. 20, No. 1, pp. 25 – 44.

[99] Conyon, Martin J. , "Executive Compensation and Board Governance in US Firms", *Economic Journal*, Vol. 124, No. 574, pp. F60 – F89.

[100] Diamond, Peter A. , and James A. Mirrlees, "Optimal Taxation and Public Production II: Tax Rules", *American Economic Review*, 1971, Vol. 61, No. 3, pp. 261 – 78.

[101] Diamond, Peter, and Emmanuel Saez, "The Case for a Progressive Tax: From Basic Research to Policy Recommendations", *Journal of Economic Perspectives*, 2011, Vol. 25, No. 4, pp. 165 – 90.

[102] Dittmann, Ingolf, Maug Ernst, Zhang Dan, "Restricting CEO pay", *Journal of Corporate Finance*, 2011, Vol. 17, No. 4, pp. 1200 – 1220.

[103] Dixit, Avinash, "Power of Incentives in Private versus Public Organizations", *American Economic Review*, 1997, Vol. 87, No. 2, pp. 378 – 382.

[104] Dixit, Avinash, "Incentives and Organizations in the Public Sector: An Interpretative Review," *Journal of Human Resources*, 2002, Vol. 37, No. 4, pp. 696 – 727.

[105] Dyck, Alexander, Morse Adair, and Zingales Luigi, "Who Blows the Whistle on Corporate Fraud?", *Journal of Finance*, 2010, Vol. 65, No. 6, pp. 2213 – 2253.

[106] Fabbri, Francesca, and Dalia Marin, "What Explains the Rise in CEO Pay in Germany? A Panel Data Analysis for 1977 – 2009", *Scandinavian Journal of Economics*, 2016, Vol. 118, No. 2, pp. 235 – 263.

[107] Frydman, Carola, "Rising through the Ranks: The Evolution of the Market for Corporate Executives, 1936 – 2003", *Management Science*, 2019, Vol. 65, No. 11, pp. 4951 – 4979.

[108] Frydman, Carola, and Raven Saks, "Historical Trends in Executive Compensation, 1936 – 2003," mimeo, Harvard University, 2005.

[109] Frydman, Carola, and Dirk Jenter, "CEO Compensation", *Annual Review of Financial Economics*, 2010, Vol. 2, pp. 75 – 102.

[110] Gabaix, Xavier, and Augustin Landier, "Why has CEO Pay Increased so Much?" *Quarterly Journal of Economics*, 2008, February (2008), pp. 49 – 100.

[111] Gayle, G. and R. A. Miller, "Has Moral Hazard Become a More Important Factor in Managerial Compensation?", The American Economic Review, 2009, pp. 1740 – 1769.

[112] Guest, Paul M., "Board structure and executive pay: evidence from the UK", *Cambridge Journal of Economics*, 2010, Vol. 34, No. 6, pp. 1075 – 1096.

[113] Gustavo Manso, "Motivating innovation", The Journal of Finance, 2011, 66 (5), pp. 1823 – 1860.

[114] Hall, Brian, and Jeffry B. Liebman, "The taxation of executive compensation", *Policy and the Economy*, 2000, Vol. 14, pp. 1 – 14.

[115] Hayes, Rachel M. and Schaefer, Scott, "CEO pay and the Lake Wobegon Effect", *Journal of Financial Economics*, 2009, Vol. 94, No. 2, pp. 280 – 290.

[116] Holmstrom, Bengt, "Moral Hazard and Observability", *Bell Journal of Economics*, 1979, Vol. 10, No. 1, pp. 74 – 91.

[117] Holmstrom, Bengt, "Agency Costs and Innovation", *Journal of Economic Behavior and Organization*, 1989, Vol. 12, No. 3, pp. 305 – 327.

[118] Holmstrom, Bengt, and Paul Milgrom, "Multitask Principal – Agent Analyses: Incentive Contracts, Asset Ownership, and Job Design", *Journal of Law, Economics and Organization*, 1991, Vol. 7, pp. 24 – 52.

[119] Holmstrom, Bengt, "Pay for Performance and Beyond", *American Economic Review*, 2017, Vol. 107, No. 7, pp. 1753 – 1777.

[120] Jarque, Arantxa, "CEO Compensation: Trends, Market Changes, and

Regulation", *Economic Quarterly* – Federal Reserve Bank of Richmond, 2008, Vol. 94, No. 3, pp. 265 – 300.

[121] Jensen, Michael, and Kevin J. Murphy, "Performance Pay and Top – Management Incentives", *Journal of Political Economy*, 1990, Vol. 98, No. 2, pp. 225 – 264.

[122] Jensen, Michael, Kevin J. Murphy, and Eric Wruck, "Remuneration: Where We've Been, How We Got to Here, What Are the Problems, and How to Fix Them", mimeo, Harvard University, 2004.

[123] Jiangyuan Li, Jinqiang Yang, and Zhentao Zou, "Compensation and risk: A perspective on the Lake Wobegon effect", *Journal of Banking & Finance*, 2019, Vol. 108, November 2019, pp. 1 – 9.

[124] Lazear, Edward, "Performance Pay and Productivity", *American Economic Review*, 2000, Vol. 90, No. 5, pp. 1346 – 1361.

[125] Lemieux, Thomas, W. Bentley Macleod, and Daniel Parent, "Performance Pay and Wage Inequality", *Quarterly Journal of Economics*, 2009, Vol. 104, No. 1, pp. 1 – 49.

[126] Maisondieu – Laforge, O. et al., "Financial contracting and operating performance: The case for OBRA and efficient contracting", *Corporate Ownership & Control*, 2006, Vol. 4, No. 1, pp. 217 – 227.

[127] Marin, Dalia, and Thierry Verdier, "Globalization and the Empowerment of Talent", *Journal of International Economics*, 2012, Vol. 86, No. 2, pp. 209 – 223.

[128] Mirrlees, James A., "The Optimal Structure of Incentives and Authority within an Organization", *Bell Journal of Economics*, 1976, Vol. 7, No. 1, pp. 105 – 131.

[129] Oxelheim, Lars, and Kevin Clarkson, "Cronyism and the Determinants of Chairman Compensation", *Journal of Business Ethics*, 2015, Vol. 131, No. 1, pp. 69 – 87.

[130] Perry, Tod, and Marc Zenner, "Pay for Performance? Government regulation and the structure of compensation contracts", *Journal of Financial Economics*, 2001, Vol. 62, No. 3, pp. 453 – 488.

[131] Philippon, Thomas, and Ariell Reshef, "Wages and Human Capital in the U. S. Financial Industry: 1909 – 2006", *Quarterly Journal of Economics*, 2012, Vol. 127, No. 4, pp. 1551 – 1609.

[132] Piketty, Thomas, Emmanuel Saez, and Stefanie Stantcheva, "Optimal Taxation of Top Labor Incomes: A Tale of Three Elasticities", *American Economic Journal: Economic Policy*, 2014, Vol. 6, No. 1, pp. 230 – 271.

[133] Prendergast, Canice, "The Motivation and Bias of Bureaucrats", *American Economic Review*, 2007, Vol. 97, No. 1, pp. 180 – 196.

[134] Raith, Michael, "Competition, Risk, and Managerial Incentives", *American Economic Review*, 2003, Vol. 93, No. 4, pp. 1425 – 1436.

[135] Rosen, Sherwin, "The Economics of Superstars", *American Economic Review*, 1981, Vol. 71, No. 5, pp. 845 – 858.

[136] Ross, Stephen, A. , "The Economic Theory of Agency: The Principal's Problem", *American Economic Review*, 1973, Vol. 63, No. 2, pp. 134 – 139.

[137] Shavell, Steven, "Risk Sharing and Incentives in the Principal and Agent Relationship", *Bell Journal of Economics*, 1979, Vol. 10, No. 1, pp. 55 – 73.

[138] Shleifer, Andrei, and Robert W. Vishny, "Politicians and Firms", *Quarterly Journal of Economics*, 1994, Vol. 109, pp. 995 – 1025.

[139] Stantcheva, Stefanie, "Optimal Income Taxation with Adverse Selection in the Labor Market", *Review of Economic Studies*, 2014, Vol. 81, No. 3, pp. 1296 – 1329.

[140] Takao Kato and Cheryl Long, "Executive Compensation, Firm Performance, and Corporate Governance in China: Evidence from Firms Listed in the Shanghai and Shenzhen Stock Exchanges", *Economic Development and Cultural Change*, 2006,

Vol. 54, No. 4, pp. 945 –983.

[141] Terviö, Marko, "The Difference that CEOs Make: An Assignment Model Approach", *American Economic Review*, 2008, Vol. 98, No. 3, pp. 642 –668.

[142] Tirole, Jean, "The Internal Organization of Government", *Oxford Economic Papers*, 1994, Vol. 46, No. 1, pp. 1 –29.

[143] Williamson, Oliver, *The economic institutions of capitalism*, New York: Free Press, 1985.

# 后 记

在本书完成之际，要向许多人表示衷心的感谢。

首先，要衷心感谢我的博士生导师岳希明教授。成为岳老师的学生，我三生有幸。我的许多同门评价岳老师治学严谨、学识渊博、为人谦逊、待人温和，我深以为然。岳老师曾获"教育部长江学者特聘教授"，2010 年又获孙冶方经济科学论文奖，学术水平不言而喻。2014～2015 年集中在中国人民大学财政金融学院上课期间，我多次去中国人民大学明德楼岳老师的办公室，办公室空间太小，以致我当时一直感叹，在我心目中"殿堂级"的中国人民大学财政金融学院，这些教授学术水平如此之高，办公室却如此之小。但就是在这样的环境中，岳老师却不断有学术论文见诸权威期刊，令人非常敬仰。

其次，衷心感谢攻读博士学位期间曾经授课的多位老师。岳希明老师、吕冰洋老师、贾俊雪老师、刘晓路老师、李时宇老师、朱青老师、王小龙老师、张静老师的经济学专业课我都修过，他们的许多论文也经常引用和学习，这些老师的渊博学识、严谨治学、学术风范，令人受益匪浅。特别是吕冰洋老师、贾俊雪老师，吕老师的数学功底之深，让人深感数学对经济研究之重要；贾俊雪老师让每个人选一篇权威文献进行细细研读，"逼迫"每个博士生都要上讲台给大家细细讲一遍，展示复杂公式的推导过程及背后隐藏的经济学含义，这个过程令人难忘，但最终受益颇多。

再次，衷心感谢周慧师妹、王庶师弟及其他同门。特别是周慧师妹品学兼

· 312 ·

优、聪慧无比，虽然名义上是我的师妹，但实际上也是我的老师。令人难忘的是，2014～2016 年在中国人民大学攻读博士学位期间，曾经有幸和 2014 级财政金融学院财政学博士班的许敬轩、蒲龙、陈志刚、肖春明、李博、郭靖、王婕、杜爽、冯怡琳等这些年轻博士一起上课，并且曾经和许敬轩、蒲龙、陈志刚、肖春明等一起去北京大学光华管理学院听龚六堂等教授的动态经济学方法课程，这些年轻博士们在校期间经常给予帮助指导，感谢他们，也衷心祝福他们。当然，我也要感谢经济管理出版社对本书出版的支持，特别是感谢高娅编辑为本书所付出的专业、高效的努力。还要感谢中国劳动和社会保障科学研究院各位领导特别是科研管理处王学力处长、李艺副处长对本书出版的大力支持。

最后，感谢我的家人。写论文、写书要花大量时间和精力，为此不得不挤出一些本可以和家人共处的宝贵时间，感谢我的家人背后的默默付出，感谢他们对我的包容和支持，并谨以此书献给我挚爱的家人。

常风林

2021 年夏，北京